本成果受到中国人民大学北京高校"双一流"建设资金支持

九州文库

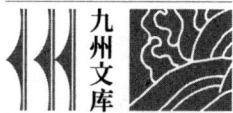

汉语研究与应用的接口

蔡永强 著

九州出版社
JIUZHOUPRESS

图书在版编目（CIP）数据

汉语研究与应用的接口／蔡永强著 . -- 北京：九州出版社，2022. 11

ISBN 978-7-5225-1333-1

Ⅰ.①汉… Ⅱ.①蔡… Ⅲ.①对外汉语教学—研究 Ⅳ.①H195

中国版本图书馆 CIP 数据核字（2022）第 206688 号

汉语研究与应用的接口

作　　者	蔡永强　著	
责任编辑	周红斌	
出版发行	九州出版社	
地　　址	北京市西城区阜外大街甲 35 号（100037）	
发行电话	（010）68992190/3/5/6	
网　　址	www. jiuzhoupress. com	
印　　刷	唐山才智印刷有限公司	
开　　本	710 毫米×1000 毫米　16 开	
印　　张	19	
字　　数	341 千字	
版　　次	2023 年 1 月第 1 版	
印　　次	2023 年 1 月第 1 次印刷	
书　　号	ISBN 978-7-5225-1333-1	
定　　价	98. 00 元	

前　言

本成果受到中国人民大学北京高校"双一流"建设资金支持。

汉语教学发展的新时期，业界更加注重依据汉语本身的特点探讨汉语教学的理论与实践，而不再将汉语教学的理论与实践建立在西方语言教学的理论假设之上。本书分若干专题探讨基于国际中文教育领域的汉语研究与应用接口："连"字句、"是……的"结构分裂句、典型谓宾动词、方位词等汉语独有语言现象及其教学实施本质上属于本体研究与应用研究的接口范畴；句法驱动的汉语口语教学、任务型教学法、汉语过程写作、普通话教学、教材练习设计、汉语学习词典编纂理论与实践等皆需要以汉语本体研究作为基本依托，二者呈现出基于术与道的接口关系。本书精选作者从教二十年来的代表性学术论文，分不同专题探讨梳理汉语研究与应用的接口问题。基于朴素分析手段的汉语本体研究从某种程度上更能揭示汉语的自身特点，如汉语方位词个案"上"在用法上体现出的不同于英语介词 on 的鲜明特点，为"上"的汉语教学设计提供了重要依托。揭示汉语自身特点的汉语本体朴素研究及其与应用之间的接口关系同时也体现了二者的良性互动——朴素研究越扎实，应用研究越得心应手；反之亦然。

汉语研究与应用的接口研究不再将本体研究和应用研究冠以"面向第二语言教学的本体研究"和"对外汉语教学是汉语内部规律的试金石"等名号，将本体研究置于应用研究的视角下或将应用研究置于本体研究的视角下，而是将本体研究与应用研究等量齐观，更加注重汉语自身的特点并依据这一自身特点进行教学设计。汉语研究与应用研究之间以及汉语本体与国际中文教育实践之间是道与术的关系，在二者之间建立接口关系能更加清楚地认识语言本体与语言应用之间的互动关系。

　　"连"字句、"是……的"结构分裂句、典型谓宾动词、方位词等汉语独有语言现象及其教学实施，以及句法驱动的汉语口语教学、任务型教学法、汉语过程写作、普通话教学、教材练习设计、汉语学习词典编纂理论与实践等的系统梳理体现出的接口关系，为语言学研究的接口理论提供了一个典型范例。汉语与应用的接口研究视角在某种程度上进一步拓展了专业研究空间。

目 录
CONTENTS

第 1 章

关于汉语分裂结构句

汉语"是……的"结构句在功能上相当于英语的分裂句（cleft sentence）"It is...that..."，即用"是"与"的"把一个句子分为两段，前半段代表说话者的预设，后半段（即"是"的后面部分）代表信息焦点（Jackendoff，1972；赵元任，1979；汤廷池，1980；张伯江、方梅，1996）。从语义角度看，基于语料分析的"是……的"结构中的语义角色及其 37 种配位关系中，语义角色之间具有一种原型性效应：施事>受事>时间>｜工具，场所｜>｜主事，方式，源点｜>感事>｜材料，命题｜>｜致事，与事，原因｜>｜系事，终点，范围｜。从句法角度来看，基于对 1004 个"是……的"句的考察发现：①真正的"是……的"结构必须包含一个动词核心结构，不包含动词核心结构的"是……的"形式不属于"是……的"结构；②"是……的"结构对动词具有选择性限制关系——结果动词、行为动词、活动动词、动作动词和生理动词可以进入"是……的"结构，而且使用的频率较高；而感觉动词、存在动词以及伴随动词中的能愿动词和谓宾动词虽然也可以进入"是……的"结构，但使用频率较低，而且有例外现象；③主谓结构是构成"是……的"结构的初始结构，该主谓结构可以包孕和分离两种形式被"是……的"结构分裂。在信息焦点指派方面，原则上，汉语分裂句中"是"和"的"之间的任何成分都可以被指派为信息焦点。汉语分裂句的焦点指派有两种基本形式：无标记指派和有标记指派；前者呈现出一种固定性特征，后者呈现出一种浮动性特征。不同语义角色在焦点的有标记指派过程中体现出充当焦点的不同能力，形成一个被指派为焦点的强式等级序列：施事>方式>时间>场所>命题>原因>源点>受事>工具>范围>与事>｜材料，主事，致事｜>｜感事，终点｜>系事。同时，话题对汉语分裂句的焦点指派也表现出一定的制约性。

第 1 节 "是……的"结构的语义类型

作为现代汉语语法研究的热点，很多学者都曾对"是……的"结构的类型、语法意义以及功能等问题进行过系统研究。"是……的"结构类型复杂，但包含动词性结构的"是……的"结构一直是该结构的主体。

(1) 没说的，这坏点子准是于观出的。

(2) 这样说来，走向江边，是戴维·施鲁德自己提出来的。

(3) 他当然明白，他这支笔是画不到那些洋楼上去的。

(4) 你们到底是怎么来的啊？

(5) 蒸汽机是瓦特发明的。

我们不禁要问，从语义角度来看，到底有哪些语义成分即语义角色可以共现于"是……的"结构中？弄清楚共现于"是……的"结构中的由不同句法成分担任的不同语义角色及其相互关系，可以使我们更清楚地认识"是……的"结构的一些特征。

1.1 语义角色及语义角色系统

在句法结构中谓词性成分和相关体词性成分形成一种互动关系，语义角色 (semantic role) 就是由处于这种互动关系中的谓词性成分指派给体词性成分的一种语义特征。不同的学者对语义角色的界定，特别是对语义角色的类型及数量界定是非常不同的。如 Fillmore (1966) 在分析名词（包括代名词）跟动词（包括形容词）之间的及物性关系时，就提出过 16 种语义角色。[①] 孟琮 (1987) 则把名词与动词之间的语义关系界定为 14 种。[②] 鲁川、林杏光 (1989) 认为语义关系具有层级性，他们先分出 6 种体，每种体下设 6 个语义格，最后共分出 18 种语义角色。[③] 对此进行系统论述的还有袁毓林 (2002)（详见图 1）：

---

① 请参阅 Fillmore1966—1977 年间发表的系列论著，也可参阅中译本《"格"辨》（胡明扬译，商务印书馆，2002）。

② 详细信息请参阅孟琮，郑海德，孟庆海，等. 汉语动词用法词典 [M]. 北京：商务印书馆，2002：1.

③ 详细信息请参阅鲁川，林杏光. 现代汉语语法的格关系 [J]. 汉语学习，1989 (5)：11-15.

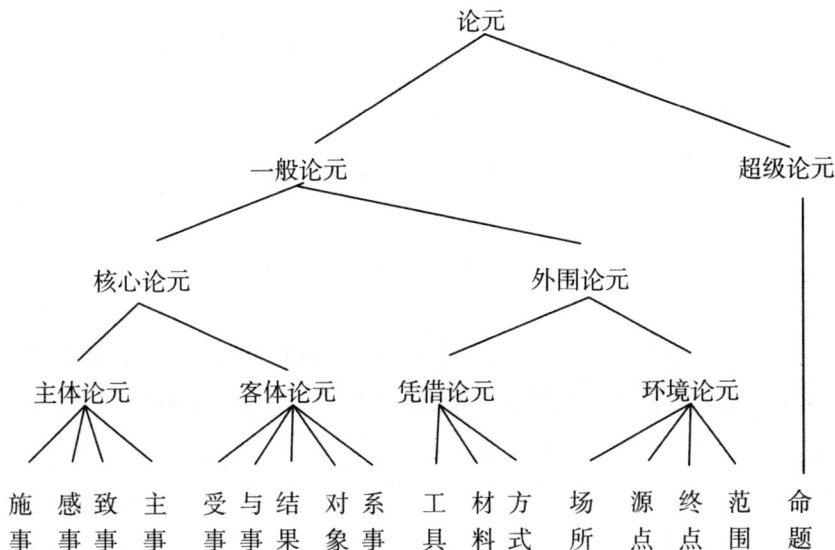

图1 现代汉语中的语义角色

我们在袁毓林上述17种语义角色的基础上在环境论元角色中增加"时间"和"原因"，同时把"结果"和"对象"归入"受事"①，因此我们共得到17种语义角色：

施事（agent，A），感事（sentient，Se），致事（causer，Cau），主事（theme，Th），受事（patient，P）［包括结果（result，R），对象（target，Ta）］，与事（dative，D），系事（relevant，Rt），工具（instrument，I），材料（material，Ma），方式（manner，M），场所（location，L），源点（source，So），终点（goal，Go），范围（range，Ra），命题（proposition，P），时间（time，T），原因（reason，Rn）。

下文将在上述17种语义角色的范围内讨论"是……的"结构中出现的不同语义角色及其相互之间的配位关系，这种分析可以让我们从宏观上把握"是……的"结构的语义类型，从而为该结构的语义分析与解释提供一种参照。

---

① 严格来说把"结果"归入受事是不合适的，但考虑到在"是……的"结构的语料中没有发现"结果"这一语义角色，但在其他句法结构中"结果"又是一个很重要的语义角色，本节姑且把它归入受事。

1.2 "是……的"结构的语义结构关系类型①

1.2.1 两种句法成分的配位序列

不同句法成分(本书指谓语动词、主语、状语以及宾语)在"是……的"结构中的配位可以简化为两种基本序列:

A. (主语) + "是" +状语+动词+ (宾语) + "的"

B. (主语) + "是" +主语+动词+ (宾语) + "的"

也就是说,在讨论"是……的"结构的语义结构关系类型时,A 和 B 这两种句法配位序列是完全作为表层形式出现的,我们不关注其中动词的差异,A 和 B 都可能对应着至少一种语义结构关系。下面,我们分句首空位和非句首空位两种类型来考察不同语义角色在"是……的"结构两种句法配位序列中的共现关系。

1.2.2 句首空位型

I. [ ] + "是" +施事+动词+ "的",例如:

(6) 我说:"是,都 [ ] 是我勒死的"。

(7) 我当时就不该起事, [ ] 是王爷害的我。

II. [ ] + "是" +致事+动词+受事+动词'+ "的",例如:

(8) [ ] 是王干事让我们不要大惊小怪的,谁也不知道是怎么回事儿!

(9) 一阵沉默后,霍沧粟说:[ ] 是我母亲叫我学这个的。

III. [ ] + "是" +材料+动词+ "的",例如:

(10) [ ] 是用大理石做的面,坐上去光溜溜、凉津津的。

(11) 你自然看不懂,因为 [ ] 是很多小说合在一起改编成的。

IV. [ ] + "是" +工具+动词+ "的",例如:

(12) [ ] 是用水果刀割的,很钝,几刀不见血,他急了……

(13) 哦,鸭嘴上有点东西,有一道一道印子, [ ] 是刀子刻出来的。

V. [ ] + "是" +方式+动词+ "的",例如:

(14) [ ] 是怎么来的?坐飞机吗?还是坐船?

---

① 我们统计了 250 万字的带"的"字的现代汉语语料(语料均来自北京大学郭锐老师建立的"汉语语料库"),从中抽取到 1004 句带有"是……的"结构的用例,下文论及的语义结构关系的基本类型建立在这些真实语料的基础之上。

（15）南希指牛大姐：［ ］是严格按照她的要求干的，没错儿！

VI.［ ］+"是"+场所+动词+"的"，例如：

（16）晚上，［ ］是在宁波轮船码头门前的过道里过的夜。

（17）当然［ ］是在果园里摘的，叶子都是新鲜的呢！

VII.［ ］+"是"+时间+动词+"的"，例如：

（18）［ ］是昨天下午离开的，她没有告诉你吗？

（19）［ ］是一年前唱的，就是在这里唱的呀，是……是《有个女孩儿》！

VIII.［ ］+"是"+源点+动词+"的"，例如：

（20）原来［ ］是从监狱里逃跑的，警察正在四处搜捕。

（21）［ ］是从山顶上滚下来的，可惨了。

IX.［ ］+"是"+命题+动词+"的"，例如：

（22）都［ ］是打电话造成的麻烦！

I—IX都属于句首空位型"是……的"结构（［ ］表示空位），即"是"的前面没有明显的语义角色成分，如果要补出这些语义角色成分的话，需要到更大的语境里去寻找。通过分析语料我们发现，只有9种语义角色可以出现在"是"后的位置上，这种类型的"是……的"结构在数量上并不占优势，它们往往出现在语段甚至是语篇当中。在数量上占优势的是非句首空位型的"是……的"结构。

1.2.3 非句首空位型①

1.2.3.1 受事占据句首位，后跟施事型

I. 受事+"是"+施事+动词+"的"，例如：

（23）这一回他先打来了一个电话，还真巧，是张全义接的。

（24）鸭掌、鸭翅是王老板买来的。

II. 受事+"是"+施事+时间+动词+"的"，例如：

（25）这是老九放羊时摘来的。

（26）这些材料是云致秋昨天提供的……

III. 受事+"是"+施事+场所+动词+"的"，例如：

（27）一套深蓝色的西装，一件浅黄色高领毛衣，三件雪白的衬衫，外加一双牛津底的轻便皮鞋，从头到脚，都是他从那爿百货店里

----

① 在受事、施事占据句首位的类型中，命题这一语义角色体现出方式的意义，所以不作具体分析。

拿来的。

（28）所以呀，为了让我心里踏实，你也甭蒙着盖着，告诉我个底，这金丹是谁从金一趟家里拿出来的？

Ⅳ. 受事+"是"+施事+方式+动词+"的"，例如：

（29）母亲说，真糊涂，那是我打电话通知的她。

（30）别逗啦，总经理，刚才那可是我亲手交给你的呀！

Ⅴ. 受事+"是"+施事+工具+动词+"的"，例如：

（31）黄瓜削好了，是我用水果刀削的。

Ⅵ. 受事+"是"+施事+材料+动词+"的"，例如：

（32）咸菜是母亲用青菜腌的。

Ⅶ. 受事+"是"+施事+源点+动词+"的"，例如：

（33）石头是石头工从山腰推下来的。

在这种类型的语义角色配位序列中，施事后可以直接是动词，也可以加上其他外围论元角色再跟动词，配位的方式比较自由。

1.2.3.2　受事占据句首位，后不跟施事型

Ⅰ. 受事+"是"+工具+动词+"的"，例如：

（34）那种发型是用木梳梳出来的。

（35）遥远的星云是用高倍望远镜观察到的。

Ⅱ. 受事+"是"+材料+动词+"的"，例如：

（36）妈说这粥是草籽熬的。

（37）噢，对了，谁也没看过这本书，这本书是砖头改装的。

Ⅲ. 受事+"是"+方式+动词+"的"，例如：

（38）那笔款子是通过邮局汇出去的。

（39）四川有"炒米糖开水"，车站码头都有得卖，那是泡着吃的。

Ⅳ. 受事+"是"+场所+动词+"的"，例如：

（40）只有我知道，这张相片是在苏州园林拍的！

（41）您说"下凡"是在那边得到的？

Ⅴ. 受事+"是"+源点+动词+"的"，例如：

（42）新媳妇留给人们这个坏印象，是从过门头一天闹洞房引起来的。

（43）人家毕竟是从市局提来的，气宇凡不凡不敢说，至少行头地道……

Ⅵ. 受事+"是"+时间+动词+"的"，例如：

（44）这个笑话是在四十四年前听到的，当时觉得很无聊。

（45）这些建筑的规模大概是明朝永乐时期创建的，清朝又改建或修改过。

在这种类型的语义配位序列中，"是"后的位置上只有外围论元角色。

1.2.3.3 施事占据句首位

Ⅰ. 施事+"是"+与事+动词+"的"，例如：

（46）妈妈是给我织的毛衣。

（47）这些鸡是他们自己的，他们是给别人家运的？

Ⅱ. 施事+"是"+受事+动词+"的"，例如：

（48）这些人家的大少爷，是连粮价也不知道的，一切全由米店店东经手。

Ⅲ. 施事+"是"+场所+动词+"的"，例如：

（49）发薪这天，他照例是不在食堂吃饭的。

（50）我没见过，我是在家听说的。

Ⅳ. 施事+"是"+源点+动词+"的"，例如：

（51）金枝咯咯笑着打量他："……你该不会是从地下钻进来的吧？"

Ⅴ. 施事+"是"+方式+动词+"的"，例如：

（52）老徐又问："她是用法语交代的吗？"

（53）你不应当看不起农民，你是农民用生命保护下来的。

Ⅵ. 施事+"是"+工具+动词+"的"，例如：

（54）雷夏和我是用刮胡刀片干的，每人给自己左手来了一下……

Ⅶ. 施事+"是"+时间+动词+"的"，例如：

（55）他是从小就确定要出家的。

Ⅷ. 施事+"是"+命题+动词+"的"，例如：

（56）原来他是杀了人才逃到这儿来的。

施事占据句首位时，有8种语义角色可以出现在"是"后的位置上，除与事与受事两种核心论元角色外，其他均为外围论元角色。

1.2.3.4 感事占据句首位

Ⅰ. 感事+"是"+原因+动词+"的"，例如：

（57）这种鱼是由这种声音得名的。

II. 感事+"是"+场所+动词+"的"，例如：

（58）我是在翠湖才认识这种水生植物的。

III. 感事+"是"+时间+动词+"的"，例如：

（59）哥哥是去年夏天才喜欢游泳的。

感事占据句首位时，"是"后的语义角色只能是原因、场所和时间等外围论元角色。

1.2.3.5　主事占据句首位

I. 主事+"是"+主事+动词+"的"，例如：

（60）小孩是自己掉进沟里的，前面的人也没有听到孩子的喊声。

II. 主事+"是"+处所+动词+"的"，例如：

（61）我们家世代都是果农，我是在果树林里长大的。

III. 主事+"是"+时间+动词+"的"，例如：

（62）那座桥是昨天晚上塌的，幸好那时没有车通过。

主事占据句首位时，"是"后的语义角色只能是主事（其代词复写形式）、处所和时间。

1.2.3.6　命题占据句首位①

（63）王二发达了，是从他的生活也看得出来的。

1.3　语义角色的原型效应

1.3.1　语义角色的共现统计

在上文的分析中，共有受事、施事、主事、感事、致事、与事、工具、材料、方式、场所、时间、源点、原因、命题等 14 种语义角色（系事、终点、范围没有出现）出现在"是……的"结构中，它们之间的相互配位共形成 37 种配位序列。在 37 种配位序列里，句首空位型有 9 种，非句首空位型有 28 种（其中，受事占据句首位 13 种，施事占据句首位 8 种，感事占据句首位和主事占据句首位各 3 种，命题占据句首位 1 种）。在 37 种不同的配位序列里，各种语义角色的出现频率也有很大的差别，其中受事 15 次，施事 16 次，主事 4 次，感事 3 次，致事 1 次，与事 1 次，原因 1 次，工具 5 次，材料 2 次，方式 4 次，场所 5 次，时间 6 次，源点 4 次，命题 2 次。

我们把不同语义角色在"是……的"结构中共现频率的高低称为语义角色

---

① 由于这种类型的"是……的"结构少而又少，仅举一例作为类型的实例。

的原型效应（prototypical effect）：如果某种语义角色在"是……的"结构中出现的频率较高，则证明该语义角色与"是……的"结构的关系密切，即在共现于"是……的"结构的系列语义角色中具有较高的原型性；反之，则证明该语义角色与"是……的"结构的关系比较疏远，即在共现于"是……的"结构的系列语义角色中具有较低的原型性。具体说来，受事和施事具有相同的原型效应；和主事、感事、致事等主体论元角色相比，施事具有较高的原型效应。为了清楚起见，我们把上述信息列成表1。

表1 "是……的"结构的语义角色类型的类统计

语义角色		项目统计			
		非句首空位	句首空位	语义角色在37种配位序列中的数量	语义角色在37种配位序列中的比例
主体论元	施事	8		16	23.2%
	感事	3		3	4.3%
	致事	0（14）		1	1.4% （34.8%）
	主事	3		4（24）	5.8%
客体论元	受事	13		15	21.7%
	与事	0		1	1.4%
	结果	受事（13）		（受事）（16）	（受事）（23.2%）
	对象	受事			
	系事	0		0	0%
凭借论元	工具	0	28 / 9	5	7.2%
	材料	0（0）		2（11）	2.9% （15.9%）
	方式	0		4	5.8%
环境论元	场所	0		5	7.2%
	源点	0		4	5.8%
	终点	0		0	0%
	范围	0（0）		0（16）	0% （23.2%）
	时间	0		6	8.7%
	原因	0		1	1.4%
命题		1		2	2.9%
合计		28	9	69	100%

9

1.3.2 原型效应的等级序列

从上表可以看出，非句首空位型"是……的"结构比句首空位型"是……的"结构具有较强的原型性。在非句首空位型"是……的"结构中，主体论元和客体论元，即核心论元角色体现出较强的原型性效应，原型性较弱的分别是外围论元角色，以及超级论元角色——命题。在 37 种语义角色配位序列中，5 个层次的论元角色所体现出的原型性等级是：

（64）主体论元角色 > 客体论元角色 > 环境论元角色 > 凭借论元角色 > 超级论元角色。

（64）说明，"是……的"结构对上述 5 个层次的论元角色的选择是有倾向性的，即 5 个层次的论元角色在"是……的"结构中的共现体现出不同的原型效应，形成一个由左向右原型性等级呈递降趋势的等级序列。"是……的"结构会优先选择主体论元和客体论元，然后是环境论元和凭借论元，最后才是超级论元。

17 种具体语义角色所体现出的原型性效应序列为：

（65）施事 > 受事 > 时间 > ｛工具，场所｝ > ｛主事，方式，源点｝ > 感事 > ｛材料，命题｝ > ｛致事，与事，原因｝ > ｛系事，终点，范围｝。

（65）说明，"是……的"结构对 17 种语义角色的选择是有偏向性的，即 17 种语义角色在"是……的"结构中共现时表现出不同的原型效应，形成一个由左向右原型性等级呈递降趋势的等级序列（｛｝中的角色视为具有相同的原型性等级）。序列左边的语义角色具有优先进入"是……的"结构的能力，序列右边的语义角色进入"是……的"结构的优先能力则较弱。

在（64）（65）两个原型性效应等级序列中，越是靠近左边的原型性就越强，即处于优选地位，体现出较高的原型性效应；越是靠近右边的原型性就越弱，即处于非优选地位，体现出较低的原型性效应。

第 2 节 "是……的"结构的句法限制条件

学者们很早就注意到"是……的"这一特殊的汉语句法结构，因此对该结构的研究也是多方面的，不同的学者在各方面的着墨程度也非常不一样。

2.1 "是……的"结构研究概要

以往关于"是……的"结构的研究可以概括为以下 5 个方面。

2.1.1 关于"是……的"结构的类

由于出现在"是……的"结构中的成分不同，因此，其句法表现和语义关系、功能等诸方面都存在着巨大的差异。对该结构的类型进行系统研究的有宋玉柱（1978）、赵淑华（1979）、吕必松（1982）、杉村博文（1999）等。

宋玉柱（1978）把"是……的"结构分为 3 种类型：表判断的、表强调的和表过去时间的，但对这 3 种类型如何进行区分，没有更详细的论述。

赵淑华（1979）根据"是……的"结构中"是"和"的"的作用，把出现于谓语中的"是……的"结构分为"'是'是谓语中主要动词，'是'加上'……的'构成谓语，'的'前往往是单独的名词、代词、形容词、动词等。这类句子的谓语是说明主语的类别的。""'是'不是谓语中的主要动词，它一般放在动词或状语之前，表示强调；'的'放在动词之后，表示动态。这类句子只用于某一动作、情况已经完成或实现的场合。""'是'和'的'都表示语气，'的'永远在句尾。这类'是……的'句的谓语对主语来说一般起解释、说明的作用"等 3 种结构类型。

吕必松（1982）把整个"是……的"结构分为两大类来讨论：一类是表过去时和肯定确信语气的，一类是"是"字结构带"的"字结构宾语的，但没有找到确切有效的鉴别手段。

杉村博文（1999）专门讨论了用于已然义的"是……的"句，并从话语功能的角度把这种"是……的"结构分为两种类型：信息焦点指定型和事件原因解说型。前者传达已然义是因为该结构承指（anaphoric）上文"V 了 O"的结果，后者具有已然义则是因为此类"是……的"句总是说明已然事件发生的原因（在客观时间顺序上事件先于说明而存在）。然而，关于承指形式的说法似乎还有继续讨论的必要，即为什么汉语中只有表示已然事件的动词才具有承指形式？（木村英树，2003）

2.1.2 关于"是……的"结构的语法意义

吕必松（1982）在给"是……的"结构分类时指出，无论表示过去时的"是……的"结构还是表示肯定和确信语气的"是……的"结构其实都有一种表示肯定和确信语气的作用，并指出前者表示的肯定和确信语气与"是""的"本身有肯定和确信语气有关。

杉村博文（1999）分析了表已然义的"是……的"结构，认为这种已然义来自"……V 的（O）"，是对其先行成分"……V 了（O）"的承指。

袁毓林（2003）根据 Kiss（1998）的研究，认为"是……的"结构中的焦点是认定焦点（identificational focus），具有［＋对比性］和［＋排他性］两种语义特征，从而认为"是……的"结构表示 3 种语法意义：确认、确信和确询。

2.1.3　关于"是……的"结构中"是"和"的"的性质

关于"是"和"的"的性质，特别是"的"的性质有很多争议。吕叔湘（1944）说"'的'字表示的是一种确认的语气"。朱德熙（1961、1978）则把"的"一律看作结构助词。宋玉柱（1978）认为当"是……的"结构属于判断句时，"是……的"分属于"判断词……结构助词"；当"是……的"结构属于非判断句时，分属于"副词……语气词"。又说，助词"的"和"来着"都是指明动作发生于过去时的时间助词。赵淑华（1979）则认为"的"无论放在动词的后边还是用在句尾，都是动态助词。史有为、马学良（1982）认为"的"是时体助词。李讷、安珊笛和张伯江（1998）则从话语的角度论证了语气词"的"的功能。杉村博文（1999）则认为"的"字和所谓的"动态"或"时""体——时"没有关系，承认"的"是结构助词。关于"是"，现在一般认为是一个焦点标记词（邓守信，1979；张伯江、方梅，1996；徐杰，2001），也有人持相反意见（黄正德，1989）。

2.1.4　关于"是……的"结构的功能

吕必松（1982）主张把"是……的"结构当作一个整体来看待。后来，张伯江、方梅（1996）指出"是……的"结构具有标记焦点的作用，田泉（1996）通过"是""的"的合用及单用论证了"是……的"结构的非句法功能。此外也有很多学者把"是……的"结构与英语的分裂句联系起来（赵元任，1968；邓守信，1979；汤廷池，1981；张伯江、方梅，1996，等）。

2.1.5　关于"是……的"结构中的宾语

关于"是……的"结构中的宾语问题，也有不少学者论及，但最后分析的结果都不是很理想。李培元《基础汉语课本》① 认为如果宾语是名词时，放在"的"前"的"后均可。刘月华等《实用现代汉语语法》② 说，如果"是……

---

① 参阅李培元. 基础汉语课本［M］. 北京：外文出版社，1980：765.
② 参阅刘月华，潘文娱，故韡. 实用现代汉语语法（增订本）［M］. 北京：商务印书馆，2001：765.

的"结构中的动词带宾语，这个宾语可以紧跟动词，置于"的"前，也可以放在"的"后，口语放在"的"后的更为常见。牛秀兰（1991）则分析了宾语置于"的"前和"的"后的一些规律。

我们不打算对上述系列研究进行评论，我们关心的问题是：什么样的结构才是人们所关心的"是……的"结构？虽然不同研究者对"是……的"结构的研究各执一端，但系统研究"是……的"结构的句法限制条件的文章我们还没有见到。"是……的"结构的诸多争议或许与该结构的句法限制条件有关。

本节要回答的问题是：到底什么样的结构才是"是……的"结构？没有谓词性成分的结构算不算"是……的"结构？具有谓词性成分的结构是不是一定就是所谓的"是……的"结构？出现在该结构中的谓词性成分 VP 有没有什么规律，即是不是所有的谓词性成分都能构成"是……的"结构？

既有研究中以下形式常被视为"是……的"结构句的典型形式。

（1）没说的，这坏点子准是于观出的。

（2）你凭什么说他是在我家被人把头砍下来的？

（3）这样说来，走向江边，是戴维·施鲁德自己提出来的。

（4）他当然明白，他这支笔是画不到那些洋楼上去的。

（5）你们到底是怎么来的啊？

（6）蒸汽机是瓦特发明的。

我们一方面借助北京大学现代汉语语料库（CCCL），同时参考已公开发表的论著，考察了"是……的"结构句的句法限制条件，即"是……的"结构在句法上需要满足哪些条件？为了保证语料的纯度，我们在截取语料时基本上以句子为单位，同时只抽取完整的"是……的"结构，不考虑"是"缺省的情形。

2.2 "是……的"的两种外显形式

2.2.1 非动词核心"是……的"形式

单从形式上看，"是……的"结构是一种很复杂的结构，因为"是……的"结构所包孕的成分很复杂。另外，不同学者在研究该结构时对"是……的"结构的所指也是有区别的。我们在综述部分提到，不少研究者注意了"的"字结构作宾语的"是……的"形式。其实从句法构成的角度可以把"是……的"结构分成两个大的类型：动词核心"是……的"结构和非动词核心"是……的"形式。前者如例（1）—（6），后者例如：

　　(7) 小王是微软电脑公司的［职工］。

　　(8) 这本书是张三的［书］。

　　(9) 这条新闻是昨天下午的［新闻］。

　　(7)—(9) 中被"是……的"包孕的句法成分是体词性的："微软电脑公司""张三""昨天下午"。

　　此外，被"是……的"包孕的句法成分还可以是形容词性的（"甜""水灵灵""勇敢"），例如：

　　(10) 这种面包是甜的［面包］。

　　(11) 我至今还记得她的眼睛是水灵灵的［眼睛］。

　　(12) 战场上，每一个战士都是勇敢的［战士］。

　　仔细分析一下，可以看出在（7）—（12）的结构中，都是"的"字先和其他成分构成"的"字短语，然后充当"是"的宾语，"的"后都能够补出一个名词性成分；结构的前段和后段形成一种明显的判断关系。这里的"的"可以看作结构助词，它们与"是"没有直接的结构关系，因此可以排除在真正的"是……的"结构的范围之外。

2.2.2 动词核心"是……的"结构

　　非动词性核心"是……的"形式在前人的研究中并不是研究之重点，他们的研究重点在类似（1）—（6）的结构，即包孕动词性成分的"是……的"结构。

　　上文（1）—（6）中的"出""砍下来""提出来""画""来""发明"等都是动词性结构，这种包孕动词性结构的"是……的"结构是真正的"是……的"结构。这种结构和上面提到的非动词核心"是……的"形式有着严格的区别：首先，这些结构并不是由"的"字组成"的"字结构再作"是"的宾语；其次，"的"后很难补出一个类似（7）—（12）中的体词性成分（即使可以补出来，其意义也和后者有很大不同）；因此，结构的前段和后段并不形成明显的判断关系。这里的"的"和"是"构成一个整体（吕必松，1982）。

　　问题是并非所有具有谓词性成分的这种结构都是我们所说的"是……的"结构，吕必松（1982）等学者已经指出了这种现象，然而并没有给出一个有效的鉴别框架。这是一个问题，需另文讨论。下文如果没有特殊交代，所有给出的例句都不包括类似（7）—（12）的非动词核心"是……的"形式。

2.3 "是……的"结构对动词的选择性限制

　　动词是句法结构的核心，分析句法结构中的动词往往能够为我们发现该句

法结构的特征提供一些线索。我们分析的基础是 1004 个带有动词核心的
"是……的"结构，虽然表面上看差不多所有的动词都可以进入这一结构，但实
际的结果并非如此；我们从 1004 个动词核心"是……的"结构中一共抽取出
597 个动词①（具体统计结果见文后附录）。

2.3.1 动词的分类框架

597 个动词有没有一些突出的特征？我们认为，既然这些动词都可以在
"是……的"结构中出现，那么肯定有一定的规律可循。一方面我们可以看到，
这些动词之间有着类的区别，如"发现、出来、离开"等显然是一种动补式结
果动词，"堆、停"等显然属于表示存在类的动词；另一方面我们也发现，有一
些动词显然不可以进入"是……的"结构，如"在""属于"等。下面我们尝
试对上述动词的特征进行归纳。关于动词分类的研究结果，我们参考崔希亮
（1996）的做法。

崔希亮（1996）根据"把"字句的句法语义特征给出了一个动词的分类框
架，为清楚起见，我们转述如下。

表 2　动词分类框架（崔希亮，1996）

静态动词	V1 存在动词	有	无	在	存在	堆 b	挂 b	站 b	摆 b	放 b	停 ……
	V2 关系动词	是	为	指	像	相同	属于	姓	等于	……	
	V3 性质动词	讨厌	小心	轰动	佩服	热爱	信任	迷信	密切	……	
	V4 结果动词	出来	成立	发现	获得	解散	到达	批准	通过	……	
	V5 行为动词	拥护	帮助	服务	旅行	游泳	指导	祝贺	压迫	……	
动态动词	V6 变化动词	大	高	成	热	紧张	成熟	漂亮	地道	瓷实	结实 ……
	V7 活动动词	想	哭	笑	愁	当	看作	布置	打扮	筹备	联络 ……
	V8 动作动词	打	抓	摘	搂	拉	拽	脱	砍	剁	劈 砸 削 穿 ……
	V9 评价动词	看	当	说	夸	怀疑	算	称	叫	……	
	V10 感觉动词	愁	想	欢喜	忧伤	伤心	兴奋	疼	难受	寂寞	……
	V11 生理动词	哭	笑	叫	喊	嚷	病	嚎	吵	……	

---

① 抽取 1004 个带有"是……的"结构的句子的原则是：只要句子含有动词性核心结构就
算作一例，由于同一动词可以形成不同的核心结构（如带宾语、状语等不同句法成分
等），因此最后删掉了重现的一些动词。词表中重复的动词词条代表该动词在具体例句
中的不同义项或用法。

续表

伴随动词	能愿动词	能　会　可以　情愿　宁　要　肯　敢应该　得（děi）……
	前置动词	把　朝　向　往　被　对　对于　由　从　据　冲（chòng）……
	谓宾动词	省得　值得　任凭　给予　予以　加以　显得　难免……

2.3.2　"是……的"结构的句法成分序列

下面我们用表1的结果来验证"是……的"结构的句法成分序列。句法成分序列是指句法结构中不同句法成分及其线性排列关系。动词与不同句法成分的这种配位规律显示了动词对"是……的"结构的句法限制，这些实例可以充分证明"是……的"结构中不同动词类型的句法特征。

在句法成分上我们主要采用主语、宾语、状语和谓语动词，在每一种配位序列之后会给出真实语料中的用例。

2.3.2.1　结果动词（V4）

I.（主语）+"是"+状语+结果动词（V4）+（宾语）+"的"，例如：

（13）秦干事想，王景那时也是傻傻地在太阳下站了好久才发现的。

（14）她对我的问话似乎感到十分意外，她说，当然也是这么多，她们是一起出来的。

（15）我是在翠湖认识这种水生植物的。

（16）她是在勘探工作结束以后离开这里的。

II.（主语）+"是"+主语+结果动词（V4）+（宾语）+"的"，例如：

（17）这钉子是在青马的槽里发现的！是王全发现的。

（18）她们两人跟随范吉射也是你们国君批准的。

（19）合着"扶清灭洋"的口号是你提出来的？

2.3.2.2　行为动词（V5）

III.（主语）+"是"+状语+行为动词（V5）+（宾语）+"的"，例如：

（20）西周是通过井田制来压榨和剥削奴隶的。

（21）它们起初也是民间发行的，后改为官办。

（22）原始人类最初是靠采集、渔猎维持生活的。

（23）钱币是在早期铜铸币的基础上产生的。

IV.（主语）+"是"+主语+行为动词（V5）+（宾语）+"的"，例如：

（24）交子初创时，是一些大商号分别签发的，又叫作私交子。

（25）告诉你，这死刑是我花钱给你买脱的，徐焕章是我指使来的！

(26) 告是他指使的。

(27) 她们催他赶快去睡觉，说是大老张嘱咐的……

2.3.2.3 活动动词（V7）

V.（主语）+"是"+状语+活动动词（V7）+（宾语）+"的"，例如：

(28) 这次任务是现场临时布置的，十分紧急。

(29) 昨晚我是用手机和他联络的，信号不好听不清楚。

(30) 我们是坐车去采访的。

VI.（主语）+"是"+主语+活动动词（V7）+（宾语）+"的"，例如：

(31) 晚会是老王一个人筹备的，满意程度达到百分。

(32) 既然是第三工程队装饰的，那就再让他们来好了……

2.3.2.4 动作动词（V8）

VII.（主语）+"是"+状语+动作动词（V8）+（宾语）+"的"，例如：

(33) 你的脚是（用）铁打的。

(34) 让我们来看看这些证据，……也只证明了杀人是在我家进行的。

(35) 他的菊花秧子大都是从朱雪桥那里分来的。

(36) 周仁是在和金秀见面的第四天去拜访金家的。

(37) 当初老太太是在夜里敲打他的，几天前他还提起过呢！

VIII.（主语）+"是"+主语+动作动词（V8）+（宾语）+"的"，例如：

(38) 材料有的是公安局传达的，有的是他向公安局汇报的。

(39) 没准儿上次就是他接的电话。

(40) 中国有几处桃花源，都是后人根据《桃花源诗并记》附会出来的。

(41) 我总怀疑，这种喝茶法是宋代传下来的。

2.3.2.5 生理动词（V11）

IX.（主语）+"是"+状语+生理动词（V11）+（宾语）+"的"，例如：

(42) 我知道他是昨天晚上哭的。

(43) 他这声"父亲"是要当众叫出来的。

(44) 那种痛苦是大声喊出来的，难道你还不清楚？

X.（主语）+"是"+主语+生理动词（V11）+（宾语）+"的"，例如：

(45) 鸡蛋散黄是蚊子叮的；你想起子子在水里翻跟斗……吃什么呢？

（46）到底是谁先笑的？严肃点儿！

（47）事情是他们自己嚷嚷起来的。

2.3.2.6 伴随动词+（宾语）

XI.（主语）+"是"+状语+伴随动词+（宾语）+"的"，例如：

（48）大概是昨天建议开这次全体大会的吧，具体细节我也不很清楚。

（49）当然这一切首先是一次商业活动，受价值规律的支配，同时宏观调控也是完全可以实现的。

XII.（主语）+"是"+主语+伴随动词+（宾语）+"的"，例如：

（50）是谁首先主张采取这种方案的？我自己？

2.3.2.7 感觉动词（V10）

XIII.（主语）+"是"+状语+感觉动词（V10）+（宾语）+"的"，例如：

（51）是前天晚上开始疼的，昨晚都没睡好觉。

（52）你觉得是什么时候开始难受的？先去做个全面检查吧。

2.3.2.8 存在动词（V1）

XIV.（主语）+"是"+状语+存在动词（V1）+（宾语）+"的"，例如：

（53）垃圾是昨天晚上就堆在那儿的。

（54）那辆车是在那个角落停了三天三夜的。

从上面的分析可以看到并非所有的动词都可以自由地进入"是……的"结构，即"是……的"结构对动词具有选择性限制关系。我们根据不同动词在"是……的"结构中的出现频率把抽取出的可以进入"是……的"结构的动词整理成下表。

表3 "是……的"结构中的动词统计

动词类型		具体实例	统计结果	
			数量	比例
静态动词	V1 存在动词	堆　站　摆　有　停……	6	1.0%
	V2 关系动词	（无）	0	0%
	V3 性质动词	（无）	0	0%
	V4 结果动词	出　发　提　离　到　批准　认识……	148	24.8%
	V5 行为动词	逼　压榨　剥削　发行　维持　签发　指使……	146	24.5%

动词类型		具体实例	统计结果	
			数量	比例
动态动词	V6 变化动词	（无）	0	0%
	V7 活动动词	布置 联络 采访 筹备 装饰……	130	21.8%
	V8 动作动词	打 分 接 传 拜访 进行 传达 汇报……	128	21.4%
	V9 评价动词	（无）	0	0%
	V10 感觉动词	兴奋 疼 难受……	16	2.7%
	V11 生理动词	哭 笑 叫 喊 嚷嚷 吵……	14	2.3%
伴随动词	能愿动词	可以 要 应该……	5	0.8%
	前置动词	（无）	0	0%
	谓宾动词	建议 主张……	4	0.7%
合　计			597	100%

2.3.3 "是……的"结构对动词的选择性限制关系

为清楚起见，我们把能够进入"是……的"结构的动词重新整理成下表。

表4 "是……的"结构中的动词统计整理

动词类型	动词具体实例	统计结果	
		数量	比例
V4 结果动词	出来 发现 提出 离开 到达 批准 认识……	148	24.8%
V5 行为动词	逼 压榨 剥削 发行 维持 签发 指使…	146	24.5%
V7 活动动词	布置 联络 采访 筹备 装饰……	130	21.8%
V8 动作动词	打 分 接 传 拜访 进行 传达 汇报……	128	21.4%
V10 感觉动词	兴奋 疼 难受……	16	2.7%
V11 生理动词	哭 笑 叫 喊 嚷嚷 吵……	14	2.3%
V1 存在动词	堆 站 摆 有 停……	6	1.0%
能愿动词	可以 要 应该……	5	0.8%
谓宾动词	建议 主张……	4	0.7%
合　计		597	100%

经过上表的测试，然后综合比较崔希亮（1996）的分类结果我们发现，关系动词（V2）、性质动词（V3）、变化动词（V6）、评价动词（V9）和前置动词（伴随动词）是不能进入"是……的"结构的，其他诸类动词都可以用在这一结构当中，但使用的频率高低不同。结果动词（V4）、行为动词（V5）、活动动词（V7）、动作动词（V8）使用的频率较高，是能够进入"是……的"结构的主流动词；而感觉动词（V10）、生理动词（V11）、存在动词（V1）以及伴随动词中的能愿动词和谓宾动词的使用频率则较低，而且有例外现象①，是非主流动词。

在 I—XIV 中，我们其实只分析了各种句法配位的原子句形式，即句法成分配位比较简单的形式。在这些句法成分配位的原子句形式当中，"是"后的成分有的可以状语、主语俱全（如 I—X），有的只可以是状语或主语（如 XI—XIV）。这种不同的配位方式恰好和我们对进入"是……的"结构的动词的考察结果相吻合："是"后可同时具有状语和主语两种句法成分的句法成分配位形式中的动词是频率比较高的结果动词（V4）、行为动词（V5）、活动动词（V7）、动作动词（V8），而"是"后只有状语或主语一种句法成分的句法成分配位形式中的动词是使用频率较低且有例外现象的感觉动词（V10）、生理动词（V11）和存在动词（V1）以及伴随动词中的能愿动词和谓宾动词。

2.4 "是……的"结构的初始形式

从上文 I—XIV 可以清楚地看到不同的动词所要求的句法成分的配位方式，如果我们用 NP 代表体词性成分，用 M 代表修饰或限制性成分，用 V 代表核心动词，用 O 代表宾语成分，那么会得到以下配列。②

    i. NP-是-M-V-O-的：我是昨天在西单买这本书的。

    ii. NP-是-M-V-的-O：我是昨天在西单买的这本书。

    iii. 是-NP-M-V-O-的：是我昨天在西单买这本书的。

    iv. 是-NP-M-V-的-O：是我昨天在西单买的这本书。

---

① 即有一些动词不能用于"是……的"结构，如"在""欢喜""省得""任凭""得"等，我们在语料当中没有发现它们的用例，我们也想象不出一个合适的例子来。具体原因有待今后继续研究。

② 在 i—vi 的配列当中有一些可接受性差，但通过对（1）—（6），（13）—（54）的分析，这些可接受性比较差的句子并不影响我们把它们当作类型（type）中的具体实例（token）。另外，对于这几种结构之间是否存在着变换关系、存在着怎样的变换关系，以及变换的条件是什么等，有待继续研究。

v. M-是-NP-V-O-的：昨天是我在西单买这本书的。

vi. M-是-NP-V-的-O：昨天是我在西单买的这本书。

如果我们把上文的（1）—（6），（13）—（54）以及 i—vi 中的"是"和"的"进行删除操作的话，那么都将得到一个主谓结构"NP—VP"的形式。我们发现任何一个"是……的"结构其底层形式均为主谓结构形式，即无论是"（NP）-是-M-V-O-的"形式还是"（M）-是-NP-V-O-的"形式，其基本的句法功能都是分裂一个主谓结构，① 即：

NP-M-VP→ NP-是-M-VP-的，

NP-M-VP→ 是-NP- M-VP-的。②

如"我—在西单买这本书"是一个主谓结构形式，被"是……的"结构分裂之后，得到"我是在西单买的这本书"或"是我在西单买的这本书"。

至此，我们可以清楚地界定本节研究的"是……的"结构了，即所有"是……的"结构其初始形式都必须是一个主谓结构"NP—VP"的形式；该结构形式被"是……的"结构分裂之后，形成"是-S-VP-的"和"S-是-VP-的"两种形式，前者形成一种被"是……的"结构包孕的态势，后者形成一种被"是……的"结构分离的态势，但二者的来源在本质上却是一致的：初始形式"NP—VP"（主谓结构）被"是……的"结构分裂。

2.5 "是……的"结构的三种句法限制关系

综上所述，我们可以总结出关于"是……的"结构的句法限制关系。

（1）"是……的"结构中的成分不可以是体词性的，也不可以是形容词性的，因为二者构成的结构都是典型的"的"字结构作"是"的宾语的"是……的"形式，前后形成一种纯粹的判断关系。这两种所谓的"是……的"结构都是非动词核心"是……的"形式，和本节的讨论无关。典型的"是……的"结构必须包含一个动词核心结构。

（2）结果动词、行为动词、活动动词、动作动词和生理动词可以进入"是……的"结构，而且使用的频率较高；而感觉动词、存在动词以及伴随动词中的能愿动词和谓宾动词虽然也可以进入"是……的"结构，但使用频率较低，

---

① 这种主谓结构的界定比较宽泛，基本上不考虑语义结构关系；我们认为任何一个结构只要前后形成一种说明和被说明的关系都可以视为主谓结构，其中"主"是被说明的部分，"谓"是说明的部分。

② 为简便起见，我们在这里简化了 i—vi 的形式，只刻画两种基本的类型作为代表。

而且有例外现象。高频动词可以和主语和状语等句法成分自由共现，低频动词在与主语和状语等句法成分共现时受到很大限制。

（3）构成"是……的"结构的初始结构都必须是一个主谓结构，该主谓结构可以包孕和分离两种形式被"是……的"结构分裂，也可以说"是……的"结构的底层形式是一个主谓结构，其基本句法功能是分裂该主谓结构。

第 3 节　汉语分裂句的焦点及其指派规律

功能上将汉语"是……的"结构句视为英语分裂句"It is...that..."的对等物，作为一个大的原则，这种说法是站得住脚的，但细究起来又不能说它没有问题，因为很多时候"是"后面的那个成分并不是焦点成分。本节的目的就在于探讨汉语分裂句中"是"与"的"之间的哪些成分在什么条件下可以被指派为焦点，在什么条件下不能被指派为焦点。

3.1　焦点、焦点指派与焦点敏感式

3.1.1　焦点与焦点指派

焦点（focus）是话语中说话人希望听话人格外注意而且在意义上比较突出的部分，句法结构中某一语义角色被赋值为焦点的过程称为焦点指派（focus assigning）。焦点指派可以运用不同的手段，徐杰（2001）根据古代汉语、现代匈牙利语和现代马来语的调查概括出焦点指派的两种宏观类型：加用焦点标记词和前置焦点成分。

表 5　焦点指派的两种宏观类型

指派焦点特征［F］的语言层面		焦点形式类型		代表语种
词库（疑问代词）	［F］	前置焦点成分	至句首	英语（必移）、马来语（可移）
			至动词前	匈牙利语、上古汉语
深层（非疑问结构代词）		加用焦点标记词	加用系词	现代汉语、英语
			加用助词	马来语

在汉语分裂句中，"是"作为一个焦点标记词这一论点没有太大的争论，问题在于"是"后面的成分是不是一定就是句法结构的焦点？特别是如果"是"后面有多个共现成分，那么哪一个是焦点？系列共现成分被指派为焦点时有没有优先之分？例如：

（1）材料有的是公安局传达的，有的是他向公安局汇报的。（汪曾祺《云致秋行状》）

如果根据焦点标记词"是"后的成分是焦点成分这一观点来推理，那么（1）的焦点应该是"公安局"和"他"。但事实并非如此，本句的焦点只有落在"传达"和"汇报"上才是合乎语感的。如此看来，仅仅运用"加用焦点标记词"一种手段并不能很好地解决汉语分裂句的焦点及焦点指派问题。

3.1.2　焦点敏感式（focus-sensitive operator）

焦点敏感式是指对焦点成分敏感的结构成分，如"只""甚至""不""居然""都""最"等。袁毓林（2003）将分裂句中的"是"看作焦点敏感式，认为"是"的插入是为了把某句法成分确认为某句法结构的焦点，并通过事件句（event sentence）向事态句（state-of-affairs sentence）的转换，认为在事态句中的焦点成分之前插入焦点标记词"是"是显性地、无歧义地标出焦点的最简单的办法。其实，有些事态句中的焦点并不能用这种方法来标记。

（2）a. 我妈前天去了姐姐家。→我妈前天去姐姐家的。

　　　 b. 是我妈前天去姐姐家的。

　　　 c. 我妈是前天去姐姐家的。

　　　 d. 我妈前天是去姐姐家的。

　　 ＊e. 我妈前天去是姐姐家的。

（2）a～e 是事件句到事态句的转换。我们知道，在句首"我妈"和句中"前天"前加用焦点标记词"是"是没有问题的，但在句e"姐姐家"前就不可以加用焦点标记词。为什么？

原因之一是不应该只把"是"看作焦点敏感式。其二是因为分裂句是由主谓结构生成的，主谓结构经由"是……的"分裂后就变成了现代汉语中的分裂句，即分裂句必须以主谓结构为初始形式（蔡永强，2007），而"去姐姐家"显然不符合这种句法强制性要求。主谓结构转化成分裂句以后，凡是进入"是"与"的"之间的成分都可以成为焦点，因此作为焦点敏感式的应该是整个"是……的"结构。

3.1.3　分裂句的焦点及焦点指派形式

我们在讨论分裂句焦点的过程中，将以主体论元——施事、主事、致事、感事，客体论元——受事、与事、系事，凭借论元——方式、工具、材料，环境论元——时间、场所、原因、源点、范围、终点，以及超级论元——命题等17种语义角色为基础（其中主体论元和客体论元又合称核心论元，凭借论元和环境论元又合称外围论元）（袁毓林，2002；蔡永强、侯颖，2005）。

汉语分裂句中的"是……的"结构作为一种焦点敏感式，对其辖域（scope）内的焦点成分是敏感的，焦点敏感式对分裂句进行焦点指派可以分为两种基本类型：无标记（unmarked）指派和有标记（marked）指派。如果在分裂句结构中，不管"是……的"中间有多少共现成分，其中的某一种成分总是无条件地被指派为焦点，即焦点的指派可以不受焦点敏感式"是……的"结构的强制性制约和限制而呈现出一种固定性特征，我们称这种焦点指派形式为无标记指派。如果在分裂句结构中，"是……的"中间有多种共现成分，焦点确认需要用标记词"是"强行干预，而"是"后面的邻接成分又不总是焦点成分，即焦点指派呈现出一种浮动性（floating）特征，我们称这种焦点指派形式为有标记指派。

3.2　无标记焦点指派

无标记焦点指派形式比较简单，因为按照这种指派形式的指派规律，不管"是……的"结构中"是"和"的"之间有多少共现成分，其焦点成分总是固定的。调查发现，含有疑问结构、否定结构、模态谓词结构、"连……都/也……"结构、表示目的结构、对举结构和动词拷贝结构的"是……的"分裂句均属于无标记焦点指派。

3.2.1　"是……的"结构中出现疑问结构

在这种句法结构里面，如果出现了疑问结构，不管这种疑问结构出现在什么位置，其中的疑问词语总是被指派为焦点，即这种指派是固定的、自然的，不需要其他任何外在标记的。下面（3）—（5）中的"哪儿""怎样""怎么"等疑问词语都直接被以无标记的形式指派为焦点。

（3）您这都是打哪儿听来的？还怪详细的。（王朔《一点正经没有》）

（4）我不知道是怎样走回宿舍的。我的心里空洞洞的，像一只漏

了水的木桶。(姜天民《第九个售货亭》)

(5)但是这块伤疤是怎么落下的,他始终没有讲清楚。(朱文《我爱美元》)

3.2.2 "是……的"结构中出现否定结构

如果"是……的"结构里面出现了"……不/没……"等否定结构,不管这种否定结构以什么方式出现,总是被指派为焦点。下面例句(6)和(7)中的否定结构"不怕""绝没"等都被无标记指派为焦点。

(6)"甭报警。"我按住丁小鲁拿电话的手,"这种流氓是不怕警察的。"(王朔《一点正经没有》)

(7)这样的归宿是孟家二少爷绝没想到的。(廉声《月色狰狞》)

3.2.3 "是……的"结构中出现模态谓词结构

一个句子通常包括命题和情态(modality)两部分,情态往往牵涉到说话人态度的主观性,而主观性态度是确认句法结构焦点的重要因素之一。如果"是……的"结构中出现模态谓词结构,该模态谓词结构被整体无标记指派为焦点。例如(8)和(9)中的模态谓词结构"一定会(咳嗽)""会(把他们忘记)"等都是焦点:

(8)如果我们坐在楼梯边上说话,到了十点半,她是一定会咳嗽的。(张清平《林徽因》)

(9)他们知道,毕业出去的学生,日后多半是会把他们忘记的。(汪曾祺《徙》)

3.2.4 "是……的"结构中出现"连……都/也……"结构

如果"是……的"结构中出现"连……都/也……"结构时,"连"后的那个成分总是被指派为焦点。同作为焦点敏感式,"连……都/也……"与"是……的"共现时,前者对焦点的指派强度明显强于后者,即后者对焦点的指派必须服从于前者,例如(10)和(11)中的"一个指头"和"小水筒"都直接被指派为焦点。

(10)对于真正的达官巨贾,是连一个指头也不敢碰的。(汪曾祺《皮凤三楦房子》)

(11)不怪虎妞欺侮他,他原来不过是个连小水筒也不如的人!(老舍《骆驼祥子》)

3.2.5　"是……的"结构是一种表示目的的结构

如果"是……的"结构中带有表示目的的"来"等成分会构成一种表达目的的句式，在这种结构句式中，靠近句末的成分总是被指派为焦点，即句末焦点指派。例如，（12）中"来找金家看病"中的"看病"、例（13）中"特意来看望徐老爷子"中的"看望徐老爷子"都是行为动作的最终目的，而且靠近句末位置，因此都被无标记指派为焦点。①

（12）他跟仁德胡同把口钉鞋的老爷子套上了"瓷"，说自己是来找金家看病的，晚了，没挂上号。（陈建功《皇城根》）

（13）金枝说："我爸今天是特意来看望徐老爷子的。他在家吧?"（陈建功《皇城根》）

3.2.6　"是……的"结构以对举形式出现

如果有两个或两个以上的"是……的"结构同时出现，那么被指派为焦点的那个成分一定是结构中意欲进行对比的那几个成分。如例（1）中的"传达"和"汇报"同时被指派为焦点，下例（14）和（15）中的"邮来""扔进来"和"分""采/晾""'走后门'搞来"等，由于对举出现也同时被指派为焦点成分：

（14）小王告诉他，这信不是邮来的，是从门缝儿里扔进来的。（陈建功《皇城根》）

（15）爸爸说，土豆是他分的；口蘑是他自己采，自己晾的；黄油是"走后门"搞来的。（汪曾祺《黄油烙饼》）

3.2.7　"是……的"结构出现动词拷贝形式

如果"是……的"结构中出现动词拷贝结构，动词拷贝的部分被无标记指派为焦点。这种句式中的动词拷贝部分从语义上看，是对上文出现某种状况的原因解释和说明，如例（16）中"喝酒喝的"是对"耀鑫病在床上"的原因说明，例（17）中的"上化肥上的"是对"看着挺水亮，可没味儿"的原因解释，二者都被指派为焦点。这种将出现状况的原因指派为焦点的方式与 3.2.5 将动作行为的目的指派为焦点的情况类似，都体现了句末语义焦点的指派原则。

---

① 例（12）中的"找金家"虽然也是"来"的目的，但不是最终目的。例（13）中"来"前成分"特意"只是从语义上强调了"来"的目的，而"看望徐老爷子"才是"特意来"的真正目的。现实语境中可能会出现模态谓词结构、否定结构和表示目的结构等共现的情况，这种复杂结构的无标记焦点指派的对象、依据及规律本节没有进一步涉及，这是值得深入研究的问题。

（16）第二天耀鑫就病在床上了。他说是昨晚着凉了。阿苗硬说是喝酒喝的。（李杭育《沙灶遗风》）

（17）这话您说！跑遍东西南北城，都是这一份，看着挺水亮，可没味儿！大概是上化肥上的。（邓友梅《话说陶然亭》）

在我们观察到的语料当中，一共甄别出 255 例无标记焦点指派的"是……的"分裂句，下表是我们对无标记焦点指派形式的统计结果。

表 6　"是……的"结构的无标记焦点指派形式统计

指派形式	统计结果	
	数量	比例
"是……的"结构中出现疑问结构	109	42.7%
"是……的"结构中出现否定结构	51	20%
"是……的"结构是一种表示目的的结构	51	20%
"是……的"结构中出现模态谓词结构	23	9.0%
"是……的"结构以对举形式出现	12	4.7%
"是……的"结构中出现"连……都/也……"结构	5	2.0%
"是……的"结构出现动词拷贝形式	4	1.6%
合计	255	100%

从上表可以看出，在无标记焦点指派形式中，疑问结构被指派为焦点的情况在数量上占明显优势（42.7%）。"是……的"分裂句含有疑问结构时，疑问形式中"表现为说话人假定听话人所知，但说话人不知"的信息恰好满足了信息焦点的需要（袁毓林，2003），因此在无标记焦点指派中被优先指派为焦点是不言自明的。在含有否定词和目的结构的"是……的"分裂句中，否定词本身就是焦点敏感式，而表目的结构本身就体现了句末语义焦点的强烈倾向，因此二者所占比例也比较高（20%）。模态谓词与说话人的主观态度密切相关，因此模态谓词结构被无标记指派为焦点也是不难理解的。对举形式本身就意味着强调对比的差别，"连……都/也……"本身是一个典型的且具有比焦点敏感式"是……的"（结构）更强的焦点指派功能的焦点敏感式，动词拷贝结构中的后段结构标示了拷贝的结果（是前文出现状况的原因解释和说明），这些特征都是导致焦点无标记指派的关键因素。

3.3　有标记焦点指派

3.3.1　不同论元角色的焦点指派

"是"与"的"之间可以出现很多语义角色。我们对从 250 万字的"的"字语料中抽取出的 1004 个分裂句进行了穷尽分析，分析过程中我们采取多项析取的原则（崔希亮，2001）（即只要具有一项特征就列为一例，这种原则主要限于无标记指派形式的统计分析①），因此最后共得到 1030 个例句。这些个例当中除去 255 例无标记形式，共得到有标记形式 775 例。下面我们分主体论元角色、客体论元角色、凭借论元角色、环境论元角色和命题论元角色等 5 个层次讨论有标记焦点指派的情况。

3.3.1.1　主体论元角色

主体论元角色的具体不同论元在"是"后的出现频率有很大的差别。在我们的统计中，施事有 246 次，主事 7 次，致事 6 次，感事 3 次。分析发现，对于施事来说：

如果：①"是……的"结构前属于明显的空位形式，或②"是……的"结构前面有受事占位，施事后面没有非主体论元角色与之共现，那么施事被指派为焦点。例（18）—（20）中的"王爷""他""张全义"均被指派为焦点。

（18）我当时就不该起事，这也是王爷害的我。（王朔《千万别把我当人》）

（19）数这丫头坏！没准儿上次就是她接的电话。（王朔《编辑部的故事》）

（20）这一回他先打来了一个电话，还真巧，是张全义接的。（陈建功《皇城根》）

如果：③"是……的"结构前属于空位形式，或④"是……的"结构前面有受事占位，施事后面有非主体论元角色与之共现，那么施事不能被指派为焦点，而其后的非主体论元角色被指派为焦点。例（21）—（23）中的"昨天""放羊时""用水果刀"均被指派为焦点。

（21）对，是我昨天勒死的。（根据真实语料改编）

---

① 例如："李三很愿意本坊常发生这样的事，因为募化得来的钱怎样花销，是谁也不来查账的。"是作为两例（疑问结构和否定结构）来统计的。

（22）这是老九放羊时摘来的。（汪曾祺《羊舍一夕》）

（23）黄瓜削好了，是我用水果刀削的。（根据真实语料改编）

感事的焦点指派规律类似施事的情况。例如（24）与（25）中的"我""去年"被指派为焦点。

（24）是我先认识的他。（根据真实语料改编）

（25）他呀，是我去年认识的。（根据真实语料改编）

对于致事，不论"是……的"结构前是不是空位形式，也不论其后有哪种语义角色与之共现，总是被指派为焦点。例如（26）与（27）中的"王干事""我母亲"被指派为焦点。

（26）是王干事让我们不要大惊小怪的，谁也不知道是怎么回事儿！（根据真实语料改编）

（27）一阵沉默后，霍沧粟说："是我母亲叫我学这个的。"（莫怀戚《陪都就事》）

主事比较特别，只有其代词重写形式可以被指派为焦点，例如（28）中的"自己"被指派为焦点。

（28）小孩是自己掉进沟里的，前面的人也没有听到孩子的喊声。（根据真实语料改编）

3.3.1.2　客体论元角色

客体论元分为受事、与事、对象、结果和系事（对象与结果归入受事）。在我们的统计中，受事28次，与事11次，系事0次。对于受事或与事来说，如果：①受事或与事成分前没有非受事或非与事语义角色成分，那么受事或与事被指派为焦点，②受事或与事成分前有非受事或非与事语义角色成分，那么该非受事或非与事语义角色成分被指派为焦点。例（29）—（31）中的"人""别人家""妈妈"被指派为焦点。

（29）他以前可是一时冲动杀过人的。（根据真实语料改编）

（30）（这些鸡不是他们自己的，）他们是给别人家运的？（根据真实语料改编）

（31）是妈妈给我织的毛衣。（根据真实语料改编）

3.3.1.3　凭借论元角色

凭借论元角色分为材料、工具、方式。统计结果是方式169次，工具25次，材料7次。从统计的频率上我们可以预测，与主体论元相比，方式可以被优先指派为焦点，其次是工具和材料。例（32）—（34）中的"亲手""刀子""大理石"均被指派为焦点。

（32）别逗啦，总经理，刚才可是我亲手交给你的呀！（陈建功《皇城根》）

（33）哦，鸭嘴上有点东西，有一道一道印子，是刀子刻出来的。（根据真实语料改编）

（34）她们在树荫下的一张石桌旁坐下，四只小圆的石凳，是用大理石做的面，坐上去光溜溜、凉津津的。（陆星儿《一个和一个》）

3.3.1.4 环境论元角色

环境论元角色最为复杂，统计结果中它们的出现频率依次为：时间 81 次，场所 53 次，原因 43 次，源点 33 次，范围 15 次，终点 2 次。对于环境论元角色来说，如果：①与主体论元角色和客体论元角色共现，那么环境论元角色总是优先被指派为焦点（参考 3.3.1.1 和 3.3.1.2）。②与凭借论元共现，在没有强语境干预的情形下，那么二者的焦点指派遵循句末语义焦点的原则，即线性序列靠后的那个角色（凭借论元或环境论元）被指派为焦点，例（35）—（37）中的"果树林里""翠湖""刮胡刀片"均被指派为焦点。

（35）我们家世代都是果农，我是在果树林里长大的。（汪曾祺《羊舍一夕》）

（36）这种植物是我去年在翠湖才认识的。（根据真实语料改编）

（37）雷夏和我是在我宿舍用刮胡刀片干的，每人给自己左手来了一下，那冒出的殷红的血足够写一篇四五百字的小说。（梁晓声《这是一片神奇的土地》）

3.3.1.5 命题论元角色

命题论元角色属于超级论元，本身具有一个谓词性结构（包括主谓结构、述宾结构或动词性成分）。在我们的统计范围内出现 46 例。命题论元角色被整体指派为焦点。例如（38）和（39）中的"打电话""拜托贵公司代劳"均被指派为焦点。

（38）都是打电话造成的麻烦！（根据真实语料改编）

（39）你们见过她，实际上我有一次约会没空就是拜托贵公司代劳的。（王朔《顽主》）

3.4 汉语分裂句的焦点指派规律

3.4.1 汉语分裂句焦点指派的一般规律

根据上文的讨论，关于"是……的"分裂句的焦点指派，我们至少可以得出以下几点初步的结论：

（a）"是……的"结构的焦点指派分为无标记指派和有标记指派两种宏观类型。二者在数量上呈现出较大的差别，前者出现 255 例，后者出现 775 例。

（b）无标记指派表现出句法结构对焦点指派的强制约性特征，这种指派虽然有条件，但实际上没有条件。这些无标记焦点指派格式形成一个基于频率高低不同的序列。

（40）疑问结构 > ｛否定结构，表目的结构｝ > 模态谓词结构 > 对举形式 > "连" 字结构 > 动词拷贝形式。

（c）有标记指派比较复杂。在核心论元角色中，主体论元角色在数量上明显占优势（262 例），客体论元角色明显占劣势（39 例）。空位与非空位形式对主体论元的焦点指派有影响，对客体论元没有影响。在配位序列中如果没有非核心论元出现，那么核心论元被指派为焦点；如果有非核心论元与之竞争，那么非核心论元被指派为焦点。焦点指派呈现出浮动性特征。

外围论元角色中的凭借论元角色（201 例）与环境论元角色（227 例）在数量上的差别不像两个核心论元角色那么明显。如果在配位序列中出现了核心论元角色，那么外围论元角色被优先指派为焦点；如果配位序列中同时出现了两种外围论元角色，那么靠近线性序列右侧的在竞争结果的驱动下往往被指派为焦点（句末语义焦点指派）。焦点指派同样呈现出浮动性特征。

（d）命题论元角色（46 例）独成一类，在配位序列中被整体指派为焦点。在优先度方面低于外围论元角色，即后者较前者被优先指派为焦点。焦点指派也具有浮动性特征。

（e）上述五类论元角色在数量分布上形成一个数量等级序列。

（41）主体论元（施事，感事，致事，主事） > 环境论元（场所，源点，终点，范围，时间，原因） > 凭借论元（工具，材料，方式） > 命题论元 > 客体论元（受事，与事，系事）。

在焦点指派方面形成一个优先等级序列。

（42）｛凭借论元，环境论元｝ > ｛主体论元，客体论元｝ > 命题论元。

清楚起见，我们把汉语分裂句的焦点指派及其焦点成分的共现情况整理成表7：

表 7　汉语分裂句的焦点指派及焦点成分的共现情况

项目 / 类型	数量	比例	类型			数量			比例		
			施事	主体论元角色	核心论元	246			93.9%		
			主事			7	262		2.8%	87.0%	
			致事			6			2.3%		
疑问结构	109	42.7%	感事			3		301	1.1%		38.8%
			受事	客体论元角色	论元	28			71.8%		
否定结构	51	20%	与事			11	39		28.2%	13.0%	
			系事			0			0%		
表目的结构	51	20%	方式	凭借论元角色	外围论元	169			84.1%		
			工具			25	201		12.4%	47.0%	
模态谓词结构	23	9.0%	材料			7			3.5%		
			时间	环境论元角色		81			35.7%		
对举形式	12	4.7%	场所			53		428	23.3%		55.2%
			原因			43			18.9%		
"连"字结构	5	2.0%	源点			33	227		14.5%	53.0%	
			范围			15			6.6%		
动词拷贝形式	4	1.6%	终点			2			0.9%		
			命题	超级论元		46					6.0%
合计	255	100%		775					100%		
	24.8%		75.2%						100%		

由此，我们可以得出一个除无标记焦点指派以外的其他语义角色被指派为焦点的强式等级序列（序列中越靠近左边的被指派为焦点的强度越大，越靠近右边的则越小）：

（43）施事 > 方式 > 时间 > 场所 > 命题 > 原因 > 源点 > 受事 > 工具 > 范围 > 与事 > ｛材料，主事，致事｝> ｛感事，终点｝> 系事。

3.4.2　话题对汉语分裂句焦点指派的制约

值得指出的是，本节关于"是……的"分裂句的焦点指派结论是从静态角度观察的结果，从动态的角度看，即如果把分裂句与更大的语境联系在一起，焦点的确认往往表现得更精确，也就是说上下文语境可以对分裂句的焦点指派进行简易化处理，使之具有焦点指派的精确性特征。因此等级序列（43）只是一个一般性的强式等级，"是……的"结构的焦点指派除了要遵循我们在上文讨论的系列规律之外，还要受另外一个比较重要的因素——话题——的影响。话题影响焦点指派只是对有标记指派来说的，因为无标记指派不受任何除本身结构特征制约和限制之外的其他因素影响。我们先看两个例子：

（44）杜林从驴脖子上挂的口袋里掏出一张纸条，凑近马灯看清了：瘸老张娶来的媳妇是个哑巴，但聪明、活泼，一点也不丑，两条辫子梳得紧紧的，总爱比比划划逗笑话——是指导员写他的！（刘兆林《雪国热闹镇》）

（45）虽说别人也都喊过口号，也都动过手，可都是李老三逼的，李老三说，谁不和反革命划清界限，谁就是忘本，谁积极了给谁加工分，大家才打了顺风旗。（乔典运《香与香》）

按照焦点指派的一般规律，例（44）"是指导员写他的"中的焦点应该是"指导员"，然而实际情况并非如此。上文中的"瘸老张娶来的媳妇是个哑巴，但聪明、活泼，一点也不丑，两条辫子梳得紧紧的，总爱比比划划逗笑话"在语义上都是"写"的受事，在语用层面上可以看作"是……的"结构的话题。由于受这种前置话题的影响，"他"被指派为焦点。例（45）按照焦点指派规律，"李老三"应该被指派为焦点，但由于上文话题"别人也都喊过口号，也都动过手"的影响，谓词性成分"逼"被指派为焦点。

在我们调查的1004例"是……的"结构中，充当话题性成分的均为核心论元；限于篇幅，本节不再具体统计分析各种核心论元角色在1004例"是……的"结构中的数量和比例，仅给出一个不同语义角色在"是……的"结构中充当话题的能力，即不同语义角色在"是……的"结构中的话题性等级。

（46）受事 > 施事 > ｜感事，主事｜。①

至此，我们可以对3.4.1汉语分裂句焦点指派的一般规律再作一点补充和说明。"是……的"结构的两种焦点指派方式中，有标记指派呈现出浮动性特征，这种浮动性特征基本上取决于不同语义角色在该结构中的共现关系及其配

---

① 这只是通过类型总结出的一个话题性等级序列。关于"是……的"结构中影响其焦点指派的话题性层级的具体调查统计，有待于以后的继续研究。

位序列，同时也受到（46）中话题性等级的影响，话题的不同特征有时会直接影响"是……的"结构的焦点指派。如果出现类似例（44）和例（45）的情况，那么"是……的"结构的焦点指派将是一个动态求解（dynamic resolution）过程。存在于人们观念中的客观事物的等级强度使得人们接受一种认知上以偏概全的老套（stereotype），即 Lakoff（1987）提出的"理想化的认知模式"（idealized cognitive models，简称 ICM），① 所以大脑在静态处理时不会牵涉动态求解的问题。也可以说"是……的"结构的有标记焦点指派有强势和弱势之分，强势指派时，不同语义角色的配位序列直接决定焦点落在何处；弱势指派时，则需要在语境支配下，借助 ICM 的制约功能对话题性质和焦点指派进行匹配，进而确认出焦点。

---

① 我们可以举一个例子来具体说明这种认知上以偏概全的老套对认知结果的影响。例（44）中的"瘸老张娶来的媳妇是个哑巴，但聪明、活泼，一点也不丑，两条辫子梳得紧紧的，总爱比比划划逗笑话"显然在认知上和"某人"的特征有关，因此例（44）中"他"被指派为焦点。

第 2 章

"连"字句的句法语义

"连"字句是汉语特殊句法现象之一。本章从"连"字的原始意义入手考察了"连"字的意义衍生泛化过程，在此基础上进一步分析了这种衍生泛化过程的内在规律，并论证了"连"字句历时发展过程的根本动因在于关系范畴的范畴化而导致的关系母项和关系子项的彻底分离这一命题。在谓词逻辑分析背景下，依据"连……都/也……"结构的元语言逻辑推导形式，可以将"连……都/也……"结构进行基于原型的认知分类——两大类三小类。对"连……都/也……"结构的信息获得机制分析而构建出的激活模型，为该结构的基于原型的认知分类提供了一种坚实的认知基础。通过运用谓词逻辑和命题逻辑的有关知识分析"连……都/也……"的句法特征及话语结构特征，可以在前人相关研究基础上进一步明确或然性结论和交际信息的关系，"连……都……"中的肯定极项和否定极项存在相互转化关系，而且这种特殊句式肯定与否定的非对称性具有心理现实性。最后从受话人的角度来看，基于认知的系列语境假设的激活是"连……都/也……"结构信息解码的前提，其 3 种语义信息在外部世界的投射是信息解码的理论基础，不同类型的"连……都/也……"结构构成一个连续统。"连……都/也……"结构是一种激活装置，对不同的文体具有选择性。

第 1 节 "连"字句探源

"连"字句是汉语特殊句法结构之一，已有大量文献从共时的角度得出了很多宝贵的结论。本节的目的在于分析这一句法结构的历时成因和过程，以帮助我们更清楚地认识该句法结构的一些本质特征。

以逻辑实证主义为哲学基础的形式主义语言学，只注重对现实理想材料的描写分析，强调从语言结构的内部去理解分析语言，严格区分形式和意义两个层面，而且回避讨论意义；这种研究范式难免受所谓"不识庐山真面目，只缘身在此山中"的诟病。近几十年来兴起的基于非客观主义（non-objectivism）与功能主义（functionalism）哲学观的功能－认知主义语言学，则强调从语言的外部来审视语言，进而寻求对语言本质的解释。本节将以功能－认知主义的语言观为导向，认知语言学理论中的范畴化（categorization）、意象图式（image-schemas）等理论概念寻求"连"字句的历时发展过程及其背后的深刻动因。

1.1 "连"字的实义衍生过程

无论是口语还是书面语，"连"字的出现频率都很高。那么"连"字的原始意义是什么？其大量的后起意义又是如何衍生出来的？这种意义的衍生泛化方式和本节讨论的"连"字句之间有什么关系？

1.1.1 "连"字的原始意义

先看原始文献中对"连"字的解释及说明：

《说文解字》："連，员连也。从辵，从車。"又《说文解字·辵部》："連，负车也。"段玉裁注：连即古文輦也。按段玉裁的说法，"负车者，人挽车而行，车在后如负也，人与车相属不绝，故引申为连属字"。

《管子·海王》："行服连、辎、輦者，必有一斤一锯一锥一凿，若其事立。"按朱骏声《说文通训定声》，"或曰，两人挽者为輦，一人挽者为连"。尹知章注：连，輦名，所以载任器，人挽者。

《周礼·地官司徒·乡师》："与其輂輦。"郑玄注：輦，人挽行，所以载任器也，……故书輦作连。

从上述文献对"连"字的解释，我们可以发现"连"（"連"）是古代一种人拉的车（负车），以单人有别于"輦"。这种车与拉车的人之间必须形成一种"相属不绝"的关系，否则车不能前行。根据古文献或辞书的记载，可以确定这是"连"字的原始意义。

1.1.2 "连"字的衍生意义

1.1.2.1 "连"字的实义衍生

"连"字的原始意义是古代一种人拉的车。在此基础上，"连"字在交际使用过程中产生了很多的衍生实义，这些衍生实义成为"连"在交际使用中的主流。例如：

（1）指古代的一种行政单位。例如：

①五家而伍，十家而连，五连而暴，五暴而长，命之曰某乡。（《管子·乘

马》）

（2）指姻亲关系。例如：

②（吕嘉）男尽尚王女，女尽嫁王子兄弟宗室，及苍梧秦王有连。（《史记·南越列传》）（司马贞索引：连者，连姻也。）

（3）指现在军队的一种编制单位，由若干排组成。

（4）连接，连续。例如：

③民相连而从之，遂成国于岐山之下。（《吕氏春秋·开春论·审为》）

④上从晋阳连战，乘胜逐北。（《汉书·纪·高帝纪下》）

（5）联合，联络。例如：

⑤政善战者服上刑，连诸侯者次之。（《孟子·离娄上》）

（6）牵连，连累。例如：

⑥禁尚有连于己者，理不得相窥，惟恐不得免。（《韩非子·制分》）

（7）指牲畜交配。例如：

⑦马牛乃言，犬彘乃连。（《吕氏春秋·季夏纪·明理》）（高诱注：连，合。）

（8）属于。例如：

⑧又有薮曰云，连徒洲。金林竹箭之所生也。（《国语·楚语下》）

⑨均，天下之至理也。连于形物亦然。（《列子·汤问》）

（9）兼得。例如：

⑩一钓而连六鳌，合久而趣，归其国。（《列子·汤问》）

以上是"连"字的实义衍生情况，其中（1）—（3）是名词性意义，（4）—（9）是谓词性意义。那么这种衍生泛化的认知机制是什么？能不能找到其背后的动因（motivation）？我们发现这些衍生意义都和"连"字的原始意义有着必然的联系。

1.1.2.2 关系范畴、意象图式与范畴化

"连"字的原始意义是古代一种人拉的车，拉车的人和车之间有一种"相属不绝"的关系；这种表示原始意义的"负车"是由"车"和"拉车的人"两个实体组构而成的。我们发现，"连"字的所有衍生意义和用法都与这种"相属不绝"的组构关系有关，因此组构关系范畴是"连"字句历时演变过程的根本动因。

我们可以用一种简单的图式来刻画"连"字的原始意义，图示如下：

既然称之为"关系"，就必然涉及至少两个以上的关系项：我们称之为关系

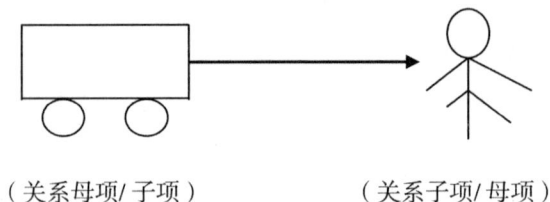

（关系母项/子项）　　　　　（关系子项/母项）

图2　"连"字的原始意义

母项和关系子项。关系母项是基本关系项，是单一的；关系子项是非基本关系项，（可以）是非单一的。"连"字的原始意义中，车和人形成具有"相属不绝"属性的两个关系项。由于两个关系项在"连"字原始意义中形成一种整体组构关系（人拉车，人与车形成相属关系），所以分不出具体的母项和子项，也就是说二者互为关系项。

这种基于人、车之间"相属不绝"的组构关系而形成的意象图式是"连"字发生衍化的认知语义基础。

在古代，"连"可以表示一种行政单位，但这种单位必须由十个"家"构成，换言之，只有十个"家"构成一种"相属不绝"的组构关系（形成一个整体），才可以称为一个"连"。"连"可以表示姻亲关系，但这种姻亲关系必须有两方，而且只有两方在某些方面达成一致，才可以称为"连"。"连"也可以表示现代军队的编制单位，但这种单位必须由若干"排"组成一种整体关系才可以称之为一个"连"。因此"连"字名词性意义衍生的基础是至少有两个或两个以上的实体（即关系项）形成一种组构关系（"相属不绝"的整体关系）。换言之，指称"车"的关系项由物变成人（或由人组成的机构），同时关系项的数量衍化成两个以上，导致了"连"之"行政单位"等名词性意义的产生。与"连"字的原始意义一样，上述（1）—（3）的名词性衍生意义也体现了一种"相属不绝"的组构关系图式：关系母项和关系子项互为关系项，形成一个关系整体。很显然，这种实义衍化的方式是空间放射性的，即基于家族相似性的，相似性的基础在于关系母项和关系子项之间的"相属不绝"的整体组构关系。

"连"的名词性实义放射性衍生过程其实就是人类对"连"字的名词性意义范畴化①的过程。在这一过程中关系项之间"相属不绝"的组构关系成为范

---

①　范畴化有两种方式：基于原型的范畴化（categorization by prototypes）和基于图式的范畴化（categorization by schemas）。详细内容请参阅 Langacker Ronald W. Foundations of Cognitive Grammar，Volume I：Theoretical Prerequisites［M］. California：Stanford University Press，1987：276-289.

畴化的理据。体词性意义的范畴化过程中，关系母项和关系子项之间是没有界限的（二者互为关系项），这种现象是符合人类认知规律的。因为人类在认知过程中，一般是先认知具象本体，然后才进一步认知具象本体的抽象属性，进而以本体——属性的关系描摹其所接触的外部客观世界。这种认知规律造成了具象本体间表属性（动—名同体）或具象本体向抽象属性转化（动—名转化）的多重现象。①

"连"字谓词性意义的衍生正是这种认知规律的结果。随着历时的发展，关系范畴中的母项和子项之间的界限日益明晰，"相属不绝"的整体组构关系意义被打破，关系母项和关系子项渐渐趋于独立，形成一种连属关系。这种过程恰是人类认知属性的过程，因为任何属性必然是本体的属性，属性关系的凸显必然导致关系项的相互独立。

"连"可以指"牲畜交配""兼得""连接/连续"等，这些意义中的两个关系项（马/牛、鳌、民、战）都已经出现，但却分不出哪一个是关系母项哪一个是关系子项。"连"可以是"联合/联络"，如例⑤；该义中的关系母项（诸侯）和关系子项（连诸侯者）之间的界限渐渐清晰，句法上表现为具有相互独立性。"连"可以是"牵连，连累"，如例⑥；与⑤类似，该义中的关系母项（己）和关系子项（连于己者）也已经独立。"连"还有"属于"义，如例⑧⑨；关系项的独立情况（徒洲为关系母项，薮为关系子项）与⑤⑥类似。"连"由体词性意义衍生出谓词性意义在于"连"由表示具有"相属不绝"整体关系意义的本体向由表示具有关系项渐渐趋于分离和独立的连属关系的属性的转化。总之，"连"由体词性意义衍生出谓词性意义的关键在于关系母项和关系子项的彼此独立。在体词性意义阶段，"连"之意义的两个关系项被整合在同一本体中，体现一种组构关系，是隐蔽的；在谓词性意义阶段，"连"之意义的两个关系项形成一种显性连属关系，并渐渐趋于独立。

"连"的谓词性意义与名词性意义形成的意象图式的区别在于：前者的关系项之间形成一种比较松散的连属关系，而后者的关系项之间则形成一种整体组构关系（即形成一种实体）。谓词性意义形成的意象图式的相同点在于每个意义的两个关系项都已独立出来；不同点在于有的关系母项和关系子项之间的界限

---

① 古希腊著名哲学家亚里士多德在其关于范畴-本体的学说中把客观外部世界分为10个范畴，即本体、数量、性质、关系、地点、时间、姿态、状况、动作、遭受。并进一步指出，本体是客观外部世界中独立于其他事物而存在的各种实体及其代表的类，其他诸范畴只能存在于本体之中，作为本体的属性。详细内容请看汪子嵩. 亚里士多德关于本体的学说［M］. 北京：生活·读书·新知三联书店，1982：172

是模糊的，有的关系母项和关系子项是彼此独立的。"连"字的谓词性意义是具象本体向抽象属性转化的结果，"相属不绝"的组构关系范畴向关系项独立的连属关系范畴的转化是前者转化的基本动因，关系范畴在转化过程中经历了隐性和显性两个阶段，因此，体词性意义衍生谓词性意义的途径是线性的，即基于原型的衍生方式。

1.2 "连"字的虚义衍生过程

历时发展中，显性关系范畴进一步发生转化，使"连"的意义由实转虚。"连"字的虚化意义包括以下三种：

（10）表示包括在内。例如：

⑪余著此经以来，一千七百余年，凡传三人，连子四矣。（晋·葛洪《神仙传》）

⑫有三个徒弟，名唤孙悟空、猪悟能、沙悟净，连马五口，欲上西天拜佛取经。（《西游记》）

⑬渊未及相迎，黄忠宝刀已落，连头带肩，砍为两段。（《三国演义》）

⑭苦瓠连根（自）苦。（《古尊宿语录》）

（11）从。例如：

⑮连太太起，里里外外的都不干净。（《红楼梦》）

（12）语法标记，与"都/也"等呼应，形成"连"字句的固定格式。例如：

⑯没有老孙，你连水也不能彀哩！（《西游记》）

⑰然说得来连那本末内外，体用精粗，都包在里面，无些欠阙处。（《朱子语类》）

语法化的总规律是由实转虚，由虚变得更虚（沈家煊，1994）。那么，从实词性"连"到虚词性"连"的虚化机制是什么？"连"的体词性意义的衍生机制是组构关系范畴，体词性意义向谓词性意义衍化的基本动因则是连属关系范畴。虽然二者衍生的方式不同，但其衍生泛化的深层机制却是统一的：关系范畴的关系母项和关系子项之间形成一种相互不可脱离的关系。关系项在"连"的衍生泛化过程中不断发生变化，先是具体实体（如"车/人""家""民"等），后来间有抽象属性（如"战"等）；随着关系项的日趋独立，"连"由表示具体实体渐渐转化成表示（或间表）抽象属性。表抽象属性的"连"实际上表达了关系项之间的一种连属关系，在这种关系中，关系母项是必有项，关系子项有时是隐藏的（隐于上下文语境中），如⑧。

"连"之衍生泛化的深层机制决定了关系项之间形成一种由紧到松的加合关系。试比较例⑤与⑪。⑤中的"连诸侯者"显然是一词法整体，⑪中的"连子四矣"则是一句法整体。简单地说，关系范畴中关系项之间的日渐松散的加合关系，导致了"连"的虚化。虚化的初始阶段，关系母项和关系子项都能在上下文中出现；如⑪中的"子"和"三人"，⑫中的"马"和唐僧师徒，⑭中的"根"和苦瓠的其他部分等。虽然关系范畴由词法范围衍化至句法范围，但关系项之间的基本关系却大体上没有改变；如果有变化，也只是具象—抽象程度的改变而已。关系项之间的松散的加合关系体现在句法上便是虚义"包括在内/从"，其实⑮中"从"义不妨说是"包括在内"义的变体；因为⑮中的关系母项"太太"和关系子项"太太以外的其他所有人"也形成一种类似⑪—⑮的加合关系。⑪—⑮中的加合关系体现了一种本体—属性关系，表示关系母项和关系子项都具有同一属性；从某种程度上讲，这也是人类描摹客观外部世界的基本方式。

我们在考察中发现，"连"在由原始意义向其他实词性意义进而向虚义的历时衍化过程中，关系范畴之关系项之间的关系不断发生变化。"连"之体词性意义中关系项被整合在同一整体中，谓词性意义中关系项渐渐趋于独立，表"包括在内/从"的虚化意义中关系项之间彻底分离；随着关系母项和关系子项之间加合关系的日渐松散，关系母项的地位变得越来越突出，与关系子项之间的距离越来越远，最终导致"连"变得更虚，最后成为语法标记。如例⑯⑰。很显然，"连"之语法化的全过程形成的是一种基于线性的或基于一种原型的衍生泛化图式：组构关系→连属关系→加合关系。

1.3 "连"字句的形成

1.3.1 "连"的语法功能的变化

意义的虚化必然伴随句法功能的变化，而任何语言符号都是按其语义密度大小被赋予意义的。如果一个语言符号所表示的时空概念越具体（或越复杂），其语义密度就越大，反之就越小。按照这种规律①，名词、形容词、动词、副词、辅助性词语、逻辑运算词语的语义密度形成一个从大到小的递降序列。因此，"连"的意义如果是体词性的，语义密度最大，"连"主要充当主语和宾语等句法成分；"连"的意义如果是谓词性的，语义密度一般较体词性意义低一

① 关于语义密度和词类之间的对应关系请参看周斌武，张国梁. 语言与现代逻辑 ［M］. 上海：复旦大学出版社，1996：89-91.

些，"连"充当的主要句法成分是谓语；"加合关系"意义是在实词性意义的基础上衍生出来的，语义密度较小，"连"不能单独充当句法成分；"加合关系"意义进一步虚化，变成一种语法标记成分，与其他成分（"都/也""还"等）相结合形成一种固定格式，语义密度最小，"连"失去了应有的独立性。

值得注意的是这种历时演变过程并不是完全替代式的，后一种意义的生成并不意味着前一种意义的完全被淘汰；因为造成衍化的深层动因是"相属不绝"的组构关系范畴向关系项独立的连属关系范畴的转化，关系范畴的衍化并不意味着原来义项的消失。

1.3.2　初始形式

"连"的虚义是在关系范畴衍化的基础上产生的，关系范畴中关系母项的凸显则是"连"字句形成的直接基础。

发生虚义衍化以后，"连"后的成分在初始阶段一般都是体词性的，谓词性的情况较少，如⑪⑭；类似的例子还有：

⑱后数年，塔忽坼裂，连阶丈于。（《五灯会元》）

⑲又云，尝发所在竹篙，有一官长连根取之，仍当足。（《世说新语》）

⑳师曰："连根犹带苦"。（《五灯会元》）

⑪⑭、⑱—⑳可以概括为"连+NP+VP"的形式，表示 NP 具有 VP 所表示的性质（或属性）或在具有 VP 性质的实体之内。因为具有性质或属性 VP 的成员不止一个，所以 NP 是具有性质或属性 VP（或 VP 中）的成员之一。例⑭"苦瓠连根（自）苦"中的"连"有包括在内的意思，整句话的意思是苦瓠的很多部分都是苦的，包括根的部分也是苦的。例⑳"连根犹带苦"的意思是不但苦瓠的枝干、枝叶等部分是苦的，而且苦瓠的根也是苦的。两例的意思都是说苦瓠的所有部分都是苦的，但着眼的角度不同：前者是说包括根的任何部分都是苦的，而后者则在于凸显根的属性地位——因为根是苦的，所以其他部分也应该是苦的。这种形式已经很接近现代汉语中的"连"字句了。

因此，我们把上述形式称为"连"字句的初始形式。在这些形式当中，关系母项（"子""根""阶"等"连"后成分）和关系子项已经彼此独立，而且有些关系子项是隐蔽的。随着关系子项的进一步隐蔽和关系母项的进一步独立，"连"字句最后得以定型。

1.3.3　"连"字句的定型

我们在《朱子语类》中发现了这样的例子：

㉑遂连季氏唤醒，夫子亦便休。

㉒要之，他连那地下亦是天。

㉓他人连个千条万目尚自晓不得，如何识得一贯。

㉔今人连写也自厌烦了，所以读书苟简。

㉑—㉔中的关系子项都是隐蔽的，关系母项（如"季氏""千条万目""写"等）都是凸显的。我们认为，此时"连"的作用就在于加强关系母项的凸显地位。在"连 X 都 / 也 Y"结构中，所有关系子项（$X_1 X_2 X_3$……）都具有属性 Y 的特征，都是隐蔽的；因为关系母项 X 是凸显的，所以只要关系母项 X 具有了属性 Y 的特征，其他所有关系子项（$X_1 X_2 X_3$……）都将被这种关系特征覆盖。[①]

从"连"字的意义衍生过程可以看出，关系项之间的关系变化扮演了一个十分重要的角色。在实义阶段，关系母项和关系子项之间的界限都不是那么明确，二者的地位也没有主次之分。而在虚义阶段，关系母项和关系子项之间的界限却是十分明晰的，而且二者的地位有了主次之分；为了说明所有关系项都具有某种属性，关系母项便被凸显了，同时在形式上也渐渐融和表示总括和类同意义的"都"和"也"（马真，1982；崔希亮，1993）来说明所有关系子项也具有关系母项所具有的属性特征，从而最终形成了"连……都 / 也……"结构。

1.3.4 关系范畴的泛化

关系范畴是认知过程中的一个重要范畴。在隐性关系范畴中，关系项之间形成一种整体关系（具象本体），体现的是关系项之间的空间组构关系；在显性关系范畴中关系项之间形成一种连属关系，体现的是关系项之间的时间/空间关系；在凸显关系母项的关系范畴中关系项之间形成一种松散的加合关系，体现的是显性关系母项和隐性关系子项之间的时空/时间关系。

至此，我们可以得出以下基本结论：首先，基于意象图式的关系范畴可以分为时间关系范畴和空间关系范畴——外部客观世界最基本的两类范畴；其次，基于时间关系范畴和空间关系范畴的关系范畴的范畴化是"连"字句历时发展的深层动因；最后，两类关系范畴在"连"字句历时发展过程中是交互起作用的：本体之间可以形成空间关系，属性之间可以形成时间关系，本体与属性之间可以形成时空关系。这种范畴化的结果可以图示如下。

---

① 关于这种特征的认知操作过程请参阅蔡永强. 连"字句探源 [J]. 汉语学习，2006：36-42.

$$
\text{"连"的意义衍生}\begin{cases}\text{"连"字的实义衍生}\begin{cases}\text{名词性意义：空间关系范畴}\\\text{谓词性意义：空间/时间关系范畴}\end{cases}\\\text{"连"字的虚义衍生}\begin{cases}\text{包括在内/从：时空关系范畴}\\\text{"连"字句：时空/时间关系范畴}\end{cases}\end{cases}
$$

$$
\text{"连……都/也……"结构}\begin{cases}\text{连自行车都没有：时空关系范畴}\\\text{连门儿都不让进：时空关系范畴}\\\text{连闻都不闻：时间关系范畴}\end{cases}
$$

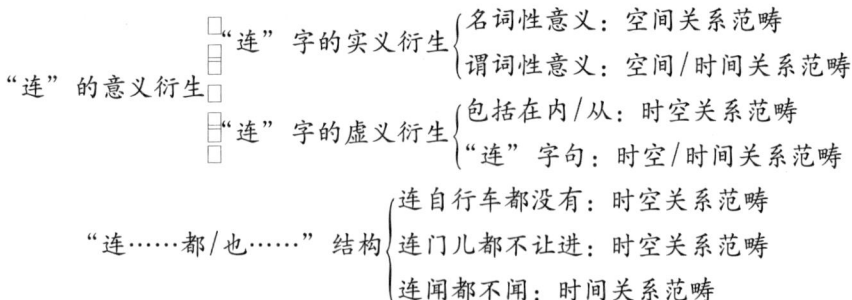

图 3　"连"字句的意义衍生

本小节主要从"连"字的原始意义入手探讨了"连"字的历时发展过程，分析过程中引入了认知语言学中的关系范畴、意象图式、范畴化等基本概念，指出关系范畴的泛化是"连"字历时发展的基本动因，这种分析为我们进一步认识"连"字句的本质特征提供了另外一种有益的参考轮廓。

第 2 节　"连"字句的逻辑组构关系

本节论及的"连"字句包括以下两种格式：

（1）连自行车都没有。

（2）呵！倒显得我不好了！闹"文化大革命"的时候，我们的家被抄了，连自己的命都顾不过来了，你还想着她，把我家仅有的一百多元钱，偷偷地给她寄一百去。（郑万隆《那寂静的山谷》）

（1）是大多数学者讨论的对象；（2）虽然有人指出来，但做的具体研究还不太多。本节只研究这两种严格的格式，不涉及"连"或"都/也"缺省的格式。

前人基本上从 3 个角度对"连"字句进行了研究①：①从句法方面分析"连 X 都/也 Y"的句法构成，主要分析 X 与 Y 的成分特征，并具体分出 X 的类与 Y 的类。②从语义角度分析"连 X 都/也 Y"这一格式的意义，具体的研究结论有"强调"说、"递进/递降"说、"意念比较"说、"标举极端事例"说，

---

① 关于"连"字句 3 个角度的具体研究文献及书目请参看文后的参考文献部分，兹不一一列出。另外，很多学者对"连"字的性质（尤其是词性问题）争论颇多，但我们认为这种争论或讨论是没有多大意义的，因为这种研究忽略了对"连……都/也……"的整体功能的认识。

"连接"说等。③从语用的角度分析"连 X 都/也 Y"的会话含义及其所负载的多重信息。从 3 个不同角度进行研究的同时,不少学者也涉及了"连"字句的话语结构特征(如廖斯吉,1987)。这些研究都在一定程度上得出了一些值得重视的结论,大大加深了人们对这一汉语特殊句式的认识,为我们做进一步的研究分析奠定了基础。

本小节打算从元语言(meta-language)的角度,运用谓词逻辑(predicate logic)和命题逻辑(prepositional logic)的相关知识对这两种类型的"连"字句做初步的分析,并尝试运用极项(polarity item)理论论证"连"字句的肯定与否定的不对称性的心理现实性问题。希望我们的研究能进一步推进人们对"连"字句本体的认识与理解。

2.1 "连"字句的句法分析

2.1.1 "连"字句的句法类型①

合理分类是科学研究的基础。以前很多研究都没有对"连"字句的句法类型做出令人满意的回答,因此在研究上也就会失于片面。前人研究的"连"字句主要是类似下面的句子:

(3) 连女孩子都不哭。

(4) 连团长都没找到对象。

(5) 连我自己也成了明亮的了。

(6) 连大气不出的夏先生也显得特别精神。

(7) 连徐教导员都非常佩服地说秦干事你应该去当老师才对。

但这种研究只是分析了"连"字句中的一部分,这一结构还有其他类型,例如:

(8) 人家根本连门儿都没让进。

(9) 吓得连家都不敢回。

(10) 碰到这样的事儿他连一句话都不会说。

(11) 陶虎臣脸对墙躺着,连头都没有回。

(12) 我连一分钟之前有你这人都不知道。

---

① 我们对"连……都/也……"的分类基本上是从句法的角度,但同时也充分考虑语义的因素。我们从句法上把这种结构分为两种类型,其实这两种类型代表了获取信息难易的一个等级系列:典型类的信息获得最容易,非典型类的信息获得是较难的[但也有一个由易(非典型类I)到难(非典型类II)的问题],下文我们将对该问题进行相关论述。

（13）看了一眼，连问都没问就默默地走开了。

（14）连看都没看。

（15）连听都没听清楚。

（16）这样的问题他连想都没想过。

（17）老老实实地站在那儿，连动也不敢动了。

我们对"连"字句的分类结果可以用下面的图表示：

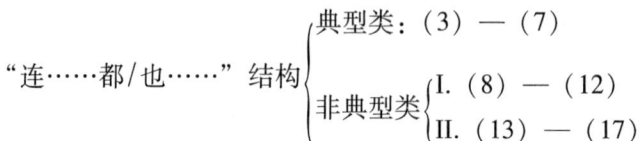

$$\text{"连……都/也……"结构}\begin{cases}\text{典型类：（3）—（7）}\\\text{非典型类}\begin{cases}\text{I.（8）—（12）}\\\text{II.（13）—（17）}\end{cases}\end{cases}$$

图4 "连"字句的分类结果

下面我们讨论这种分类的深层依据。

2.1.2 "连"字句的蕴涵关系

前人研究的普遍结论是"连X都/也Y"结构表示一种非真值条件意义，即一种言外之意。下面我们将重点分析这种言外之意的产生，并尝试运用逻辑推理的形式表示这种过程。

2.1.2.1 典型类的蕴涵式

分析（1）（3）—（7）发现，这类"连"字句在结构上都可以表示成"连N 都/也VP"或"连N'都/也VP"的形式。① 如果我们用 a 表示个体N / N'，用 P 表示属性VP，那么有下列命题表达式：P（a）→P（b），这里 b 是一个和 a 同类的个体，即它们是同一个集合（set）中的不同成员。把 P（a）→P（b）代入"连N / N'都/也VP"结构，有下列蕴涵式："连 a 都/也 P"→b 更 P。下面分析几个典型的例子。

（6）连大气不出的夏先生也显得特别精神。

设a：夏先生　　P：a 的属性（大气不出）　　P'：属性"显得特别精神"

　　b：集合 S 中的另一个体成员（如王先生）　　Q：b 的属性

那么有下列逻辑蕴涵式：P'［P（a）］→P'［Q（b）］，代入"连N / N'都/也VP"则有："连 P（a）都/也 P'"→Q（b）更 P'，代入自然语句则有下列的推理形式："连大气不出的夏先生也显得特别精神"→（诸如平时就很精神

---

① "连N'都/也VP"中的"N'"其实是谓词性短语，如"他忙得连抽烟都忘了"。为了方便，我们把类似结构中的"抽烟"理解为话题化（topicalization）后的体词性短语"N'"。

的某先生比如）王先生就更精神了。

（7）连女孩子都不哭。

设 a：任一个体 "女孩子" 　　 P：a 的属性 　　 P' 属性 "不哭"

　　 b：集合 S 中的另一个体成员（男孩子） 　　 Q：b 的属性

那么有下列逻辑蕴涵式：P'［P（a）］→P'［Q（b）］，代入 "连 N / N' 都 / 也 VP" 则有："连 P（a）都 / 也 P'"→Q（b）更 P'，代入自然语句则有下列推理形式："连女孩子都不哭"→男孩子更不（应该）哭。

2.1.2.2　非典型类的蕴涵式

先看非典型 I 类。分析（8）—（12）发现，这类 "连" 字句在结构上都可以表示成："连 N / N' 都 / 也 VP" 的形式。这类结果的蕴涵式完全不同于典型类，为了区别这种差异，不妨先分析几个例子。

（8）人家根本连门儿都没让进。

自然语句的推理形式为："人家根本连门儿都没让进"→更不用说跟某某人见面 / 谈话了。

设 a：任一个体 "门儿" 　　 P：a 的属性 　 P_1：属性 "不让进"

　　 b：任一个体 "某某人" 　 Q：b 的属性 　 P_2：属性 "不让谈话"

代入 "连 N / N' 都 / 也 VP" 结构则有 "连 P（a）都 / 也 P_1"→更 P_2［Q（b）］。元语言逻辑蕴涵式则为：P_1［P（a）］→P_2［Q（b）］。与典型类不同的是没有相同的属性 P'，而是有两个不同的属性 P_1 和 P_2，a 和 b 也不是同一集合 S 中的同类个体成员，它们共同陈述某一个体的不同属性，这种推理关系体现了 P_1［P（a）］和 P_2［Q（b）］对同一个体的不同陈述关系。

再看典型 II 类。这种类型的 "连" 字句非常特殊，前人的研究只是指出了这一种类型，列出一些例句，并未做进一步的分析。分析例（13）—（17）发现，这类 "连" 字句在结构上都可以表示成 "连 V 都 / 也 VP" 的形式。其逻辑蕴涵式与非典型 I 类没有太大的差别。下面举例说明。

（15）连听都没听清楚。

自然语句的推理形式为："连听都没听清楚"→更不用说讲给你听了。

设 P_1：属性 "听" 　 P_2：属性 "没听清楚" 　 Q：属性 "不能讲给你听"

代入 "连 V 都 / 也 VP" 结构则有："连 P_1 都 / 也 P_2"→更 Q。元语言逻辑蕴涵式为：$P_1 \wedge P_2$→Q。

（17）（老老实实地站在那儿,）连动也不敢动了。

自然语句的推理形式为："（老老实实地站在那儿,）连动也不敢动了"→更不用说敢往别的地方跑了。

设 P_1：属性"动"　　　P_2：属性"不敢动了"　　　Q：属性"不敢往别的地方跑了"。

代入"连 V 都/也 VP"结构则有："连 P_1 都/也 P_2"→更 Q。元语言逻辑蕴涵式为：$P_1 \wedge P_2 \rightarrow Q$。①

由此，我们得到了"连……都/也……"结构分类结果的 3 种元语言逻辑蕴涵表达式。

$$\begin{cases} P'\left[P\ (a)\ \right] \rightarrow P'\left[Q\ (b)\ \right] \\ P_1\left[P\ (a)\ \right] \rightarrow P_2\left[Q\ (b)\ \right] \\ P_1 \wedge P_2 \rightarrow Q \end{cases}$$

图 5　"连……都/也……"结构的元语言逻辑蕴涵表达式

2.1.3　结论的或然性

以上我们分析了"连……都/也……"结果的逻辑蕴涵式，表面上这种蕴涵关系具有单一性，但这只是一种最理想的元语言分析，交际中的自然语言千变万化，随着交际意图的变化，听话人所获得的交际信息也会有所不同，以"连……都/也……"结构为例，它所蕴涵的结论并不具有唯一性，而具有不确定性。我们把这种结构的结论的不确定性称为或然性。看下面的例子：

（6）连大气不出的夏先生也显得特别的精神。

（6）的结论（即言外之意）可以是：（18）更不用说其他人了。（19）更不用说平时就很精神的王先生了。

（8）人家根本连门儿都没让进。

（8）的结论可以是：（20）更不可以进屋了。（21）更不用说跟屋里的人见面/谈话了。（22）更不用说到门儿里做其他事情了。

（15）连听都没听清楚。

（15）的结论可以是：（23）所以就更不懂了。（24）就更不能讲给别人听了。（25）更不用说把它写下来了。（26）声音小得不能再小了。

语言交际要求经济性和简明性。交际过程中，说话人不可能用同一个结构

---

① 非典型类 IId 的逻辑蕴涵式其实有两类：一类是 $P_1 \wedge P_2 \rightarrow Q$，如（15），另一类其实只是 $P_2 \rightarrow Q$，P_1 好像只是具有一种虚设性的属性，但我们找不到更合理的方法来表示，姑且也表示成 $P_1 \wedge P_2 \rightarrow Q$ 的形式。

传达那么多的交际信息（除非他想故意造成交际混乱和某种特殊效果），听话人也不可能同时出现那么多的理解。这种结论的或然性必然导致语言本身运用其他策略来消除交际中冗余的或然性，以便使交际双方以最小的付出达到最佳的交际效果：即说话人要传达的信息可以准确无误地被听话人理解、接收。正是因为这种或然性的存在，在交际语料或交际口语中，"连……都/也……"的结构一定处在一个具有相对长度的话语结构中，这种具有相对长度的话语结构足以消去冗余的或然性。

2.2 "连"字句的话语结构

2.2.1 话语与语义中心

我们在上文指出，由于交际中或然性的存在，致使"连……都/也……"结构在交际使用时一定处在一个具有相对长度的话语结构中。那么什么是话语（结构）？"连……都/也……"的话语结构是什么？

话语是由句子或超句体构成的语言结构。"是由语言符号链条、体态语和类体态语、交际的现场情景所运载的信息和背景知识构成的。这些信息以语言符号链条为中心，经过发话的人的信息处理——大编码，才成为话语"（沈开木，1996）。任何一个话语结构都有一个中心意思，我们把这个中心意思称为语义中心。话语的语义中心一般是交际过程中的交际信息。例如：

> 慈善心肠
> 乞丐向一位太太讨饭吃。太太问道："你吃不吃隔夜的饭？""吃，
> 当然吃！""那么你明天再来吧！"（蔡衍棻《笑话连篇》）

这个话语的语义中心是：今天没有饭给你（今天不能给你饭吃）。

我们在引言部分提到，"连"字句有两种格式，一种是原子句，另一种是复合句。作为原子句的"连"字句如："（1）连自行车都没有"常常作为一个链条儿出现在复合句中，从而形成一个话语结构。例如：（2）呵！倒显得我不好了！（A）闹"文化大革命"的时候，（B）我们的家被抄了，（C）连自己的命都顾不过来了，（D）你还想着她，把我家仅有的一百多元钱，偷偷地给她寄一百去。这个话语的语义中心是：当初你做得更不好。因此"连"字句话语结构的语义中心是在或然性结论的基础上衍生出来的。下面我们具体分析"连"字句的话语结构类型。

2.2.2 话语结构类型

所谓"连……都/也……"的话语结构就是指该格式出现的上下文语境，因

为"连"字句本身的真值条件意义并非交际信息所在，所以交际过程中为达到经济性和准确性，说话人一般都得构设一个能让听话人获得交际信息的语境。①这种上下文语境（话语结构）的类型主要有以下几种。

有些学者（如廖斯吉，1987）认为，像（2）这样的结构是"连"字句话语结构的基本形式。我们认为，（2）中的话语结构应表示成如下的形式：

（27）呵！倒是我不好了！闹"文化大革命"的时候，（A）我们的家被抄了，（B）连自己的命都顾不过来了，（C）你还想着她，把我家仅有的一百多元钱，偷偷地给她寄一百去。

分句（C）暗含着一个反问，即"你怎么会还想着她，……呢？"

设a：个体"我们的家"　　P_1：a 的属性　　P_2：属性"被抄了"

　　b：个体"自己的命"　　Q_1：b 的属性　　Q_2：属性"顾不过来了"

　　c：个体"你"　　　　　R_1：c 的属性　　R_2：属性"还想着她……寄一百去"

因此其逻辑表达式为：（28）$A \wedge B \rightarrow C$，即 $P_2[P_1(a)] \wedge Q_2[Q_1(b)] \rightarrow R_2[R_1(c)]$，我们把（28）称为"连"字句话语结构的基础式。

基础式话语结构有一个由或然性结论衍生出的结论，"连……都/也……"结构的前后都有话语结构的组成体。除了这种基础式之外，还存在着其他非基础形式。

（29）昨天，（A）不但车间的王师傅去了上海，（B）连保卫处的陈副处长也去了。

（29）没有一个确切的结论，其交际信息只能从更大的上下文和当时的现场情况来获得。

设a：个体"王师傅"　　　P_1：a 的属性　　P_2：属性"去了上海"

　　b：个体"陈副处长"　　Q_1：b 的属性　　Q_2：属性"去了（上海）"

其逻辑表达式为：（30）$A \wedge B$，即 $P_2[P_1(a)] \wedge Q_2[Q_1(b)]$。

（31）（B）连保卫处的陈副处长都给派去上海了，（C）你怎么没有去呢？

（31）只有链条（B）和（C），没有（A），（C）是由或然性结论衍生出的交际信息，意思是"你更应该被派去上海，为什么陈副处长去了，你反而没有去？"

设b：个体"陈副处长"　　Q_1：b 的属性　　Q_2：属性"给派去上海了"

---

① 构设上下文语境来传达"连"字句的交际信息只是一种方式，此外，一些体态语、现场情景也可以达到这样的目的。本节只讨论前一种情况。

c：个体"你" R_1：c的属性 R_2：属性"没有去上海"

其逻辑表达式为（32）：B→C，即 Q_2［Q_1（b）］→R_2［R_1（c）］。

以上举的例子都是典型类的情况，非典型类的情况与此相似，下面举一例说明。

（33）那个时候，（A）我远远地站在院子里，（B）连屋里的人什么样子都没看清楚，（C）更听不到他在训什么话了。

与（27）类似，（33）也是"连"字句话语结构的基础式。

设a：个体"我" P_1：a的属性 P_2：属性"远远地站在院子里"

b：个体"屋里的人什么样儿" Q_1：b的属性 Q_2：属性"没看清楚"

c：个体"他所训的话" R_1：c的属性 R_2：属性"听不到"

其逻辑式为（34）A∧B→C，即 P_2［P_1（a）］∧Q_2［Q_1（b）］→R_2［R_1（c）］。

当然，还有一种类型是直接表现为B的原子句 Q_2［Q_1（b）］。兹不赘述。

综合2.2.1和2.2.2的分析，"连"字句的话语结构类型可以表示如下：

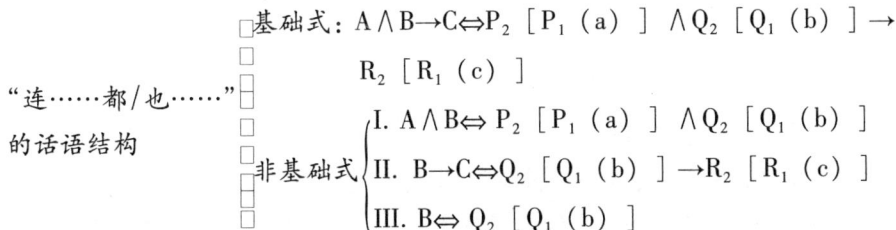

"连……都/也……"
的话语结构
$$\begin{cases} \text{基础式：A∧B⇔}P_2［P_1（a）］∧Q_2［Q_1（b）］→R_2［R_1（c）］ \\ \text{非基础式}\begin{cases} \text{I. A∧B⇔}P_2［P_1（a）］∧Q_2［Q_1（b）］ \\ \text{II. B→C⇔}Q_2［Q_1（b）］→R_2［R_1（c）］ \\ \text{III. B⇔}Q_2［Q_1（b）］ \end{cases} \end{cases}$$

图6 "连"字句的话语结构类型

2.2.3 交际信息与ICM

语言的交际过程是指这样一种过程：说话人利用分析手段把意义形态的东西转化成形式（即句子或其集合）的东西发射出去，同时听话人利用综合手段把接收到的句子的各个元素重新整合成意义的形态。当然，由于交际双方对客观外部世界的认识及其本身百科知识的差异，信息的发射和接受并不都是理想无误的。①

_____

① 交际信息的发出和接受的传递过程其实是个交际三角的互动过程，说话人和听话人对外部世界及现场情景的认识和理解完全一致时，交际是最成功的。

上文提到，"连……都/也……"所蕴涵的结论具有或然性，减少这种或然性的简单明了的方法是把这一结构放在话语中，用增大信息量的手段减少交际的冗余信息，使说话人的交际意图变得明朗。"连"字句话语结构的基础式及非基础式II体现了话语结构对明确交际信息的功能。值得注意的是，"连……都/也……"结构的交际信息及其元语言逻辑蕴涵式的结论是不同的，有时差异会很大。我们认为，这种差异是由人类的认知特点决定的。人类在认识客观外部世界时往往遵循一种所谓以偏概全的老套，Lakoff（1987）称之为"理想化的认知模式"，认为"语义的基础应该是一个涉及各种相关的认知域（cognitive domains）里背景知识到复杂的认知结构"（张敏，1998）。"连……都/也……"结构的交际信息的获得正是人类在认知上遵循ICM的一种表现。例如：（34）连女孩子都不哭，你们这些大男人哭什么？按照元语言的逻辑蕴涵式：P'［P（a）］→P'［Q（b）］，结论是"Q（b）更不应该P"，即"男孩子更不应该哭"。但在现场交际场景中，说话人的交际意图显然包括"男孩子更不应该哭"这样的信息，但更确切的信息却可能是"你们这些男人还不如女孩子坚强？哭什么！"等。显然这种交际信息的生成是由现场情景决定的。由或然性的结论衍生出经济、明确而又意味深长的交际信息，充分体现了语言交际的灵活性。

2.3 "连"字句的极项对立

上文主要讨论了"连……都/也……"的句法特征和话语结构，在讨论的过程中引用了较多的例句，这些例句有的是肯定的，有的是否定的，这一部分我们将着重分析这种肯定与否定的特征及其不对称性的动因及其心理现实性（psychological reality）问题。

2.3.1 极项对立

关于"连"字句的肯定、否定问题，崔希亮（1993）在其《汉语"连"字句的语用分析》一文中有一段精彩的论述，得出的结论是：表肯定的"连"字句多用于表达事实，表否定的"连"字句多用于表达事理，并指出"连"字句表达的进一步事理化是其发展趋势。我们发现，这种肯定与否定的特征及其发展趋势与极项有关，一言蔽之，是极项对立造成了"连"字句肯定与否定的不对称性（asymmetry）特征。

我们所说的极项对立指的是肯定极项（affirmative polarity item）与否定极项（negative polarity item）的对立，如下面的例子：

（35）Phil hasn't given Lucy a red cent.

这里的"a red cent"是一个否定极项。再如：

（36）我们都铭记老师说的话。

这里的"老师说的话"是肯定极项的一个例子。按照这种分析，不难发现所谓的肯定极项与否定极项有时是可以相互转化的，所以这种对立具有瞬时性特征①，正是这种瞬时性转化特征决定了"连"字句肯定与否定的转化及其不对称性。下面举例说明这种不对称性。

（37）院子里静悄悄的，连一个人都没有。

这里的"一个人"只能作为否定极项出现，因为该句没有相应的否定结构"*院子里静悄悄的，连一个人都有"。

（38）连女孩子都不哭。

这里的"女孩子"也只能作为否定极项，因为在汉语中有一个"男孩子比女孩子坚强，更不容易哭"的 ICM，所以下面的句子是很奇怪的："*连女孩子都哭"。

（39）连王书记都来了。

这里的"王书记"既可作为肯定极项，也可作为否定极项，如：（40）连王书记都没来。

（41）人家连门儿都没让进。（41）中的极项变成了命题的形式，极项的对立也相应地成了命题形式的对立，即"让进门儿"作为一个否定极项与其他的极项形成对立。

因此，一般来说，有肯定极项的"连"字句都可以转换成有否定极项的"连"字句，但有否定极项的"连"字句不一定都可以转换成有肯定极项的"连"字句。②

2.3.2　逻辑语义层级

我们谈到极项的对立是"连……都/也……"结构肯定与否定不对称的决定性基础，实际上，这种所谓的肯定极项与否定极项的对立是在同一个集合（set）/ S 中展开的。从认知的角度来看，人类对客观外部世界的认识和评价都是在某一个认知域或认知子域（cognitive sub-domain）中进行的，无论肯定极项还是否

---

① 其实，我国从古到今的一些思想都体现了这种对立的观念，如矛—盾、阴—阳、生—死、好—坏，等等。肯定和否定极项的对立，也是人类对客观外部世界的反映的结果，如"a red cent"在"He gives me a red cent"，"老师说的话"在"他不相信老师说的话"中，肯定极项与否定极项都发生了转换。

② 石毓智（2001）在其《肯定和否定的对称与不对称》一书中，对肯定、否定的对称性问题做了全面论述，可参阅。

定极项都是同一认知域或认知子域中的不同成员而已。下面的讨论中，我们将使用"集合"这一逻辑的概念来说明这一问题。

沈家煊（2000）曾提到 G. Fauconier 的量级（scale）体系问题，并以重量为例列出了一个量级图式。

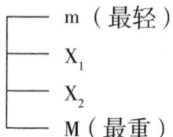

$$
\begin{array}{l}
\text{m（最轻）} \\
X_1 \\
X_2 \\
\text{M（最重）}
\end{array}
$$

图 7　重量层级的量级体系

认为基于上图对重量层级的认知形成的是一种常规推理：$X2$ 比 $X1$ 重，若能举起 $X2$，则必能举起 $X1$。我们认为，这种推理体现了逻辑语义层级在认知中的地位，这种语义层级是极项对立的逻辑基础。

上文指出，"连"字句有肯定极项与否定极项的对立问题，这种对立可以根据 G. Fauconier 的量级体系做出统一的解释。

先看典型类。（42）连女孩子都不哭。

（42）中的"女孩子"相当于 M，与之对立的一极是相当于 m 的"男孩子"。由这种逻辑语义层级形成的推理是：（43）"连女孩子都不哭"→男孩子更不应该哭。

再看非典型类。（44）连一分钱也没给我。

非典型类的极项对立与典型类的极为不同，因为如果这里的"一分钱"相当于 M，与之形成对立的一项是什么？其实相当于 M 的是一个类似"没给我一分钱"的命题，与这一命题形成对立的极项是相当于 m 的"我怎么去做这件事呢"〔当然，（44）也可以看作一个非典型类的"连……都/也……"结构，这时与"（没）给我一分钱"形成对立的就是"更不用说给我很多的钱了"〕。由这种逻辑语义层级形成的推理是：（45）"连一分钱也没给我"→我怎么去做这件事呢？

（46）人家连看都不看。（46）中的"（不）看"相当于 M，与之对立的相当于 m 的极项可以是类似"更不用说走过来……了"的结论。由这种逻辑语义层级形成的推理是：（47）"人家连看都不看"→更不用说走过来……了。

肯定的情形与此类似，不再作相应的分析。

2.3.3　心理现实性

关于"连……都/也……"结构肯定极项和否定极项的对立以及极项的逻辑

语义层级是有很强的心理现实性的。①

虽然表面上看来，极项与逻辑语义层级比较抽象，但是在有"连"字句的交际中，人们的确能感到这种极项对立的存在，如"一分钱"——"很多钱"，"（不）让进门"——"（不）能见到门里的人或不能与门里的人见面谈话"，"男人"——"女人"，"王书记"——"一般人或普通人"，等等。这种极项的对立都是在同一集合中进行的，换言之，形成对立的两个极项在同一集合中分别处在 M 和 m 两个位置；交际中"连……都/也……"结构的交际信息的得出，其实就是在集合 S 中选出一个与已知项形成对立的另一项的过程。因此，在我们选择一个对立极项进而获得交际信息的过程中，逻辑语义层级起了关键性作用。这种肯定极项与否定极项的对立以及极项的逻辑语义层级在有"连……都/也……"结构的交际中所起的作用是它们具有心理现实性的一个有力佐证。

本小节分3部分讨论了"连……都/也……"结构的逻辑组构问题，从而从另一个角度完成了对"连"字句的再分析，我们相信这种分析一定能进一步加深人们对"连……都/也……"这一汉语特殊结构的了解和认识。限于篇幅和精力，列举的例句有点儿少，很多地方没能更深入地探究下去；另外，对一些地方的解释或理解可能有偏颇，但这些不足和缺陷必将推动我们做进一步的研究与思考。

第3节 "连"字句的类及其认知基础

作为汉语的特殊句法结构之一，"连"字句（即"连……都/也……"结构）很多学者都曾撰文对其进行专门研究。典型的例子如下：

（1）连自行车都没有。

（2）连路边儿的树叶子都干枯了。

（3）丢了一百块钱，吓得连家都不敢回了。

（4）陶虎臣脸对墙躺着，连头都没有回。

（5）连看都没看。

---

① 袁毓林（1993）在其《语言学范畴的心理现实性》一文中对若干语言学范畴的心理现实性问题作了详尽论述，可参阅。

（6）这样的问题他连想都没想过。

以往对"连"字句的研究可以概括为分析性研究和综合性研究两个方面。前者主要分析"连……都/也……"结构中的"连"或"都/也"，后者主要分析"连……都/也……"这一句法结构本身，对这一结构进行多方面的综合考察。基本上从句法、语义、语用3个角度分析了"连……都/也……"这一汉语特殊句法结构，从而从不同的角度完成了对"连"字句的分析。"连……都/也……"结构3个平面的分析，特别是语用平面的分析，对我们的启发很大。本节将在此基础上，在认知科学（尤其是认知语言学）的大背景下，利用语义扩散性激活、范畴化等认知语言学理论和现代逻辑学的知识，分析"连……都/也……"结构的推理形式及基于认知的原型分类、信息获得机制，并初步分析这种研究给对外汉语教学工作带来的启示和积极建议。

本节要解决的主要问题有：

（1）"连……都/也……"结构的逻辑推理形式及基于认知的原型分类；

（2）构建"连……都/也……"结构的激活模型（activational model），探讨其非真值条件意义的生成及其获得机制，并指出基于原型理论的激活机制为这种分类提供了坚实的认知基础；

（3）"连……都/也……"结构基于原型的认知分类给汉语教材编写和对外汉语教学实践带来的启示及建议。

3.1 "连……都/也……"结构的类

我们认为"连……都/也……"结构的形成在历时层面上经历了一个"连"字不断虚化的过程，① 那么，"连……都/也……"结构定型以后到底表示一种什么样的语法意义呢？

3.1.1 语义研究的结论

以往学者对"连……都/也……"结构之语法意义进行过多个角度的研究，得出了一些初步的结论，虽然彼此的看法并不一致，但有一点基本上是统一的，即该结构传达了一种非字面的意义。

3.1.2 非真值条件意义

"连……都/也……"结构所表示的这种非字面意义是一种言外之意，有的

---

① 关于"连……都/也……"结构的语法化过程，我们将在另一篇文章中探讨，兹不赘述。

学者（崔希亮，1993）称为会话含义（conversational implicature）。我们认为"连……都/也……"结构的语法功能在于凸显类属关系，表示一种类属凸显关系：以关系范畴中的关系母项为背景，凸显关系子项（前景）；① 我们把该结构所传达的类属凸显关系所表示的意义称为非真值条件意义，即越出真值条件意义（即字面意义）通过推理而获得的意义。

我们将在下文用大量的篇幅讨论这种非真值条件意义的获得机制，并运用现代逻辑学的知识分析产生这种非真值条件意义的推理过程。

3.1.3 "连……都/也……"结构的推理特征

3.1.3.1 交际的实质

关于交际的实质，目前存在着两种不同的模式（Sperber & Wilson，1986、1995）。传统研究把交际定义为一种编码—解码的过程，这种模式称为代码模式（code model）；另一种是推理模式（inferential model），认为交际是一种认知—推理过程。我们认为袁毓林（1993，1994）提出的基于非单调逻辑的缺省推理是对推理模式交际实质的一种恰当描述，交际实际上是一种编码—解码—推理（或认知—推理）过程。我们将在这种理论背景前提下分析"连……都/也……"结构的推理特征。

3.1.3.2 "连……都/也……"结构的推理特征及其逻辑表达式

"连……都/也……"在结构上都可以表示成"连 N 都/也 VP"或"连 N'都/也 VP"的形式。② 如果我们用 a 表示个体 N / N'，用 P 表示属性 VP，那么有下列命题表达式：P（a）→P（b），这里 b 是一个和 a 同类的个体，即它们是同一个集合（set）中的不同成员；a 是关系母项，b 是关系子项。把 P（a）→P（b）代入"连 N / N'都/也 VP"结构，则有下列蕴涵式推理："连 a 都/也 P"→b 更 P。下面分析几个典型的例子。

（7）想不到连大气不出的夏先生也显得特别精神。

（7）的结论（即非真值条件意义）可以是：①更不用说其他人了。②更不

---

① 背景（background）和前景（foreground）、地标（landmark）和射体（trajector）、基底（base）和侧面（profile）是认知语言学意象分析中重要的两两相对应的三组概念。具体阐释请参看 Langacker, R. W. (1987)。本部分的具体陈述，包括关系母项和关系子项及其关系等内容，我们将在另一篇关于"连……都/也……"结构的语法化过程的文章中展开，兹不赘述。

② "连 X 都/也 Y"中的 X 是谓词性成分时，我们把 N'看作谓词性成分 X 话题化的结果。另一方面，把 X 表示为 N / N'的形式也是为了操作的方便。

用说平时就很精神的王先生了。

设a：夏先生　P：a的属性（"大气不出"）P'：属性"显得特别精神"

　　b：集合S中的另一个体成员（如王先生）（或一组个体）　Q：b的属性

那么有下列逻辑蕴涵推理：P'[P（a）]→P'[Q（b）]，代入"连N/N'都/也VP"则有："连P（a）都/也P'"→Q（b）更P'，代入自然语句则有下列的推理形式："连大气不出的夏先生也显得特别精神"→（诸如平时就很精神的某先生，比如）王先生就更精神了。

（8）人家根本连门儿都没让进。

（8）的结论可以是：①更不得进屋了。②更不用说跟屋里的人见面/谈话了。③更不用说到门儿里做其他事情了。

（8）的自然语句的推理形式为："人家根本连门儿都没让进"→更不用说跟某某人见面/谈话了。

设a：个体"门儿"　　　　　P：a的属性　P$_1$：属性"不让进"

　　b：任一个体"某某人"　　Q：b的属性　P$_2$：属性"不让谈话"

代入"连N/N'都/也VP"结构，则有"连P（a）都/也P$_1$"→更P$_2$[Q（b）]。元语言逻辑蕴涵推理式则为：P$_1$[P（a）]→P$_2$[Q（b）]。

（9）我们连听都没听清楚。

（9）的结论可以是：①所以就更不懂了。②就更不能讲给别人听了。③更不用说把它写下来了。④声音小得不能再小了。

（9）的自然语句的推理形式为："连听都没听清楚"→更不用说讲给你听了。

设P$_1$：属性"听"　　P$_2$：属性"没听清楚"Q：属性"不能讲给你听"等

代入"连V都/也VP"结构则有："连P$_1$都/也P$_2$"→更Q。元语言逻辑蕴涵推理式为：P$_1$∧P$_2$→Q。

（10）（老老实实地站在那儿，）连动也不敢动了。

自然语句的推理形式为："（老老实实地站在那儿，）连动也不敢动了"→更不用说敢往别的地方跑了。

设P$_1$：属性"动"P$_2$：属性"不敢动了"Q：属性"不敢往别的地方跑了"。

代入"连V都/也VP"结构则有："连P$_1$都/也P$_2$"→更Q。元语言逻辑蕴涵式为：P$_1$∧P$_2$→Q。①

---

① 此类"连……都/也……"结构的逻辑蕴涵式其实有两类：一类是P$_1$∧P$_2$→Q，如（9），另一类其实只是P$_2$→Q，P$_1$好像只是具有一种虚设性的属性，但我们找不到更合理的方法来表示，姑且也表示成P$_1$∧P$_2$→Q的形式。

小　结

因此，"连……都/也……"结构有3种不同的元语言逻辑蕴涵推理式：

$$
\begin{cases}
P'[P(a)] \rightarrow P'[Q(b)] \\
P_1[P(a)] \rightarrow P_2[Q(b)] \\
P_1 \wedge P_2 \rightarrow Q
\end{cases}
$$

图8　"连……都/也……"结构的元语言逻辑蕴涵推理式

这3种形式不同的推理式所传达的内容有很大的差异。（7）$P'[P(a)]$ $\rightarrow P'[Q(b)]$ 中的关系母项（a）和关系子项（b）具有相同的属性 P'，表达了同一属性对不同本体的陈述关系；以a为背景，凸显b。（8）$P_1[P(a)]$ $\rightarrow P_2[Q(b)]$ 中的关系母项（a）和关系子项（b）分别具有不同的属性 P_1 和 P_2，表达了不同属性对不同本体的陈述关系；以陈述关系 a—P_1（述谓结构）为背景，凸显陈述关系 b—P_2（述谓结构）。（9、10）$P_1 \wedge P_2 \rightarrow Q$ 中的关系母项 $[P(P_1 \wedge P_2)]$ 和关系子项（Q）都是谓词性成分，表达了不同属性对同一主体的陈述关系；以属性 $P(P_1 \wedge P_2)$ 为背景，凸显属性 Q。这种推理过程形式上的不同为我们对"连……都/也……"结构进行基于人类心理现实性的原型分类提供了条件。

其实，（7）$P'[P(a)] \rightarrow P'[Q(b)]$ 也可以表述为以述谓关系 a—P' 为背景，凸显述谓关系 b—P'（前景）；上面的表述只不过是把 P 以公因子的形式进行提取操作的结果。我们曾在1.2中指出，"连……都/也……"结构的"语法功能在于凸显类属关系，表示一种类属凸显关系：以关系范畴中的关系母项为背景，凸显关系子项（前景）"，这种表述实际上只适合类似（7）的例子。因此，我们把1.2中的相关表述修正如下：

"连……都/也……"结构的语法功能在于凸显类属关系，表示一种类属凸显关系：以关系范畴中的关系母项与相关属性组成的陈述关系为背景，凸显关系子项与相关属性组成的陈述关系（前景）。

这一发现为我们构建"连……都/也……"结构的激活模型提供了条件。

3.1.3.3　交际信息的投射域及语言表达

上面分析了"连……都/也……"的逻辑蕴涵推理式，这种理想的元语言分析所得出的蕴涵推理关系具有单一性；但该结构所蕴涵的结论并不具有唯一性，而具有或然性或不确定性。交际中的自然语言千变万化，随着交际意图的变化，听话人所获得的交际信息也会有所不同。语言交际要求经济性和简明性。交际过程中，说话人不可能用同一个结构传达那么多的交际信息（除非他想故意造成交际混乱和某种特殊效果），听话人也不可能同时出现那么多的理解。这种结论的或然性必然导致语言本身运用其他策略来消除交际中冗余的或然性，以便使交际双方以最小的付出达到最佳的交际效果：即说话人要传达的信息可以准确无误地被听话人理解、接收。正是因为这种或然性的存在，在交际语料或口语中，"连……都/也……"结构一定处在一个具有相对长度的话语结构中，这种具有相对长度的话语结构足以消去冗余的或然性。

以"连……都/也……"结构为例，它所蕴涵推理的结论 P〔Q（b）〕或 Q 在交际过程中并不具有唯一性，而具有或然性。消除或然性的途径是交际信息在投射域的定点投射，定点投射域的信息即为传达交际双方交际意图的交际信息；表现在交际中就是被加长的话语长度中符合 P〔Q（b）〕或 Q 的命题结构。例如：

（11）呵！倒是我不好了！闹"文化大革命"的时候，（A）我们的家被抄了，（B）连自己的命都顾不过来了，（C）你还想着她，把我家仅有的一百多元钱，偷偷地给她寄一百去（郑万隆《那寂静的山谷》）。

（11）是"连自己的命都顾不过来了"结构的话语结构。按照我们的元语言分析，（B）的或然性结论可以是：①难道还能干其他的事情吗？②别的东西更顾不过来了。③更顾不了其他人了。①—③等都属于交际信息的投射域；其中③属于定点投射域，体现在话语结构中就是（11）的命题结构（C）。

值得一提的是，前人在研究"连"字句的过程中大多只注意了类似（7）P'〔P（a）〕→P'〔Q（b）〕的类型；但是对图 1 的元语言逻辑蕴涵推理式所显示的类似（8）P_1〔P（a）〕→P_2〔Q（b）〕和（9、10）$P_1 \wedge P_2 \rightarrow Q$ 的"连……都/也……"结构形式注意得不够。① 下面，我们在图 1 的基础上对"连……都/也……"结构进行基于认知的原型分类。

3.1.4 "连……都/也……"结构的类

认知语言学的原型理论（prototype theory）认为，认知上显著的原型对范畴化起关键作用，是一种"作为范畴核心的图式化的心理表征（mental representation）"（张敏，1998）；自然类的边界往往是模糊的，类的各成员地位并不相

---

① 崔希亮（1993）曾在其《汉语"连"字句的语用分析》一文中注意到其间的区别，可参阅。

等；原型性高的成员占有更多同类成员所具有的属性。本节对"连……都/也……"结构的不同类型的划分正是这种理论研究范式的体现。

3.1.4.1　"连……都/也……"结构的类及心理现实性

我们根据原型理论，以图8的分析为基础，把"连……都/也……"结构分成两大类三小类，具体分类结果如下（图9）：

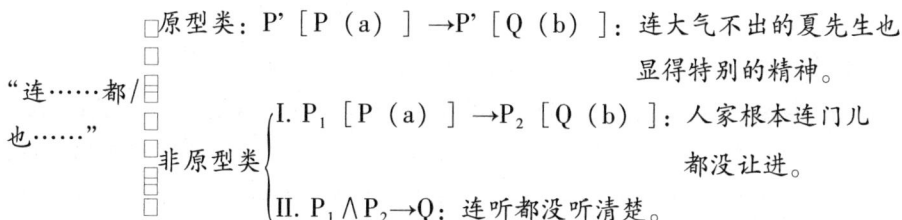

$$"连……都/也……" \begin{cases} 原型类：P'[P(a)] \to P'[Q(b)]：连大气不出的夏先生也显得特别的精神。 \\ 非原型类 \begin{cases} I.P_1[P(a)] \to P_2[Q(b)]：人家根本连门儿都没让进。 \\ II.P_1 \wedge P_2 \to Q：连听都没听清楚。 \end{cases} \end{cases}$$

图9　"连……都/也……"结构基于认知的原型分类

具体的例子有：

（12）连女孩子都不哭。

（13）连团长都没找到对象。

（14）连我自己也成了明亮的了。

（15）连大门不出的潘先生也参加了这次会议。

（16）连徐教导员都非常佩服地说秦干事你应该去当老师才对。

（17）人家根本连门儿都没让进。

（18）吓得连家都不敢回。

（19）碰到这样的事儿他连一句话都不会说。

（20）昨天他转身就走了，连头都没有回。

（21）我连一分钟之前有你这人都不知道。

（22）看了一眼，连问都没问就默默地走开了。

（23）他简直连看都没看。

（24）我们连听都没听清楚。

（25）这样的事情他连见都没见过。

其中（12）—（16）属于原型类，（17）—（21）属于非原型 I 类，（22）—（25）属于非原型 II 类。原型类的关系母项和关系子项具有最强的独立性，因为其属性 P 可以以公因子的形式进行提取操作，可以认为是以关系母项为背景，凸显关系子项（前景）。非原型 I 类中的属性各不相同，不能以公因子的形式进行提取操作，主要是以关系母项为中心的表述为背景，凸显以关系子项为中心的表述（前景）。非原型 II 类的关系项都抽象化为属性，以作为关系母项的属性为背景，凸显作为关系子项的属性特征（前景），但是也可以从本体——属性的角度对 3 种不同的类型做出统一的解释（请参考 3.1.3.2 中的相关表述）。这种因不同的类而体现出的不同特性说明对"连……都/也……"结构进行的基于认知的原型分类具有很强的心理现实性。

3.1.4.2 "连……都/也……"结构在认知上形成一个连续统

根据原型理论，原型类与非原型类之间的界限并非十分明确，原型类具有更多的同类属性（如可以进行公因子提取操作），非原型 I 类具有较多的同类属性（如具有鲜明的本体——属性形成的述谓关系），非原型 II 类具有最少的同类属性（具有前两小类具有的凸显类属关系特征）。根据我们的统计结果，3 种类型在数量上依次递减，其中原型类的数量明显占优势（参考 3.1.4.3 的统计结果）。最后，从信息获得的角度来看，我们认为听话人在获得不同类型的"连……都/也……"结构的交际信息时其难度等级是不等的，大体趋势是原型类——非原型类 I——非原型类 II 依次递增（具体分析参考 2.4 中的解释）。因此，"连……都/也……"结构在认知上形成一个连续统（continuum）。

3.1.4.3 统计结果

我们对 3 种不同类型的"连……都/也……"结构的数量分布做了一个粗略的统计，得出的统计结果如下（表 8）。

表 8 三种不同类型的"连……都/也……"结构的数量分布统计

类 型	例 句	数 量	比 例
原型类	连大气不出的夏先生也显得特别的精神。	1614	91%
非原型类 I	人家根本连门儿都没让进。	117	6.6%
非原型类 II	连听都没听清楚。	43	2.4%
合计	1774		100%

上述统计结果说明原型类"连……都/也……"结构是核心成员，在数量上体现出极强的原型性；非原型类结构是边缘成员，在数量上则体现出较弱的原型性。原型类结构比非原型类在信息获得难度上来得要小（具体分析参考 2.4 中的解释），因此在交际中的使用数量占优势也是很自然的。这种数量上的差异也为原型理论关于"认知上显著的原型对范畴化起关键作用"的假设提供了一种理据。

下面我们将尝试构建"连……都/也……"结构的激活模型，这一工作将建立在我们对该结构进行的基于认知的原型分类的基础之上，换言之，构建出的激活模型可以为我们对"连……都/也……"结构的基于逻辑推导式的原型分类提供一种认知理据。

3.2 "连……都/也……"结构的类的认知理据

上文指出，"连……都/也……"结构的语法功能在于凸显类属关系，表示一种类属凸显关系：以关系范畴中的关系母项与相关属性组成的陈述关系为背景，凸显关系子项与相关属性组成的陈述关系（前景）。该结构所表示的类属凸显关系表示一种越出真值条件意义而通过推理获得的非真值条件意义。我们想知道的是，听话人是怎样获得这种非真值条件意义的？如何从认知的角度解释这种意义的获得机制和过程？

3.2.1 理论假设

我们的分析主要建立在以下几个理论前提之上：

3.2.1.1 Collins & Loftus 的语义扩散性激活

Collins 和 Loftus（1975）在 R. Quillian（1968）TLC（teachable‑language comprehender）理论的基础上，发展出一种更具解释力的概念知识模型——语义扩散性激活理论。该理论认为激活是某概念节点所受注意的程度，概念节点在认知操作中有"显著的（salient）""活跃的（active）"和"不活跃的（inactive）"3种水平；连接两个概念节点（node）的线段长度具有理论意义，表示语义距离的线段越短，概念之间的联系就越紧密；激活是通过活跃概念节点之间的局部联系进行的认知操作。

3.2.1.2 Dean 对激活理论的研究

Dean（1991）在上述二人研究的基础上，进一步指出句法结构是这种扩散性激活的对象，利用意象图式可以构拟出激活的层级模式。根据 Dean 的构想，激活扩散的模式可以概括如下（转引自张敏，1998）（表9）。

表9 激活的层级模式

属性的激活	域的最小激活	域的激活	属性的最小激活
显著	显著	显著	活跃
活跃	活跃	活跃	不活跃
不活跃	不活跃	不活跃	不活跃

3.2.1.3 基于非单调逻辑的缺省推理

袁毓林（1993、1994）在语义扩散性激活理论的基础上，主张用非单调逻辑的缺省推理（reasoning by default）来解决语言中的一些实际问题。认为"非单调推理（nonmonotonic reasoning），可以表述为：根据某些前提推出某一结论P，当获得另外一些事实后又取消了P"。这种理论很适宜于分析语用推理。

3.2.1.4 符号主义与联结主义之争

关于人脑中知识的组织结构，存在着符号主义和联结主义两种观点。符号主义者认为"心理活动像计算机"，认知操作采取一种串行的加工方式；联结主义者认为"心理活动像大脑"，认知系统以大脑网络式的平行加工机制进行认知操作。我们的研究基本上采取符号主义的研究取向。

3.2.2 "连"字句的基础形式

在我们考察的"连"字句的语料中，有关"连"字的句式除了"连……都/也……"结构以外，还有"连……尚且……""连……还……"等形式，这些结构形式也表示一种非真值条件意义。如例（26）：

（26）"他人连个千条万目尚自晓不得，如何识得一贯。"（《朱子语类》）

其他的例子如：

（27）他们连拜伦、雪莱和王尔德还都逐出国外去，我们想跟这样的人交朋友——即使有机会——无疑也会被看成怪物的。

（28）我连她到底长什么样儿这会儿印象还模糊呢！

（29）就连同一楼层已搬来五六年的邻居还不知道姓甚名谁呢。

本节只考察基础形式"连……都/也……"。

3.2.3 "连……都/也……"结构的基本激活模式

听话人获得"连……都/也……"结构的非真值条件意义的基本通道是语义的扩散性激活。按照 Dean（1991）的构想，激活扩散的模式是层级性的；认为根据本部分2.1.2的表2可以"计算出激活在属性——域关系结构中扩散情况"（张敏，1998）。我们认为现代汉语中的"连……都/也……"结构已经定型为一种激活装置（activational device），凡是进入这一装置的语言内容只要是合法的，都表示一种非真值条件意义。激活装置"连……都/也……"结构所激活的是由若干语义场景（semantic sense）组成的系列语境假设（contextual assumption）；语境假设就是认知假设，它是由人类认知结构中的逻辑信息（logic information）、百科信息（encyclopaedic information）和词汇信息（lexical information）组成的。听话人获得"连……都/也……"结构交际信息的过程就是激活认知结构中系列语境假设的过程。我们认为，在"连"的意义衍生泛化过程中，关系范畴的关系母项和关系子项之间始终形成一种相互不可脱离的关系，即它们处于同一认知域中；按照我们对"连……都/也……"结构的语法功能的修正表述，关系母项和关系子项各自形成的述谓关系（即表述）也应该处于同一认知域中。

因此，"连……都/也……"结构对语境假设的激活是分层次进行的：第一层次是激活关系母项和关系子项共处的认知域；第二层次是依次激活认知域中的一个认知子域或本域中的一个成员所形成的述谓关系，即语境假设。第一层次的激活是隐性的，激活的认知域不能形成任何表述；第二层次的激活是显性的，激活的每一个语境假设都形成一个表述。

语义激活的基本过程是：如果某一节点是显著的，那么其上位节点（或域）就是显著的；如果域是显著的，那么其成员或子域就是活跃的。如下图（图10）：

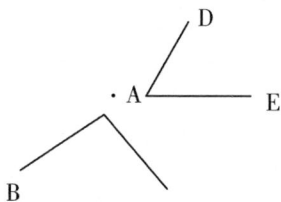

图10 语义扩散激活的基本过程

上图中的 B、C、D、E 都是同位节点。如果节点 B 是显著的，那么其上位节点（或域）A 就是显著的；因为域节点 A 是显著的，所以其成员或子域（D 或 E）是活跃的。这种语义激活的最终结果是形成系列语境假设 S0S1S2S3…的集合；交际者择其一（S0）作为交际信息来传达交际意图。

下面分析3类"连……都/也……"结构的激活模型及其过程。

3.2.3.1 原型类结构

以（7）"想不到连大气不出的夏先生也显得特别精神"为例。

述谓结构"大气不出的夏先生"——"显得特别精神"形成关于关系母项的表述，进入"连……都/也……"结构以后成为处于显著地位的语义节点

（B）。述谓结构"平时就很精神的王先生"——"显得特别精神" "其他人"——"显得特别精神"等形成关于关系子项的表述，是处于活跃地位的语义节点（D、E）。B、C、D、E等语义节点都是同位语义节点，它们同处于一个认知域中，显著与活跃的不同在于激活层级的差异。处于显著地位的语义节点B首先激活由以关系项为中心的表述组成的认知域（A），使得该认知域达到显著水平；显著水平的认知域使得其他成员（或子域）达到活跃水平。我们把原型类结构的激活模型构建如下：

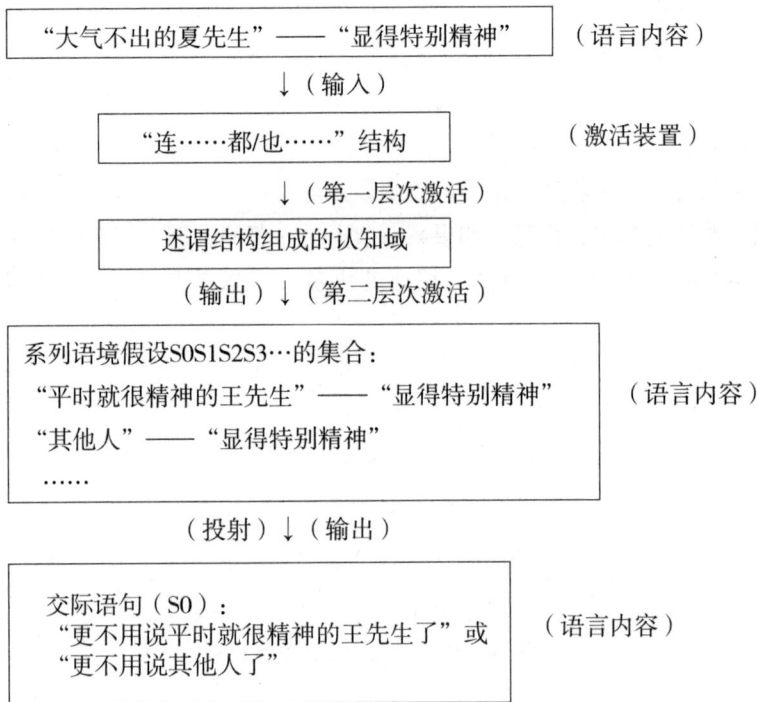

> "大气不出的夏先生"——"显得特别精神" （语言内容）

↓（输入）

> "连……都/也……"结构 （激活装置）

↓（第一层次激活）

> 述谓结构组成的认知域

（输出）↓（第二层次激活）

> 系列语境假设S0S1S2S3…的集合：
> "平时就很精神的王先生"——"显得特别精神" （语言内容）
> "其他人"——"显得特别精神"
> ……

（投射）↓（输出）

> 交际语句（S0）：
> "更不用说平时就很精神的王先生了"或 （语言内容）
> "更不用说其他人了"

图11 原型类"连……都/也……"结构的激活模型

原型类结构的激活模型中，语言内容都可以进行公因子（即陈述不同本体的属性"显得特别精神"）提取操作（图12）。

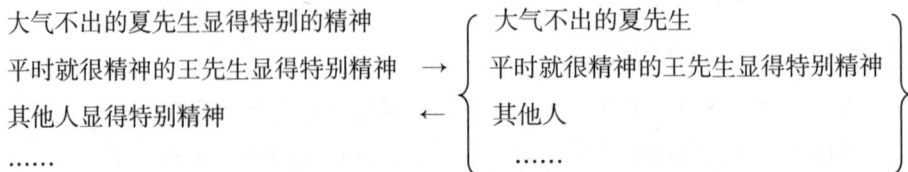

大气不出的夏先生显得特别的精神　　　　　{ 大气不出的夏先生
平时就很精神的王先生显得特别精神　→　　 平时就很精神的王先生显得特别精神
其他人显得特别精神　　　　　　　　 ←　　 其他人
……　　　　　　　　　　　　　　　　　　　 …… }

图12 原型类"连……都/也……"结构的提取操作

原型类结构是前人研究的主要类型。原型类"连……都/也……"结构可以进行提取操作的这种形式特征是其区别于非原型类"连……都/也……"结构的典型特征,但这种特征往往给人造成一种假象:语义激活的结果是词项;但同时也再一次证实了我们对该结构语法功能的修正表述:"'连……都/也……'结构的语法功能在于凸显类属关系,表示一种类属凸显关系:以关系范畴中的关系母项与相关属性组成的陈述关系为背景,凸显关系子项与相关属性组成的陈述关系(前景)。"

3.2.3.2 非原型I类结构

以(8)"人家根本连门儿都没让进"为例。

述谓结构"门"——"不让进"形成关于关系母项的表述,输入"连……都/也……"结构以后成为显著语义节点(B)。述谓结构"屋"——"不得进""屋里的人"——"不得见面/谈话""其他事情"——"不得到门里去做"等形成关于关系子项的表述,并由于域节点(A)的显著性成为活跃语义节点(D、E、F)。我们可以构建出类似于2.3.1的非原型I类结构的激活模型。

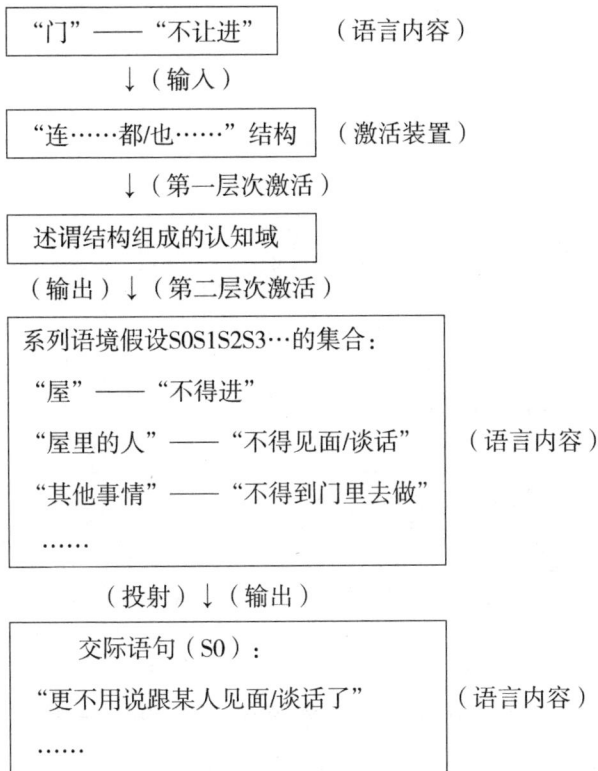

| "门"——"不让进" | (语言内容) |

↓(输入)

| "连……都/也……"结构 | (激活装置) |

↓(第一层次激活)

| 述谓结构组成的认知域 |

(输出)↓(第二层次激活)

| 系列语境假设S0S1S2S3…的集合:
"屋"——"不得进"
"屋里的人"——"不得见面/谈话"
"其他事情"——"不得到门里去做"
…… | (语言内容) |

(投射)↓(输出)

| 交际语句(S0):
"更不用说跟某人见面/谈话了"
…… | (语言内容) |

图13 非原型I类"连……都/也……"结构的激活模型

非原型 I 类结构的激活模型中，语言内容都不可以进行公因子提取操作；但无论是输入还是输出的语言内容都可以形成述谓结构 a / b—P 的形式，这是非原型 I 类结构区别于非原型 II 类结构的典型特征。不能进行公因子提取操作的形式特征说明语义激活的结果不是词项，而是可以形成述谓结构的系列语境假设。

3.2.3.3 非原型 II 类结构

以（9）"我们连听都没听清楚"为例。

非原型 II 类结构中，关系范畴以属性为关系项。属性"没听清楚"（关系母项）被输入"连……都 / 也……"结构以后成为显著语义节点（B）。属性"不懂""不能讲给别人听""不能把它写下来"（关系子项）等由于域节点的显著性成为与显著语义节点（B）同位的活跃语义节点（D、E、F），概念节点水平的不同在于语义激活的层级差异。我们仿照 3.2.3.1 和 3.2.3.2 把非原型 II 类结构的激活模型构建如下（图 14）。

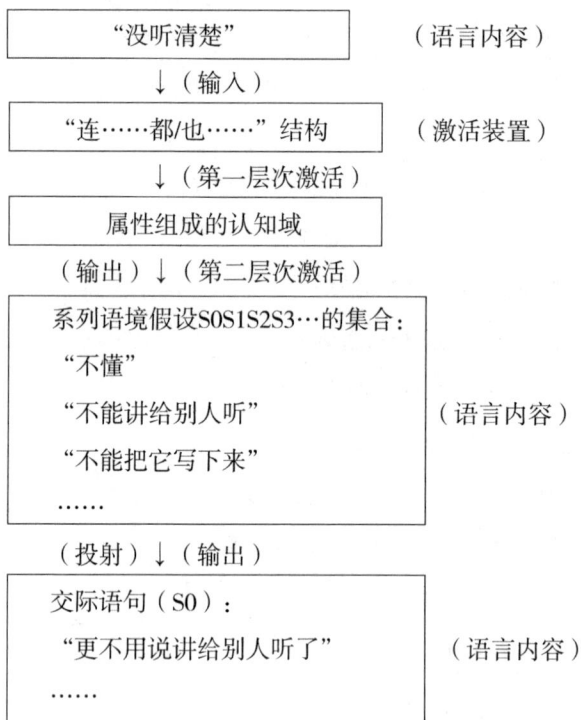

| "没听清楚" | （语言内容） |

↓（输入）

| "连……都/也……"结构 | （激活装置） |

↓（第一层次激活）

| 属性组成的认知域 |

（输出）↓（第二层次激活）

| 系列语境假设S0S1S2S3…的集合：
"不懂"
"不能讲给别人听"
"不能把它写下来"
…… | （语言内容） |

（投射）↓（输出）

| 交际语句（S0）：
"更不用说讲给别人听了"
…… | （语言内容） |

图 14 非原型 II 类"连……都 / 也……"结构的激活模型

非原型 II 类结构的激活模型中，语言内容也都和非原型 I 类结构一样不可以进行公因子提取操作；不同的是都不可以表示成述谓结构 a / b—P 的形式，这是非原型 II 类结构区别于非原型 I 类结构的典型特征。

上述激活模型的构建，显示了不同类之间的互容和排斥关系，说明我们为"连……都 / 也……"结构确立的基于原型的两大类三小类在类型和实例的关系上是站得住脚的，因此为"连……都 / 也……"结构基于原型的认知分类提供了一种坚实的理据。

3.2.4 信息加工的经济原则与"连……都/也……"结构信息获得的难度等级

人脑在对信息进行串行加工时，总会采取一种经济原则——避繁就简，舍难趋易。① 受话人在对不同的语言项目进行信息加工从而成功获得信息内容时所要付出的代价是不同的，也就是说受话人获得不同语言项目的信息内容时存在一个难度等级序列。"连……都 / 也……"结构原型与非原型类结构的激活模型的差异说明它们在信息获得的难度等级上是不同的。

我们知道，原型类"连……都 / 也……"结构的激活模型中的语言内容都可以进行公因子提取操作，由于这种形式上的整齐特点，所以激活装置"连……都 / 也……"所激活的是一个体词性的词项——虽然本质上激活的仍然是一个述谓结构 a / b—P 式的命题。非原型类"连……都 / 也……"结构的激活模型中的语言内容都不可以进行公因子提取操作，所以激活装置"连……都 / 也……"所激活的不是一个词项，而是一个命题。非原型 I 类结构的激活模型中，被激活的是一个述谓结构 a / b—P 式的完整命题；非原型 II 类结构的激活模型中，被激活的是一个非述谓结构 a / b—P 式的完整命题。

受信息加工的经济原则的影响，激活装置"连……都 / 也……"结构对词项的激活是最敏感的，对述谓结构 a / b—P 式的完整命题的激活是比较敏感的，对非述谓结构 a / b—P 式完整命题的激活是不敏感的。敏感程度越大，信息获得难度就越小，反之亦然；因此"连……都 / 也……"结构原型性的强弱与受话人对其信息获得难度的等级大小成反比。至此，我们可以初步得出下面的结论：

在信息获得的难度上，原型类、非原型 I 类与非原型 II 类"连……都 / 也……"结构依次呈递增趋势：原型类"连……都 / 也……"结构的信息获得难度是最小的，非原型类结构中的 I 类结构次之，II 类结构的难度是最大的。

---

① 这种信息加工上的经济原则也就是认知语言学中的省力原则。

3.3 "连……都/也……"结构的教学建议

我们对"连……都/也……"结构基于原型的认知分类至少在以下几个方面可以给对外汉语教学带来一些启示和积极建议。

（1）在对外汉语教材编写过程中充分考虑语法项目的难易程度，对不同的语法项目进行合理分类，按照循序渐进的原则从易到难安排所要学习的语法项目。就"连……都/也……"结构来说，应该分几次来安排：先安排原型类的结构，然后依次安排非原型 I 类结构和非原型 II 类结构。

（2）注意理论语法和教学语法的接口问题。理论语法是教学语法的基础，理论语法阐释的精确性为教学语法提供了可靠的保证。教学语法是理论语法的具体运用，对外汉语教学语法作为教学语法的一个特殊分支更具有其特殊性。在对外汉语教学中，一方面要关注理论语法的科学阐释，另一方面要特别注意教学语言的转变。由于教学对象汉语水平的限制，语法教学的语言务必要口语化，用简明的语言把语法项目的意义和用法讲清楚，让学生明白它的用法，而不是讲解大量的语法规则。因此，在讲解"连……都/也……"结构的意义和用法时一定不可以长篇讲解其认知基础及基于原型的认知分类问题，应该设法把理论语法的语言变成教学语法的语言。

（3）在对外汉语语法教学过程中不应盲目扩展。拿"连……都/也……"结构的教学来说，我们不应该把所有的"连……都/也……"结构的 3 种类型都一下子塞给学生，正确的做法应该是先教原型类结构，等学生掌握了该类结构的意义和用法以后，再尝试讲解非原型类结构的意义和用法。

（4）在汉语教材编写和对外汉语教学实践中，应恰当运用认知语言学中的原型理论，注意原型语法项目和非原型语法项目及其在信息获得难度上的差别。

本节主要运用认知语言学的相关理论和逻辑学的相关知识讨论了以下几个方面的问题：

（1）分析"连……都/也……"结构非真值条件意义的逻辑推导过程，得出了该结构的 3 种元语言逻辑推理式，从而确立了该结构基于原型的认知分类。

（2）通过构建"连……都/也……"结构的激活模式来探讨该结构的非真值条件意义的获得机制，分析了 3 类"连……都/也……"结构的不同激活特征，从而为我们对该结构基于原型的认知分类提供了坚实的认知基础，并在此基础上得出了受话人对"连……都/也……"结构信息获得难度的等级序列。

（3）简要阐述对"连……都/也……"结构基于原型的认知分类给对外汉语教学工作带来的一些启示和积极建议。

第 4 节 "连……都/也……"结构的信息解码机制

关联（relevance）即相关、联系。根据关联的外部区别特征，可以从形式上把关联形式分为隐性关联形式和显性关联形式。隐性关联即没有外显形式的关联。没有外显形式并不是说没有形式，而是这种形式隐含于交际的基本单位——句子当中。如：

（1）这件事老张有意见（老张对这件事有意见；老张对这件事的意见）。

（2）你是什么时候来北京的？

例（1）中的二价名词"意见"通过隐性关联形式（隐含介词结构）与其他成分（两个配项"老张"和"这件事"）联系在一起，它们之间好像有一种无形的黏合剂。这里处于中心地位的动词与其他必须与之共现的被支配成分之间是通过隐性关联形式化合在一起的。例（2）中的主谓结构形式"你""什么时候来"被隐性关联形式"是……的"分裂成焦点标记结构，"什么时候"被指派为焦点。

显性关联是相对隐性关联而言的，指有外显形式的关联。虽然这种关联形式也存在于句子中，但它的形式是外显的，是可以提取的，典型的例子是汉语中的关联词以及强调句式。汉语有两种强调结构：一是"疑问词+都/也"结构，一是"连……都/也……"结构。前者如"谁都不能把这件事泄露出去""什么也不能打消他远行的念头"，这是一种周遍性的强调结构。后者即"连"字句，是现代汉语中普遍存在的一种显性关联形式。

4.1 关于听话人的视角

学者对"连……都/也……"结构的研究集中在以下几个方面：①对"连"字的研究。研究的焦点是"连"字的性质（周小兵，1990；倪宝元、林士明，1979；Paris，1981 等），即"连"字的词性到底是什么，有什么功能。②对"都/也"的研究。研究的焦点是"都/也"的性质和作用（马真，1982；王还，1994 等），尤其是关于"都"的问题的研究。研究的一般结论是"都"表总括，"也"表类同。③对整体结构的研究。研究的角度包括句法（周小兵，1990；倪宝元、林士明，1979 等）、语义、语用（崔希亮，1990、1993 等）和认知研究

（张旺熹，2006；蔡永强，2006 等）等方面。此外刘丹青、徐烈炯（1998）认为"连"是话题标记，它后面的成分是话题焦点。沈家煊（1999）则认为"连……都/也……"表周遍性意义。

"连……都/也……"本身是一种关联形式，具有不可分割性，因此单独研究"连"字的性质或功能并没有太大的意义。另外，"都"表总括，"也"表类同，二者的语法意义不同，为何具有相同的语法地位？"都"在整个关联形式中是否单纯表总括？语言交际是说话者（speaker）、听话者（hearer）和外部世界（world）三者之间的互动（interaction）过程，前人在研究中过分强调说话者的角色（编码过程），忽视了听话者的角色（解码过程）。

4.2 关于关联与关联性

Grice, H. P.（1975）曾设想说话人和听话人为了达到既定交际目标而必须共同遵守合作原则（co-operative principle），并指出该原则由"量""质""关系""方式"四部分组成。其中"关系"被解释为"要有关联"，但对什么是关联没有做出具体交代和说明。Grice 认为会话含义（conversional implicature）是在违反合作原则的前提下推导出来的。问题是说话人是不是一定要遵守合作原则？听话人如何知道违反了合作原则？按照合作原则又该如何分析下面的例子：

（3）连哭都忘了——连笑都忘了。

（4）连女孩子都不叫苦——连男孩子都不叫苦。

利用 Grice 的合作原则似乎并不能对例（3）和例（4）做出圆满的解释。

语言的基本功能是交际。传统的交际理论认为交际过程是一个编码—解码（encoding-decoding）的过程。语言交际有两种模式：代码模式和推理模式。（何自然、冉永平，1998）代码模式即编码—解码模式，一般出现在明码交际中；推理模式一般出现在暗码交际中。我们发现显性关联形式"连……都/也……"结构的信息解码是一个认知—推理的过程。

关联理论认为"人类认知往往与最大关联性相吻合"，同时"每一个明示的交际行为都应设想为它本身具有最佳关联性"。在这一理论中关联被定义为命题 P 和语境假设 $C_1 \cdots C_n$ 集合之间的关系（张亚非，1992）。

（5）连县委书记都来了。

（6）连狗都来跟着凑热闹了。

命题（5）与（6）所要传达的信息（交际信息）是"位居县委书记以下的很多人都来了""某个地方几乎所有的人都到另一个地方来看热闹了"。我们是如何获得这些信息的？为什么能准确识破对方（说话人）的交际意图（conversational intention)？根据人类认知的特点，人类认知往往与最大关联性相吻合，即每一个明示的以交际为目的的命题会引起听话人的系列语境假设，但成功的交际只需一个最佳关联，即从系列语境假设中准确选择出一条交际信息，这是语言经济原则的要求。

4.3 语义激活与系列语境假设

人们一般认为，"连……都/也……"所传递的信息不是字面的真值条件意义，而是言外的语用意义。这种言外的会话含义是直接越过表面意义而得到的一种交际意义。听话人从命题 P 与系列语境假设 $C_1 \cdots C_n$ 之间的关联中获取交际信息的途径则是通过系列语境假设的激活（activation）。激活，又称扩散激活（spreading activation），是一种基本的认知能力，是由于某种外在诱因而使人的世界知识中与这种诱因有关联的部分变得显著或活跃的一种能力。例如：

（7）这酒很淡。

（8）这花儿很淡。

例（7）与例（8）中的"酒——淡"与"花——淡"可以分别激活两个语义场景（semantic sense），（7）激活的是酒的浓度，（8）激活的是花的香味或颜色。听话人对关联形式"连……都/也……"结构的言外信息的解码正是激活作用的结果。与上述语义激活不同，"连……都/也……"结构所激活的是由若干语义场景组成的语境假设。语境假设就是认知假设，它是由人的认知结构中的逻辑信息（logic information）、百科信息（encyclopaedic information）、词汇信息（lexical information）组成的。听话人获得"连……都/也……"交际信息的过程就是激活认知当中系列语境假设的过程。

（9）连学贯中外古今的毕部长也说不出。

（10）爸爸高兴得连眼泪都涌了出来。

（9）的真值条件意义是毕部长说不出×××，但听话人要获得的信息或说话人意欲传达的交际信息并非这种字面的真值条件意义。听话人看到（9）时，至少可以提下列语境假设：

a. 毕部长学贯中外古今，知识很丰富。

b. 毕部长懂得的知识比其他人多。

c. 凭毕部长的知识应该能说出×××。

d. 其他人懂得的知识比毕部长少。

e. 其他人更说不出×××。

……

最后得出的会话含义应该是 e. 其他人更说不出×××。可见关联形式"连……都/也……"的信息解码过程并非简单的编码—解码过程，而是一种建立在认知基础上的解码—推理过程。

（10）的真值条件意义是（高兴得）涌出了眼泪，至少可包括下列语境假设：

a.（高兴得）内心非常激动。

b.（高兴得）说不出话。

c.（高兴得）不知说什么好了。

d.（高兴得）什么都忘了。

e.（高兴得）站了起来。

……

虽然得出了几条语境假设，但我们不能像（9）那样得出一条具有最佳关联的信息，我们只能知道爸爸高兴得不得了，至于达到何种程度在听话人的理解中是只可以想象不可以言传的。因此，具有不同内容的关联形式，在信息解码的难度上是不等的。

4.4 言语交际的基本模式

一个完整的交际过程应该包括 3 个方面的因素：说话人、听话人和外部世界。言语交际过程就是这 3 个因素的互动过程，因此，说话人、听话人和外部世界的互动是言语交际的一个基本模式。

关联形式"连……都/也……"的话语生成与理解是这个基本模式的具体体现。对隐性关联形式生成的话语的理解是编码——解码的过程，即可以直接获得其表面的真值条件意义，而对显性关联形式生成的话语的理解基本上是解码——推理的过程。

（11）连老满都不说话了。

（12）连杀鸡都不敢看。

说话人说（11）的意图有两个，一是表达信息意图："老满不说话了"；二是表达交际意图："其他人更不应该说话了"。听话人所关心的只是说话人的交际意图："其他人更不应该说话了"，但获得这一信息的前提条件是在被激活的系列语境假设中进行认知推理。说话人传达信息、听话人理解接收信息，都离不开与现实外部世界的互动。作为客体的外部世界大体上可以分为 3 个层面：已然的现实世界、未然的非现实世界、或然的可能世界（张旺熹，1999）。

从某种程度上讲，使用语言的过程就是用语言符号去临摹所关注的外部世界的过程，这种临摹的象似性往往体现为句法的象似性，即句法成分与句法关系的象似性。如果从更高的层次上来认识这一人类语言的普遍现象，可以把象似性拓展到语义的领域。语言系统中各种意义的表达其实也是对外部世界的一种临摹，即由说话人与听话人的互动形成的语义信息在外部世界 3 个层面上的投射（projection）。听话人从关联形式"连……都/也……"获得的信息便是对外部世界进行投射的结果。例（11）其实表达了三重语义信息——已然信息："老满不说话了"；未然信息："其他人更不应该说话了"；或然信息："仍旧有人说话/已经没有人说话了"。例（12）的语义信息同样是对外部世界临摹的结果："不敢看杀鸡这件事——更不敢看/（做）别的事——有人在看/没有人在看。"

由（11）（12）获得的三重语义信息是对外部世界 3 个层面分别投射的结果，是更高层次上的一种象似性。因此从认知的角度来看，象似性恰是我们能比较准确地获得信息的一个根本动因。从更宏观的角度来看，说话人能够表达出具有最佳关联性的话语信息，听话人通过系列语境假设的激活能够从最大关联信息中获得最佳关联性信息即识破对方的交际意图，都应该理解为二者与外部世界互动的结果，即交际过程中生成的语义系统对不同层面的外部世界不同程度的投射结果。

至此我们可以得出这样一个初步的结论：显性关联形式"连……都/也……"的信息解码过程是以语言的象似性为内部动因，以激活系列语境假设为前提的解码——推理过程。

4.5　显性关联形式"连……都/也……"是一个连续统

上文指出，具有不同内容的"连……都/也……"，其信息解码的难度是不一样的，即有时候受话人根本得不出一个准确的最佳关联性的信息或语义层面的或然信息。为方便起见，我们把显性关联形式"连……都/也……"记作"连 X 都/也 Y"的形式，根据其中 X—Y 及其信息解码的难度可以确定出"连 X 都/也 Y"的不同类型。根据原型范畴的家族相似性（family resemblance）理论，可以把"连 X 都/也 Y"分为原型类和非原型类两种类型。

4.5.1　原型类"连 X 都/也 Y"

（13）连我的早饭都一起吃了。

（14）连马青都没认出我们。

（15）连点党同伐异的气魄都没有。

（16）连于观、杨重也忍不住笑了。

（17）连骂人也有男人的爽快。

（18）连我自己也成了明亮的了。

这种类型的关联形式在认知上处于显著地位，最具有心理现实性。其中的 X 项都可以作话题性主语，X 项与 Y 项构成一种严格的述谓结构。如（13）我的早饭———一起吃了；（14）马青———没有认出我们；（17）中的 X 项可以话题化为主语：骂人———有男人的爽快。不难看出在（13）—（18）中由系列语境假设 X—Y 组成的述谓结构里面，Y 是一个常数项，X 是一个变化项。崔希亮（1993）曾用 T_i 的语用分级来解释这一问题，沈家煊（1999）也曾提到 G. Fauconier 的量级体系问题，并以重量为例列出了一个量级图式：

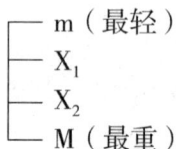

$$
\begin{array}{l}
\text{—— m（最轻）} \\
\text{—— } X_1 \\
\text{—— } X_2 \\
\text{—— M（最重）}
\end{array}
$$

认为基于对重量等级的认知形成的是一种常规推理：X_2 比 X_1 重，若能举起 X_2，则能举起 X_1，并进一步指出这种推理不是纯逻辑的，而是人类认知中的"理想的认知模型"（ICM）。原型类"连 X 都 / 也 Y"的信息解码是这种基于认知的常规推理的结果。

在信息解码方面，这类关联形式是最容易的。关联形式"连……都 / 也……"可以直接激活系列语境假设，受话人可以最小的付出获取最大的语境效果（contextual effect）从而获得最具关联性的信息：X_M—Y → Xm 更 Y。

4.5.2 非原型类"连 X 都 / 也 Y"

这种类型的关联形式，其实还可以分成两个小类：

（19）连眼珠也不转一下。

（20）连头也没抬一抬。

（21）连屋门儿几乎也没出来过。

（22）连脸上的那快疤都有些发暗。

（23）连闻都没闻过。

（24）连想都不想。

（25）连动也没动过一下。

（26）连红都不红。

（19）—（26）的共同点是不存在 X_M—Y → Xm 更 Y。受话人获得信息的难度比原型类的要大。

我们可以把（19）—（22）看作一类。同原型类一样，X项可以作为话题性主语，系列语境假设中X—Y依旧构成一个述谓结构。不同的是系列语境假设中X项和Y项都是变化项，即X项和Y项各由一组具有类似语义特征的项目形成一个聚合。如（19）形成的述谓结构可以简单地描写为"眼珠——不转一下"，按照激活原理，被激活的系列语境假设可以是：①身体整个不动；②一点儿也不分心；③其他的动作停止了……。听话人不能从语境假设中得出一个具有最佳关联性的信息，但说话人和听话人仍旧是相通的，因为说话人的交际意图正是受话人从系列语境假设中得到的那个近似值（当然具体的含义还需要联系一定的上下文）。因此，这里的X项不存在量级的问题。崔希亮（1993）提到这是另一种类型的关联形式，X—Y整体处于语用分级的一个极端位置，但没有具体论述。实际上对X—Y进行语用分级是非常困难的，很难有一个标准来衡量X—Y是否处于极端位置。

我们认为，这类关联形式的信息解码关系到上文提到的语义场景问题。系列语境假设是由语义场景构成的，但对于（19）—（22）来说最佳关联信息是若干语义场景的近似值。这种信息解码的推理过程表面看来简单化了，但在难度上却增大了。J. A. Fodor（1983）认为认知主体的认知机制在功能上表现为传感器、输入系统和中枢系统等3个不同的系统，而大脑则是由中枢系统及各司其职的单元构成的，每个单元吸收来自输入系统的不同外界刺激并将这些信息输入中枢系统形成心理表征，最后由中枢系统进行处理。因此，本质上讲（19）—（22）类的信息解码仍是一个复杂的认知—推理过程。可用这样一个图式来表达：X_{n+1}—$Y_{n+1} \rightarrow X_n$—Y_n。

（23）—（26）是一种比较特殊的形式。与上述类型不同的是，其中的X项和Y项都变成了谓词性成分（动词或形容词），X—Y不能构成述谓结构，但系列语境假设中作为谓词性成分的X项和Y项仍都是变化项。我们把这种关联形式简单记为"连V. 都/也不V."在观察到的语料范围内我们共收集到这类句式16例，其中的动词（或动词性成分）都是自主动性词，如"恨、吃、考虑、喊（冤）、犹豫、认识、动、笑、颤、看、听、问、坐、闻、想、红"。这种关联形式的信息解码仍然是激活语境假设的结果，更确切地说是谓词性成分和关联形式"连……都/也……"共同作用的结果。在信息解码方面，这一类关联形式也比原型类困难，但推理过程好像进一步简单化：不 $V_{n+1} \rightarrow$ 不 V_n。

我们根据不同内容的显性关联形式"连……都/也……"信息解码的不同难度，实际上把"连X都/也Y"分成了3种类型：原型类，非原型类Ⅰ，非原型类 II。虽然它们在信息解码机制上都是一样的，但难度上形成一个等级。显性关联形式"连……都/也……"在认知上构成一个连续统。

4.5.3　显性关联形式"连……都/也……"对文体的选择

在我们观察的一千多个例句中，所有的关联形式都毫无例外地出现在文学作品（主要是小说和散文）中，教育心理学、计算机科学、法律条文中一例也没出现。这为我们上文的解释提供了一个有力的证据。文学作品讲究玩味，往往给读者留下弦外之音；而法律条文等对准确性要求十分严格，不容许有丝毫的模糊。显性关联形式"连……都/也……"的信息解码恰是以一系列的语境假设的激活为前提的，显然带有很大的不确定性，而这种不确定性恰好与追求弦外之音的文学作品的风格相吻合。

4.6　其他相关问题的讨论

4.6.1　"连……都/也……"的功能

"连……都/也……"的信息解码过程是在象似性基础上以语境假设的激活为前提的认知—推理过程。其实这里的激活从严格意义上讲，应包括两个部分：意义的激活和形式的激活，这种形式和意义是密不可分的；但相对来说"连……都/也……"结构形式上的激活在整个激活系统中始终占主导地位，因为少了这种形式，整个关联形式"连……都/也……"的交际信息可能不复存在。我们有理由把显性关联形式"连……都/也……"放在更加突出的地位，把它称作激活装置，其基本功能是激活由 X—Y 所激活的语义场景所构成的语境假设。

4.6.2　关于"都/也"

我们在观察到的语料中，发现"都"与"也"的比率为 479∶531，从分布的范围看差距不大，说明二者有着相同的语法地位。

研究者一般认为，"都"表总括，"也"表类同。"也"表示一种现象同样具有另一种现象的情状特征，或一种现象与另一种现象形成具有类似性质的情状特征。如：

　　(27) 张三、李四去了上海，王五也去了。

　　(28) 街道上暗得很，没有任何声响，连灯光也没有。

用公式可表示为：X_1，X_2…，X_n—Y→X_{n+1}—Y

但是"都"在这一关联形式中是否还表示总括呢？我们认为这一点是值得商榷的。在"连……都……"中，"都"的确可以并举它前面的各个项，但它同时也映照了后面的项。"连 X 都 Y"是基于 X_1，$X_2\cdots$，X_n—Y，因此，这里的"都"字在更大程度上体现的是一种类同。语料中，我们发现了"也""都"连用的例子：

（29）连他们晚上还同时睡在那个棚子底下，也都不奇怪。

（30）连这些人的家里情形，她们也都明明白白。

两例都是"也"在前，"都"在后，但没有"都"在"也"前的例子，其实这里的"都"才表示总括。

第 3 章

汉语方位词的认知考察

通过梳理方位词研究的历史并建立汉语方位范畴可以发现，方位词其实是汉语方位范畴的一个有限子集。方位词作为一个独立的词类具有其自身的成词理据，其畛域包括由单音节构成的单纯方位词和由双音节构成的合成方位词。方位词具有黏着性和不对称性，所谓"框式介词"其实只是方位词具有黏着性的一种特殊表现形式。认知语言学刻画认知域常常使用基底与侧面、背景与物像、地标与射体等 3 组概念。本章以方位词"上/下"为基点，通过区分不同类型的关系场景和述义结构，从理论和实践两个层面对三组构件进行了阐释：基底与侧面宜于刻画"上/下"前位静态关系场景，背景与物像宜于刻画"上/下"后位静态关系场景，而地标与射体宜于刻画"上/下"后位动态关系场景。作为认知上的封闭类，汉语方位词"上/下"具有隐喻化功能。在"上/下"形成的静态关系场景中，基底与侧面体现出整体－部分关系，背景与物像体现出包容－被包容关系；整体－部分关系与包容－被包容关系在认知上均体现为基底与侧面、背景与物像的接触性关系，形成基于原始概念结构的隐喻概念结构。其中"上"作为现代汉语中使用频率最高、表达功能最多、语义最为复杂的方位词，留学生在使用过程中常常出现方位词缺失、方位词冗余、方位词误用、介词缺失等类型的偏误现象，基于认知阐释和句法制约两个角度的分析对方位词"上"的教学策略具有一定的启示。

第 1 节　汉语方位词的畛域

空间关系是我们把握其他许多认知关系（如时间关系往往被看成空间关系的隐喻形式）的基础，而表达这种空间关系的基本途径则是通过方位词（localizer）来实现的。

汉语中把表示方位的词称为方位词，但汉语研究中关于方位词的纷争却始终没有停止过，纷争的焦点之一便是方位词的畛域问题。本节将结合方位词研究的历史和现状尝试回答这一问题，即汉语中的哪些词属于方位词、哪些不属于方位词。

1.1 方位词研究小史

1.1.1 各家之说

关于方位词，《马氏文通》把它归入"状字"："……，凡记事物所动之时与所动之处，亦状字也。又梁上：'及寡人之身，东败于齐，长子死焉，西丧地于秦七百里，南辱于楚，寡人耻之。'其'东''西''南'三字，各记败、丧、受辱之处。"（1983：21）并认为，方位词可以与介词、动词组合使用。又说："……，率用'上''下''左''右''内''外''中''间''边''侧'等字，缀于地名、人名、时代之下，概无介字为先。盖'上''下''内''外'诸字，即所以代介字之用，故泰西文字遇有此等字义，皆为介字。"（1983：98-99）显然，马氏没有把方位词独立成一类，但却已经指出了这种词的存在。

黎锦熙著《新著国语文法》的九种五类词中没有包括方位词，但在索引中提到"方位词（即方位名词）［1］缀名后，［2］附动前"。在谈到介词时指出"因为要表示地位或时间的一定范围，故所介的名词之下，常常带一个表示方位的词，如上、下、前、后、内、里（里面、里头）、外、旁边……等，以与介词'在'相应"。（1992：149）① 在谈到地位副词时又说"东、西、南、北、左、右、前、后、上，下、里、外（常添附"方""面""边""头"等字，成复合词）""这些实体词，只要上面不用'介词'，有时可看作'地位副词'；不过……"（1992：129-130）。

因此，无论在《马氏文通》还是《新著国语文法》中，方位词都没有独立的语法地位，要么认为方位词"代介字之用"，要么把方位词排除在正式词类系统之外。

吕叔湘（1990）的词类系统没有给方位词一个固定的词类定位。丁声树（1961）、刘月华（2001）把方位词作为名词的一个次类，吕冀平（2000）把方

---

① 作者给出的例句如：（1）满屋的孩子们，有的站"在"椅子"上"，有的躺"在"地板"上"，有的躲"在"书架"后"，有的蹲"在"书案"下"。

位词看作名词的附类,① 郭锐（2002）把方位词与时间词和处所词合为位置词（与名词并列）。赵元任（1968）和朱德熙（1982）把方位词独立为一类，统归体词之下②。因此，在以上学者看来方位词本质上属于名词，具有体词性特征。

后来，张谊生（2000）把方位词归入虚词，刘丹青（2003）认为方位词是后置词，从类型学的角度把方位词（后置词）与前置词同归于介词。方经民（2004）则认为，从共时平面来看，方位词处于由方位成分形成的一个由实到虚的语法化程度连续统的末端，方位词已经虚化为虚词。

1.1.2 纷争的焦点

由此可见方位词在词类问题上所引起的纷争，这种纷争的焦点不在于这种词存在还是不存在，而是如何认知这种业已存在的词。汉语中存在方位词已是不争的事实，但我们对这类词的性质、范围等的认识还很不一致。不过我们从上面的研究小史中可以看到这样一种轨迹，那就是方位词的地位在研究者心目中显得越来越清楚，人们对方位词性质的认识也由具有体词性转变为具有虚词性。但在哪些词属于方位词、哪些词不属于方位词的问题（即方位词的畛域）上仍旧存在着分歧。

1.2 汉语的方位范畴

如果我们把方位词放在一个更大的视野中来观察，就会发现前人在方位词的畛域问题上存在的分歧可以通过建立"方位范畴"达成一致。

1.2.1 汉语方位范畴的构成

赵元任（1968）在体词之下列出了处所词、时间词和方位词等项目，处所词包括地名、位置词、N-L 复合词、指地的名词。同时指出，方位词是一个可以列举的类，复杂的方位词同时是处所词和时间词。因此赵元任先生并没有给出一个关于处所词、时间词和方位的严格界限。朱德熙（1982）同样把上述 3 类词归于体词之下，指出处所词包括地名、可以看成地方的机构和合成方位词。同时，又把方位词分成单纯方位词和合成方位词。由此可见，两位先生分出的处所词和时间词有重叠的部分。郭锐（2002：206）认为方位词、时间词和处所词都可以直接或加定语后作"在｜到"的宾语，都能表示"位置"这种语法意

---

① 吕冀平（2000：79）认为方位词具有助词性质，具有一定的意义，但语法用途与一般名词不同，"一般不单用，有的甚至根本不能自由运用"。

② 朱德熙（1982）又进一步把方位词分为单纯方位词和合成方位词。

义，因此把 3 类词统归于位置词。其实处所词和时间词本身就具有体词性，当然不直接加定语也可以作宾语，但为什么有些词非得加上定语后才能再作宾语呢？根据郭锐的看法，这 3 类词都能表达某种位置：空间位置、时间位置或二者间表。我们发现，处所词只能表示空间位置，时间词只能表示时间位置，①而方位词既可以表达空间位置也可以表达时间位置。鉴于这种共同点，我们把三者表达的意义范畴定义为方位范畴。在方位范畴中能够更好地把握 3 类词的特征及其界限。

在方位范畴中，处所词表达的是具体空间方位，包括：①地名，例如：欧洲、北京、钓鱼岛、泰山、北大、黄河、中关村等；②机构名，例如：外交部、学校、学院、图书馆、网吧、办公室、宿舍等。

方位词表达的是抽象空间方位，包括："上""下""前""后""左""右""东""南""西""北""里""中""内""外""旁""间""东南""东北""西南""西北""左上""左下""右上""右下""左前""左后""右前""右后""中间"。

方位词加上一些名词或部件名词（面、边、头、部、方、端、角、侧等）则构成方位结构，在意义上大部分相当于合成方位词、N-L 复合词，以及（部分）"加上定语后才能再作宾语"的词。例如：

①名词+方位词：桌子上、站前、底下、书包里、房间外。由"名词+方位词"构成的结构有些具有词汇化倾向（如"站前""底下"等），表达的是具体空间位置，可以归入处所词，但不能归入方位词，因为它们是由方位词和其他名词构成的。

②方位词+部件名词：上面、前方、后头、东边、下头、外侧、左上部、右后端、西北方。由"方位词+部件名词"构成的方位结构有些具有词汇化倾向，表达的也是具体空间位置，所以可以把它们归入处所词，但不能归入方位词，因为这些词都是由方位词和其他名词（即部件名词）构成的。

③方位词+其他名词：上层、里屋、上房、里间。这些结构都已经词汇化，属于处所词，但不属于方位词，因为它们都是由方位词和其他名词构成的。

④"之"/"以"+方位词：之上、之下、之前、以上、以南、以内。这种结构在语义上具有高度浓缩性，书面色彩很强，如果把它们换成较口语化的表达，往往要在后面加上一个部件名词。例如，"之上"→"……的上面/边""之下"→"……的下面/边""之前"→"……的前面/边"等。因此，这些

---

① 其实这种时间位置可以视为空间位置的隐喻形式，本节暂不讨论这种时间方位。

结构在语义上表达的是具体空间方位，结构的两个成分结合紧密，应该归入处所词。

因此，方位范畴中的处所词其实包括了地名、机构名、"之"／"以"+方位词构成的词，以及部分由方位词和其他名词构成的词汇化结构（已经成为词）。

综上所述，汉语方位范畴是一个包括时间词、处所词（包括地名、机构名、"之"／"以"+方位词构成的词，以及由方位词和其他名词构成的词汇化结构）、方位词，以及由三者构成的复杂结构①的复杂范畴。

1.2.2　汉语方位词是方位范畴的一个子集。

由上面的分析可以看出，汉语方位词其实是一个封闭的类，它和时间词、处所词，以及由它们本身构成的复杂结构共同构成汉语的方位范畴。但在所表达的方位范畴的意义方面，处所词和方位词存在着差别，即处所词表达的是一个具体的空间方位，而方位词所表达的是一个抽象的空间方位。从组成成员上看，处所词是一个开放的类（open class），而方位词则是一个封闭的类（closed class）。

因此，可以认为方位词其实是方位范畴的一个有限子集。

1.3　方位范畴与方位词表

1.3.1　方位范畴与方位词

为清楚起见，我们把汉语方位范畴和方位词列成下表。

表 10　汉语方位范畴与方位词表

范畴成员	成员类别
时间词	明天、晚上、宋朝、以前、过去、星期一
处所词	欧洲、北京、钓鱼岛、泰山、北大、黄河、中关村
	外交部、学校、学院、图书馆、网吧、办公室、宿舍
	站前、底下、屋后、天下、地上
	上面、前方、后头、东边、下头
	上层、里屋、上房、里间
	之上、之下、之前、以上、以南、以内

---

① 这种复杂结构体现为短语形式，如"桌子上""大后天""左上部""西北方"等，可以称为处所短语和时间短语。鉴于本节主要讨论方位词，因此没有太多涉及时间词的问题。

续表

范畴成员	成员类别
方位词	上、下、前、后、左、右、东、南、西、北、里、中、内、外、旁、间
	东南、东北、西南、西北、左上、左下、右上、右下、左前、左后、右前、右后、中间
复杂结构	桌子上、大后天、左上部、西北方

1.3.2 方位词的种类

从表 10 中可以看出，方位词作为一个独立的词类，可以细分为两种，单音节方位词和双音节方位词。单音节方位词可称为单纯方位词，双音节方位词是由某些单音节方位词两两组合而成的，因此可以称为合成方位词。①

1.4 方位词作为独立词类的理据

1.4.1 开放的类与封闭的类

既然称之为方位词，那么前提是它必须是词。既然可以作为一个独立的词类，那么就必须具有与别的词类相区别的特征。下面将具体分析方位词作为一个单独词类的一些理据。

Talmy（2000）在讨论语法与认知的关系时把语言分成两个缺一不可且具有互补作用的子系统：语法子系统和词汇子系统，并把二者分别归入传统语言学区分的封闭的类和开放的类当中。② 因此，在 Talmy 看来，语言的词汇子系统属于开放的类，而语法子系统则属于封闭的类。此外，Talmy 还进一步指出，在认知表征（cognitive representation）过程中，词汇子系统（即开放的类）的基本功能是提供概念内容（conceptual content），而语法子系统（即封闭的类）的主要功能是构造概念框架（conceptual frame）。③

汉语的词类在这个层面上有着具体的表现形式。根据词类中的不同个体在

① 传统研究中的合成方位词其实属于处所词。

② Talmy 对开放的类的界定是"如果一个类相对于其他的类来说足够大，而且其成员容易增加，那么这个类就是开放的类"，对封闭类的界定是"如果一个类相对较小而且成员固定，那么这个类就是封闭的类"。（2000：22）

③ 详细论述请参考 Talmy, Leonard. Toward a Cognitive Semantics, Volume I: Concept Structuring System [M]. Cambridge, Massachusetts: MIT Press, 2000: 58-63.

认知表征中扮演的角色（即提供概念内容还是构造概念框架）的不同，可以把汉语的词类重新分类如下。

表 11　13 种具有不同认知功能的词类

开放类	1. 名词　水　树　道德　战争 （处所词）　北京 图书馆 邮局 上面 外部 之上 以南 （时间词）　今天 现在 从前 星期一 （数词）　一 二 十 百 千 万 （代词）　我 谁 这 那 什么 这么 那么样 怎么 2. 动词　来 写 买 研究 3. 形容词　红 大 干净 多
封闭类	4. 方位词　里 上 下 东 南 西 北 5. 区别词　男 女 金 银 新式 高级 6. 量词　个 只 块 条 7. 副词　很 也 已经 再 8. 介词　把 被 从 连 9. 连词　可是 如果 即使 和 10. 助词　的 所 得 似（shì）的
—	11. 语气词　啊 吗 呢 吧 12. 拟声词　啪 哗啦 叮叮当当 叽里咕噜 13. 感叹词　哦 哎 呀 嗒

比较表 11 中归纳出的 13 类词不难发现，开放类的词具有同一的认知功能——提供概念内容，封闭类的词也具有同一的认知功能——构造概念框架。① 把传统语法中的名词、动词和形容词归为开放的类，在认知活动中也是符合认知规律的，因为"人们的认知活动主要是在三个基本空间——物质、时间和性质——中进行的。这三个认知空间的概念反映在语言中，就是名词、动词、形容词三大词类"。（石毓智，2000：52）。另一方面，传统语法中的虚词有的"只起语法作用，本身没有什么具体的意义"（朱德熙，1982：39），因此在认知功

---

①　例如对于名词来说，在不同的认知表征中不同的名词表征了不同的概念内容；不同的动词，激活的是不同的语义场景；不同的量词具有不同的范畴化功能；不同的方位词表达了不同的空间概念图式，等等。关于 13 类词如何从认知上区分其认知功能是提供概念内容还是构造概念框架，本节没有涉及，将会另文详细讨论。关于后 3 类词现在还没有具体的处理方案，所以独立为一类。

能上恰好起到了构造概念框架的作用。

之所以把本节讨论的方位词置于封闭类之中，是基于以下几个理由：①方位词是一个较小的类，成员基本固定，②方位词不能提供概念内容，只能构造概念框架，③方位词不能像名词那样表达具体物质空间，只能表达抽象的方位，④方位词具有独立成词的理据。

1.4.2　方位词作为独立词类的理据

1.4.2.1　方位词与处所词

首先，要把方位词与方位成分区别开来。上文提到，除方位词外，一些语言成分也可以表示方位，但其本身却是由方位词和其他一些语言成分组成的，例如：

（1）见1.1.1脚注。

（2）"上面"→"上"+"面"，"里边"→"里"+"边"，"上方"→"上"+"方"，

（3）"之上"→"之"+"上"，"之前"→"之"+"前"，"以内"→"以"+"内"，

（4）"面前"→"面"+"前"，"背后"→"背"+"后"，"底下"→"底"+"下"。

其实，这些双音节语言成分都不再是方位词，它们是由方位词和其他语言成分构成的方位短语（有些已经词汇化为处所词），因为构成这个双音节语言成分的两个成分都是"最小的能够独立活动的有意义的语言成分"。（朱德熙，1982：11）

其次，赵元任（1979）和朱德熙（1982）都在体词的名目之下列出了"处所词"，但在二者的具体区分上好像仍留有余地。例如，作为处所词（的位置词），"单音节的位置词都是方位词：上，下，前，后，内，外，左，右，东，南，西，北。"（赵元任，1979：239）；朱德熙（1982：42-43）则又把合成方位词包括在处所词当中。其实，方位词和处所词的区分还是比较明显的。方位词表示的是一种抽象方位，而处所词表示的是一种具体处所，而且具有更多的体词性特征。一些地名、处所机构都属于典型的处所词，因为这些词都能"作'在、到、往（wàng）'的宾语并且能用'哪儿'提问、用'这儿''那儿'指代"（朱德熙，1982：42）；而表示抽象方位的"上、下"等方位词显然不具有这种特征。

1.4.2.2 方位词与部件名词

要把方位词和"面、边、头"等一些假方位词区别开来。这些词看起来好像表明了一种方位,其实它们表明的还是处所含义;一个有力的证据之一是这些词所表示的位置一定是一个较大处所的一部分。例如:

(5)桌子边上沾了一滴墨水。

"桌子边"中的"边"表示的是一个具体处所(隶属于桌子的一部分),而非抽象的方位,但"边"和"上"结合后便形成方位短语,和"桌子"结合后表示处所含义。再如:

(6)桌子上面落满了尘土。

"桌子上面"表达的是处所含义,但这种含义是由"桌子""上"和"面"一起表达的,"面"是"桌子"的一部分,"上"表达的是一种抽象方位。

我们把"面""边""头""侧"等表示具体空间位置的假方位词称为部件名词。

1.4.2.3 汉英对比

从语言对比中也可以发现汉语方位词是一个独立的词类的证据。谢信一(1992)在对比英语和汉语在表达空间关系上的不同时指出"英语和汉语在表达空间关系上使用着两种惊人不同的系统。英语采用一步法,这种方法要求使用at, on , in之类的介词,这些介词看来同质,实际上分别代表一维、二维、三维的空间关系。对比之下,汉语则采用两步到位的办法。第一步用'在'指出关系的一般性质,即那是空间关系。进而第二步指出所说的东西是在某物的旁边、上边,还是里边,来细说这空间关系。"因此,在汉语里面,介词和方位词几乎是完全不同的东西,它们在空间关系表达中发挥着不同的功能,介词是介词,方位词是方位词。

可以看出,作为一类词,方位词在汉语中是具有独立的语法地位的。

1.5 方位词的句法表现

方位词在句法上有着一些具体的表现,这些表现或许可以为汉语方位词的独立语法地位及其畛域提供一个佐证。

1.5.1 自由与黏着

汉语方位词大部分都是成对出现的,如"上/下""里/外""前/后""左/

右"等，这是认知中以人体本身为参照的结果。由于人体具有这类对称性特征，因此在空间方位表达的方式上也就相应地产生了对称性特征。这种认知特征使得方位词进入句法之后，往往是黏着的。

黏着的第一个表现是，虽然方位词有时可以单独使用，但由于上述这种对称性的要求，句法结构中方位词往往要成对出现。例如：

（7）上有天堂，下有苏杭。

（8）上有老，下有小。

（9）左一榔头，右一棒槌。

（10）前怕狼，后怕虎。

方位词只能表示抽象的空间方位，因此单独的方位词并不能精确地表达空间位置（以及它的隐喻形式），而必须借助其他一些语言成分才能够实现这种精确性。因此，黏着的第二个表现是方位词必须与名词或动词①结合使用，"只要意思上讲得通，我们可以任意在名词后头加上'里'和'上'"（朱德熙，1982：44），此外名词前头也可以加上方位词，例如：

（11）屋里、头上、心里、书上

（12）里屋、上房、里间、上层

1.5.2 句法位置的不对称性

方位词不但具有黏着性特征，而且在句法上还表现出很强的不对称性。

不对称性的第一个表现是，成对出现的方位词在某些句法位置上一个可用另一个不可用，例如：

（13）一道道皱纹刻画在他那饱经风霜的脸上。

＊（13'）……脸下……

（14）阿芭哈端坐在车上，头上罩着一块黑纱。

＊（14'）阿芭哈端坐在车上，……头下……。

（15）高雅艺术，已臻上乘。

＊（15'）……下乘……。

（16）语言学渐渐成为前沿科学。

＊（16'）……后沿……。

（17）故事发生在大战前夕。

---

① 本节暂不涉及与动词结合的情况。

＊（17'）……后夕……。

不对称性的第二个表现是，有些方位词不但具有后位格式同时也具有前位格式，而有些方位词只能形成其中的一种格式。例如：

（18）天上远远的还有几颗星星。

（18'）上天有好生之德。

（19）屋里点着炉子，温暖如春。

（19'）里屋开着灯，没有人。

（20）前边围了一圈人。

＊（20'）……边前……。

（21）书上布满了灰尘。

＊（21'）……上书……。

（22）东边有山，西边有河。

＊（22'）……边东……，……边西……。

1.5.3 关于"框式介词"

方位词具有黏着性的另一个表现是有时必须和介词连用，有人把这种结构称为框式介词（circumposition）（Greenberg，1995）。刘丹青（2003：93）曾经引用 Heine（1991：140-141）的例子来说明框式介词，举的是 Ewe 语的例子：

（23）é-no   déhale   xɘ   megbé

第三人称一喝   棕榈酒 在   房子 后

（他在房子后喝棕榈酒）

刘丹青（2003）把介词和方位词统称为介词（preposition），二者的区别是介词属于前置词（adposition），方位词属于后置词（postposition）。其实这种说法并不符合汉语实际。如果姑且不论动源前置词和名源后置词的可信度的话①，那么"框式介词"这种说法本身也是存在问题的。介词和方位词分列于一个体词性成分的两侧，怎么可以再构成（框式）介词呢？"框式介词主要是一种句法现象，而不是一种词项"（刘丹青，2003：94），因此所谓类似"在……上"之类的框式介词其实是一种句法结构，也不妨说是方位词具有黏着性的一种特殊表现形式。

---

① 汉语方位词比如"上"，其来源并不是名词。"上"在古代文献中表示的也是抽象的空间方位或这种空间方位的隐喻形式。例如《说文解字》对"上"的解释为"高也"。关于方位词的来源问题有必要进一步考察。

第 2 节 概念隐喻与方位词的隐喻化

空间和时间是物质存在的基本形式，人类的活动总是要在一定的空间和时间范围内进行，空间关系和时间关系就是在此基础上形成的人类认知过程中的两种基本关系。认识不同实体之间的空间关系和时间关系，特别是描述基于朴素方位表达（simple locative description）的空间关系及其隐喻（metaphor）方式是人类认知客观世界的基本生存能力，也是认识、理解客观世界的重要方面。对空间关系和时间关系的把握反映在认知上便体现为某种范畴化结果，形成不同的句法语义范畴。例如汉语中由时间词、处所词、方位词等构成的方位范畴就是在把握事物之间空间关系与时间关系的基础上形成的语义范畴。

空间中的物质相对静止，具有稳定性；而时间则相对抽象，难以把握。因此相对于时间关系来说，空间关系是更为基本的关系。在很大程度上，任何时间关系或属性关系本质上都可以视为空间关系的隐喻形式。汉语中，表达空间关系的基本途径是通过方位词实现的。本节的主要目的就在于考察基于汉语方位词个案——"上""下"的概念隐喻形式及其隐喻化功能。

2.1 概念隐喻与隐喻化

2.1.1 概念隐喻

关于"隐喻"的最早定义可以追溯到亚里士多德（Aristotle）的《诗学》（罗念生译，中国戏剧出版社 1986 年版，149）："隐喻字是把属于别的事物的字，借来作隐喻，或借'属'（genus）作'种'（species），或借'种'作'属'，或借'种'作'种'，或借用类比字"。因此，在亚里士多德看来，所谓隐喻其实是一种概念范畴的转移。

1980 年，George Lakoff & Mark Johnson 在其 *Metaphors We Live By* 中对隐喻做了更为详尽的说明与阐释，认为隐喻在我们日常生活中无处不在（omnipresent）且必不可少（indispensable），隐喻的本质在于"用一种事物来理解和体验另一种事物"。面对一个纷繁复杂的世界，我们总是用人类独有的概念化（conceptualization）能力去概括那些抽象且不易触知的经验。我们周围发生的一切均以经验的形式储存于我们的大脑当中，但由于经验属于抽象概念，为了易于理解，我们常常拿这种抽象概念和那些熟知的具体概念进行类比，并最终在抽象概念和具体概念之间建立一种动态关系。这种动态关系在认知上被称为隐喻关系。因此，隐喻的实质是不同认知域（domain）之间的转移：两个认知域分别称为源域（source domain）和目标域（target domain），一言以蔽之，隐喻是用具体事物来阐释抽象事物。

例如，在 Time is money① 这一隐喻当中，我们是用源域 money 来阐释目标域 time，源域为我们理解 time 提供了一个结构模式，我们可以据此对 time 做出不同角度的理解：

(1) You are wasting my time.

(2) Can you give me a few minutes?

(3) How do you spend your time?

(4) We are running out of time.

(5) This gadget will save you hours.

(6) I don't have enough time to spare for that.

(7) I lost a lot of time when I got sick.

(8) You need to budget your time.

(9) Is that worth your time?

我们对（1）—（9）的理解结果是完全建立在关于 money 的经验基础之上的，money 可以浪费、可以花销、可以给予、可以节省、可以拥有等属性特征构成的结构模式均投射到 time 之上。我们可以把源域和目标域之间的投射关系梳理如下：

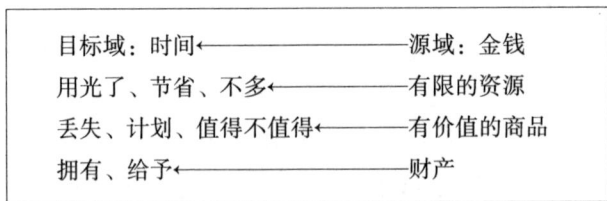

目标域：时间 ←	源域：金钱
用光了、节省、不多 ←	有限的资源
丢失、计划、值得不值得 ←	有价值的商品
拥有、给予 ←	财产

图 15　结构隐喻 TIME IS MONEY 的源域、目标域及其投射关系

据此，我们可以分别列出源域和目标域的基本特征（George Lakoff & Mark Johnson，1980；Talmy，2000）：

· 源域：包含具体概念，提供隐喻推理中的源概念，彰显字面意义，提供

---

① Lakoff George & Mark Johnson. Metaphors We Live By［M］. Chicago：The University of Chicago Press，1980：7-8.

结构模式，具有虚拟性（fictive）、较少真实性（less veridical）表征。

·目标域：包含抽象概念，指当前讨论的话题，被投射对象，具有现实性（factive）、真实性（veridical）表征。

根据源域和目标域的性质及其之间的关系，George Lakoff & Mark Johnson 把概念隐喻分为 3 种类型：结构隐喻（structural metaphor）、方位隐喻（orientational metaphor）和实体隐喻（ontological metaphor）。结构隐喻是用一个概念结构去构造另一个概念结构，例如 love is a journey；方位隐喻是同一个概念系统内不同空间方位自相组织的结果，而不是用一个概念去构造另一个概念，例如由"上/下"（up-down）、"里/外"（in-out）、"前/后（front-back）"等空间方位词语构成的类似 happy is up / sad is down 的表示情绪、感情状况的隐喻；实体隐喻是用实体概念去理解非实体概念，例如 inflation is an entity / he is in love 等。

2.1.2 隐喻化

无论是结构隐喻、方位隐喻还是实体隐喻，其实质都是利用一个具体概念去理解一个抽象概念，都是源域向目标域的一种投射。在这一过程中，由于源域中具体概念的投射作用，目标域中的抽象概念在意念上（subjective）会发生维度（一维、二维、三维）、属性（变成意念中的实体）等方面的变化，我们把隐喻促动的这种变化称为隐喻化（metaphorize）。例如，在 he is in love 这一实体隐喻当中，love 由于三维物理实体（entity）的投射功能，在意念中成了一个具有边界的三维容器，但如果从另一个视角来看，我们也可以说英语介词 in 具有隐喻化功能，love 在意念上具有物理三维表征是由介词 in 造成的。如果这个假设成立，我们可以得出这样一个结论——in 等英语介词在认知上具有隐喻化功能，在源域到目标域的投射过程中，目标域抽象概念发生的维度、属性等意念上的变化其实是由介词 in 促动的。推而广之，这种隐喻化功能在汉语方位词形成的方位隐喻中具有更为丰富的表现。

2.2 汉语方位词与封闭类

2.2.1 汉语方位词是认知上的封闭类

汉语中把表示抽象方位的词称为方位词，汉语方位词是汉语中一个独立的词类。与英语等印欧语系的语言不同，汉藏语系中汉语的介词和方位词是两套不同的系统，而英语中只有介词没有方位词。

汉语方位词其实是一个封闭的类，它和时间词、处所词，以及由它们本身构成的复杂结构共同构成汉语的方位范畴，但在所表达的方位范畴的意义方面，处所词和方位词存在着差别，即处所词表达的是一个具体的空间方位，而方位词所表达的是一个抽象的空间方位。从组成成员上看，处所词是一个开放的类（open class），而方位词则是一个封闭的类（closed class）。Talmy（2000）在讨论语法与认知的关系时把语言分成两个缺一不可且具有互补作用的两个子系统：语法子系统和词汇子系统，并把二者分别归入传统语言学区分的封闭的类和开放的类当中。在认知表征（cognitive representation）过程中，词汇子系统（即开放的类）的基本功能是提供概念内容（conceptual content），而语法子系统（即封闭的类）的主要功能是构造概念框架（conceptual frame）。对汉语词类来说，开放类的词具有同一的认知功能——提供概念内容，封闭类的词也具有同一的认知功能——构造概念框架。

上文提到英语介词具有隐喻化功能。英语中的 in、at、on 的隐喻化功能主要表现为，in 激活三维容器图式，at 激活点图式，on 激活二维平面图式。因此，英语中的 in、at、on 的基本功能在于能够表示空间关系中的点、面（二维）和空间（三维），其隐喻化功能体现为把它们后面的成分隐喻化为点、二维面和三维容器。而汉语中的介词完全不具有这种功能，汉语中具有这种功能的是表达抽象空间方位关系的方位词。其实英语中的 in、at、on 等介词与汉语中的"在"等介词并不具有对等关系，相反，却与"上""下""里"等方位词具有对等关系，例如无论英语中的介词还是汉语中的方位词都具有很强的黏着性，即必须和其他语言成分结合起来使用。谢信一（1992）在对比英语和汉语在表达空间关系上的不同时指出"英语和汉语在表达空间关系上使用着两种惊人不同的系统。英语采用一步法，这种方法要求使用 in、at、on 之类的介词，这些介词看起来同质，实际上分别代表一维、二维、三维的空间关系。对比之下，汉语则采用两步到位的办法。第一步用'在'指出关系的一般性质，即那是空间关系。进而第二步指出所说的东西是在某物的旁边、上边，还是里边，来细说这空间关系。"因此和英语介词一样，汉语方位词在认知上具有隐喻化功能。

汉语中的"上/下"在语言运用中主要表现为 3 种词性与句法语义的对立。

I. 方位词，表示抽象方位，用于名词性成分前/后，例如：

(10) 上游/上部/上级/上卷；桌子上/墙上/书上/思想上……

(11) 下游/下部/下级/下卷；山下/墙下/名下/在这种情况下……

II. 动词1，表示行为动作，只用于名词性成分前，例如：

(12) 上山/上学校/上菜/上货/上电视/上班……

(13) 下山/下雪/下命令/下结论/下功夫/下乡/下班……

III. 动词 2，表示趋向，只用于谓词性成分后，例如：

（14）爬上／带上／锁上／考上／吃上／喜欢上……

（15）爬下／坐下／拿下／写下／打下……

方位词"上／下"虽然只有两种句法位置——名词性成分前或名词性成分后，但由于汉语缺乏严格意义上的形态标记，较之英语同类概念的表达方式，汉语"上／下"的语义负担是很重的，因为表达同类概念时，英语会使用不同的词项。下表中汉语方位词"上""下"与英语中表示这类意义的词项之间的对应关系，在很大程度上展示了方位词"上／下"的语义负担。

表 12　方位词"上／下"与英语相关词项的对应关系

方位词	对应词项	例句说明
上	on	on the tree / on board / a cat on a hook / on his way to home
	above	rise above the horizon / fly above the clouds
	over	a lamp over the table
	in	in a car / in the world / in a meeting / in the newspaper
		in theoretically / in studies / a problem in production
	at	at this point
	first / last	first ten days in a month / last time / last week / volume I
	upper	upper level / upper jaw / upper class
下	under	under the table / a village under the hill / under the new conductor
	below	writebelow this line
	beneath	beneath the window
	underneath	underneath the table
	with	with your help
	in	walk in the moonlight
	second / next / latter	the second of two volumes / next time / the latter half
	lower	lower jaw / lower level

汉语方位词作为一种认知上的封闭的类，具有提供概念框架的认知功能，这种概念框架为方位词的隐喻化功能提供了一个基本前提。《说文解字》对"上"的解释为"上，高也"，意思是一个物体相对于另一个物体位置较高；对

"下"的解释为"下，底也"，意思是一个物体相对于另一个物体位置较低。二者都是指示字，字形分别为"⊥""丁"。从字形上看，"上"是在一条横线上面加一条竖线，"下"是在一条横线下面加一条竖线，竖线在上面表示位置较高，相反则表示位置较低，此处的横线成为表示位置高低的参照（reference）。

2.2.2 分析概念隐喻的基本构件

理论上来说，概念隐喻包括两对基本的认知构件：源域–目标域，基底–侧面。① 一方面，概念隐喻是从源域到目标域的一种认知投射；另一方面，在不同认知域投射过程中，某些成分会得以凸显（salience），而另一些成分会成为背景、基底、地标。

2.3 关系场景

认知语言学认为语义结构即概念结构，描写概念结构、阐明概念的形成过程是认知语义学的基本任务。"上/下"意义的衍生（extension）使其各个义项之间形成一个庞大的认知语义网络，形成或具体或抽象、或静态或动态的各种关系。

2.3.1 意义概括

结合《说文解字》和《现代汉语词典》（第5版）（2005）的释义，可以把"上/下"的释义分别概括为两个基本义项。我们把下列（16）—（27）所体现的意义称为方位词"上/下"的原始方位意义。

"上"——①用在名词前，表示位置在高处。例如：

（16）我们一直走到了河流的上游。

（17）墙的上部被雨水打湿了。

（18）感冒引发了上颚疼痛。

"上"——②用在名词后，表示在物体的表面之上。例如：

（19）桌子上放着一本书。

（20）一只蚊子落在冰箱上。

（21）严班长狠狠地甩右手，猛地碰在桌子边上。

"下"——①用在名词前，表示位置在低处。例如：

（22）小船漂流到了下游。

（23）墙的下部被雨水打湿了。

---

① 按照 Langacker（1987）和（沈家煊，1994），3组术语可以适用于一切表示关系场景的述义刻画。

（24）交通事故中，他下肢受了伤。

"下"——②用在名词后，表示在物体表面之下的范围之内。例如：

（25）桌子下堆满了杂物。

（26）我们走到老柳树下。

（27）说着，果然从后门出去，至窗下潜听。

2.3.2　两种关系场景

根据关系元之间的关系，我们把关系场景（relation scenario）分为静态（static）关系场景和动态（dynamic）关系场景两种类型。在静态关系场景中，场景的两个关系元——基底和侧面均处于静止状态；在动态关系场景中，场景的两个关系元——物像和背景或射体和地标——中的一个或两个处于运动状态。静态关系场景映射到句法层面，常常需要有静态动词（如"有""是""趴""躺"等），例如（19）（20）（25）等；动态关系场景映射到句法层面，常常需要动态动词（如"打""弄""撒""贴"等），例如（21）（26）（27）等。

原始方位意义"上/下"①表示位置在高处/低处，在两个关系元构成的原始方位场景中，基底和侧面均处于静止状态，形成静态关系场景，侧面作为基底的一部分出现。例如，"上游"作为侧面，是基底整条"河流"的一部分。"下部"作为侧面，是基底整面"墙"的一部分。这种方位场景中基于高低位置的"上/下"的方位意义是自然物理现象的产物，因为现实世界中的物体作为一种客观存在，必然会拥有高低、上下、前后、左右、大小等两极物理属性。

原始方位意义"上/下""②表示在物体的表面之上/在物体表面之下的范围之内"，在两个关系元构成的原始方位场景中，背景（或地标）和物像（或射体）既可处于静止状态也可处于运动状态，从而既可形成静态关系场景也可形成动态关系场景，物像（或射体）不是作为背景（或地标）的一部分而是作为游离于背景之外的独立个体被凸显。例如：

（28）桌子上有一本书。

述义结构（28）中，背景"桌子"和物像"书"均处于静止状态，形成静态关系场景，"书"作为游离于背景"桌子"之外的独立个体（物像）被凸显。

（29）我们走到老柳树下。［重写例（26）］

述义结构（29）中，地标"老柳树"处于静止状态，射体"我们"处于运动状态，从而形成动态关系场景，"我们"作为游离于地标"老柳树"之外的独立个体（射体）被凸显。

（30）直升机在疾驰的火车顶上飞行。

述义结构（30）中，地标"火车"和射体"直升机"均处于运动状态，从而形成动态关系场景，"直升机"作为游离于地标"火车"之外的独立个体（射体）被凸显。

因此，在"上/下"后位之原始方位意义基础上形成的概念结构可以形成动态和静态两种关系场景，背景（或地标）和物像（或射体）存在3种对应关系：

Ⅰ. 静态关系场景：物像处于静止状态，背景处于静止状态。

Ⅱ. 动态关系场景：射体处于运动状态，地标处于静止状态。

Ⅲ. 动态关系场景：射体处于运动状态，地标处于运动状态。①

限于篇幅，本节只分析方位词"上/下"静态关系场景的概念结构及其隐喻化功能（分"上/下"前位之基底与侧面和"上/下"后位之背景与物像两类）。

2.4　静态关系场景的概念结构

2.4.1　"上/下"前位之基底与侧面

"上/下"基于原始方位意义构成的概念元素"表示位置在高处/低处"，可以用来描写"上/下"生成的其他隐喻概念结构。在这些隐喻形式中，基底和侧面的表现形式如下：

·等级（grade / rank）是基底，具体等级是侧面。等级可以包括质量优劣、地位高低、质地好坏、权力大小等，质量优、地位高、质地好为"上"；相反质量劣、地位低、质地坏为"下"。例如：

（31）待为上宾 / 上等布料 / 上好的茶叶 / 上流社会 / 龙井是绿茶中的上品

（32）此为下策 / 下等货 / 下级服从上级 / 实属下品

（33）上上品 / 下下策

（31）—（33）中，宾客按照地位等级分类，地位高的为"上宾"，宾客的地位等级为基底，地位等级高的宾客凸显为侧面；布料按照质地好坏分类，质地好的为"上等布料"，质地差的为"下等货"，布料的质地等级为基底，布料质地好的（差的）凸显为侧面；社会阶层按照地位高低分类，地位高的为"上流社会"，地位低的为"下流社会"，社会地位的等级为基底，社会地位高的（低的）凸显为侧面；绿茶按照质量好坏分类，龙井绿茶质量最好称为"上品"，质量不好的称为"下品"，绿茶的质量等级为基底，质量好的（差的）凸

---

① Ⅲ其实是Ⅱ的一种特殊形式，限于篇幅，本节不展开详细论述。

显为侧面；权力按照大小分类，权力大为"上级"，权力小为"下级"，权力等级为基底，权力大的（小的）凸显为侧面。

·时间是基底，具体时间是侧面。时间可以包括时间先后、时间前后、时间早晚。时间在先、前、早为"上"，时间在后、晚为"下"。例如：

（34）上旬／上午／上半场（时）／上半夜／上半天／上周（星期）／上半月／上（个）月／上半年／上（一）年／上辈子／上半辈子／上世纪／上古

（35）下旬／下午／下半场（时）／下半夜／下半天／下周（星期）／下半月／下（个）月／下半年／下（一）年／下辈子／下半辈子／下世纪

（34）—（35）中，时间单位小时、白天、黑夜、星期（周）、旬、月、年、人的一生、世纪、时代都按照先后、早晚等分类；分类的依据是时间刻度，上述时间单位的分类可以分为3种情况：①二等分型——时间单位被均分成两个部分，先发生的为"上"、后发生的为"下"，例如"天""月""年""人的一生"等；②三等分型——时间单位被（均）分成3个部分，先发生的为"上"、最后发生的为"下"，例如"白天""夜晚""月"等；③整体还原型——3个独立时间单位作为一个整体，然后再分成3个均等单位，先发生的为"上"、最后发生的为"下"，例如"星期（周）""月""年""人的一生""世纪""时代"等。我们把上述信息配以基底、侧面列表如下。

表13 "上／下"与时间单位

时间单位类型	类型含义	类型个例	参考点①	基底	侧面
二等分	时间单位可均分为两个部分	上／下半天	无	白天	上／下半天
		上／下半月		一个整月	上／下半月
		上／下半年		一整年	上／下半年
		上／下半辈子		一生	上／下半辈子

---

① 关于参考点的说明：在二等分时间单位类型中，时间单位被均分为两个部分，两部分中间没有也找不到一个明显的中间地带，因此没有参考点。现实参考点是指在三等分时间单位类型和整体还原时间单位类型中有一个真实中间参考点，如和"上／下旬"相对应的"中旬"就是一个真实性参考点（10天）。虚拟参考点是指在三等分时间单位类型中虽然有一个中间参考点，但这个参考点并不具有真实性意义，如和"上／下午"对应的"中午"并不具有前二者所有具有的时间长度，只是一个时间点而已。

续表

时间单位类型	类型含义		类型个例	参考点		基底	侧面
三等分	时间单位可分为三个部分	均分	上/下旬	现实参考点	中旬	一个整月	上/下旬
		非均分	上/下午	虚拟参考点	中午	白天	上/下午
			上/下半夜		半夜	黑夜	上/下半夜
整体还原	三个独立时间单位作为一个整体，然后可再分为三个均等单位		上/下星期（周）	现实参考点	本周	三个星期	上/下星期（周）
			上/下月		本月	三个月	上/下月
			上/下年		今年	三年	上/下年
			上/下辈子		这辈子	三辈子	上/下辈子
			上/下世纪		本世纪	三个世纪	上/下世纪
			上古	不确定		三个时期	上古

·介质（medium）是基底，具体部分是侧面。"一种物质存在于另一种物质内部时，后者就是前者的介质"。① 介质可以包括书籍、影视节目、文章、文章段落等，在时间或空间中先出现的为"上"、后出现的为"下"。例如：

（36）上卷/上部/上篇/上册/上集/上回/上文/上句

（37）下卷/下部/下篇/下册/下集/下回/下文/下句

（36）—（37）中，"上卷"和"下卷"合而为一则为一套书，构成基底，每一卷凸显为侧面；"上部"和"下部"合而为一则为一套书或一套影视节目，构成基底，每一部凸显为侧面；"上篇"和"下篇"合而为一则为全篇文章，构成基底，每一篇凸显为侧面；"上册"和"下册"合而为一则为一套书，构成基底，每一册凸显为侧面；"上集"和"下集"合而为一则为一套影视节目，每一集凸显为侧面；"上回"② 和"下回"是相对这一回而言，二者合而为一构成章回小说的一部分，所有回目组成的章回小说构成基底，每一回凸显为侧面；

---

① 中国社会科学院语言研究所词典编辑室. 现代汉语词典（第5版）[K]. 北京：商务印书馆，2005：702.

② 这里的"回"为回目之意，指"说书的一个段落，章回小说的一章"[中国社会科学院语言研究所词典编辑室. 现代汉语词典（第5版）[K]. 北京：商务印书馆，2005：606.]。

"上文"和"下文"合而为一构成上下文——段落（也可以是段落组成的一篇完整文章），构成基底，"上文"或"下文"凸显为侧面；"上句"和"下句"合而为一则为复句（或段落），基底为复句、段落或整篇文章，"上句"或"下句"凸显为侧面。

·频次（frequency）是基底，具体频次是侧面。频次是指在一定时间和范围内出现的次数，可以用"回""次""顿"等表示，发生在前的称为"上"、发生在后的则为"下"，例如：

　　（38）上回/上次/上顿/上轮/上回合

　　（39）下回/下次/下顿/下轮/下回合

（38）—（39）中，一定范围内的总回数、总次数、总顿数、总轮数、总回合数是基底，具体回数、次数、顿数、轮数、回合数则凸显为侧面。

·序位（serial）是基底，具体环节是侧面。序位是一组有顺序关联的成员组成的序列，如不同的任期、打牌时的人员次序、车站名称、纸张图画排序等，序位中先存在的称为"上"、后存在的称为"下"。根据成员的数量，序位分无限序位和有限序位两种类型。例如：

　　（40）上任/下任（无限序位）

　　（41）上家/下家、上一站/下一站、上一张/下一张、上一幅/下
一幅（有限序位）

（40）—（41）中，一定时间和空间内的现对任期数、总家数、总站数、总张数、总幅数是基底，具体任期数、家数、站数、张数、幅数则凸显为侧面。

·限度（limit）是基底，具体限度是侧面。限度是"范围的极限；最高或最低的数量或程度"。① 限度最高值为"上"，限度最低值为"下"。例如：

　　（42）上限/下限

从上面的分析可以看出，"上/下"前位构成静态关系场景，原始概念结构中的基底和侧面具有完整的物理几何属性。而隐喻概念结构中的基底则可以是时间、等级、介质、频次、序位和限度等，侧面则是时间、等级、介质、频次、序位和限度等的具体部分。凸显出的侧面是基底的组成部分，这是"上/下"前位构成的静态关系场景中原始概念结构及其隐喻概念结构的共同特征。另外我们还可以发现，由"上/下"前位构成的句法结构具有严重的词汇化（lexicalization）倾向，这些结构绝大部分均以条目的形式出现在词典中。

---

① 中国社会科学院语言研究所词典编辑室. 现代汉语词典（第5版）[K]. 北京：商务印书馆，2005：1480.

从"上/下"的原始意义"位置在高处/低处"自然可以引申出其原始方位意义——"在物体的表面之上/在物体表面之下的范围之内"。这种原始方位意义可以通过"上/下"的空间辖域图表示出来：

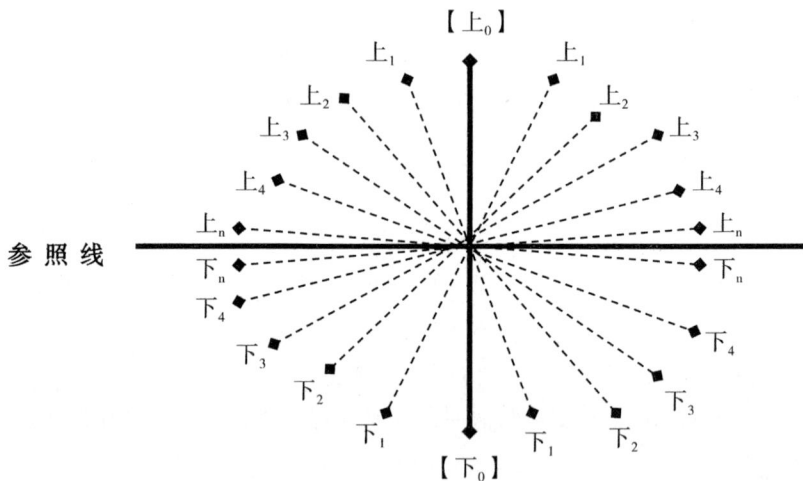

图16 方位词"上/下"的空间辖域

从上面的空间辖域图中可以发现，从上$_0$到上$_n$（或从下$_0$到下$_n$）的任何一点只要不落在参照线上，我们就可以用"上"（或"下"）来表达相关概念结构。距离参照线越远的点代表的原始方位意义原型性就越强，相反，距离参照线越近的点代表的原始方位意义原型性就越弱。因此，上图中上$_0$和下$_0$的原始方位意义的原型性最强，而上$_n$和下$_n$的原始意义的原型性则最弱。"上/下"的这种空间辖域关系在其系列隐喻形式中被平行投射，如"上品/下品""上午/下午""上册/下册""上次/下次""上顿/下顿""上家/下家""上限/下限"等述义结构，均可以由上面的空间辖域图导出。

因此，从上$_0$到上$_n$（或从下$_0$到下$_n$）的任何一点与参照线的非接触性关系是"上/下"原始意义、原始方位意义①及其概念隐喻形式存在的共同基础。

2.4.2 "上/下"后位之背景与物像

在"上/下"空间辖域图中，任意点与参照线的非接触性关系是"上/下"原始意义、原始方位意义①及其概念隐喻形式存在的共同基础，这是"上/下"处于句法前位的情况。我们发现，在"上/下"处于句法后位的原始方位意义中，任意点与参照线除了具有非接触性关系外，还具有接触性关系——即任意点"附着"于参照线的表面。其实这是任意点与参照线之间形成的一种临界状态（接触，不是溶入或陷入），在某种程度上临界状态下的接触性关系可以视为非接触性关系的一种特殊实现形式，因为这种接触性关系是在可视状态下呈现的。例如我们说"桌子上有一本书"时会有一个基本的预设，即这个桌子的表面是平滑的，书和桌子的平滑表面有接触性关系。但如果有这样一种情形：桌子的表面不是平滑的，而是（构成桌子表面的木板上）有一个和这本书的厚度差不多深的凹陷，这时我们大概不会再说"桌子上有一本书"，而可能会说"桌子里有一本书"了。

（43）桌子上有一本书　　　　（44）桌子里有一本书

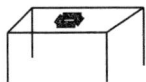

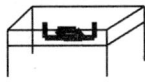

图 17　桌子和书

因此，我们可以说"上/下"原始方位意义②是在原始方位意义①的基础上产生的。由于上$_0$—上$_n$／下$_0$—下$_n$之任意点与参考线之间形成非接触性和接触性两种关系，那么概念结构中的背景（或地标）和物像（或射体）之间自然会形成分离和接触两种关系。由于接触性关系是表面性接触而非陷入性接触，于是"上"衍生出"附着于表面"的意义、"下"衍生出"附着于下表面"意义；而非接触性关系则传承了原始概念元素"表示位置在高处/低处"的意义，于是"上"又衍生出"表面之上"的意义、"下"又衍生出"表面之下的范围内"的意义。例如：

（45）墙上趴着一只蚊子。（附着于表面）

（46）桌子上挂着一个白炽灯泡。（表面的上方）

（47）脚底下磨出了很多泡。（附着于下表面）

（48）桌子下堆满了杂物。［重写（25）］（表面之下的范围内）

不难看出，"上/下"空间辖域图中的参照线其实是一个参照面，任意点无论是附着于参照面表面还是悬于参照面上方均可以称为"上"，任意点无论是附着于参照面下表面还是处于下表面以下的范围之内均可以称为"下"。

·背景是面、线、点或面、线、点之外的空间范围，物像是附着于表面、线、点或表面、线、点之外范围内的独立个体。物体的承载面作为背景是由"上/下"的原始方位意义决定的，由这种原始意义决定的承载面只能是一个水平面，因为只有在水平状态下才能物理感知物像的高低位置。除了水平面之外，作为背景的面还有垂直面、曲面、球面、外表面、下表面等表现形式。例如：

（49）墙上趴着一只蚊子。[重写（45）]（垂直面）

（50）柱子上雕着一条巨龙。（曲面）

（51）篮球上写着运动员的名字。（球面）

（52）灯光照在冰箱上。（外表面）

（53）天花板上有一个黑点儿。（下表面）

（54）天花板上吊着一盏球形灯。（下表面）

例（53）中图形"黑点儿"和背景"天花板"之间形成一种接触性关系（即图形附着于背景表面之上），而（54）中图形"球形灯"和背景"天花板"之间没有直接的接触性关系（即图形不是附着于背景表面之上，而是通过一条线连接于背景的表面之上）。因此，（53）和（54）体现了图形和背景的两种接触性关系：直接接触性关系和间接接触性关系。

（54）天花板上吊着一盏球形灯　　（55）桌子下吊着一盏球形灯

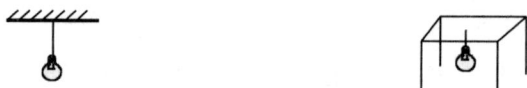

图 18　球形灯

左上图的述义结构为（54），由"上"刻画图形和背景的间接接触性关系；而右上图中图形"球形灯"和背景"桌子"下表面虽然也形成一种间接接触性关系，但这种关系的刻画不能用"上"只能用"下"，形成述义结构（55）桌子下吊着一盏球形灯。如果用"上"，则形成下文中的述义结构（58）。

线和点能够作为背景是方位词具有隐喻化功能的表现，即在现实物理空间中，方位词可以在主观上把线、点等一维特征处理成二维特征。由于这种隐喻化没有牵涉到严格意义上的认知域的转移，我们称之为原始隐喻化。

（56）几只燕子并排站在电线上。

（57）一个针尖上可以站几个天使？

上述（56）—（57）中，"电线"和"针尖"在物理几何属性上体现为一维的线和点，但经过认知处理后被方位词"上"原始隐喻化为二维平面。物像和背景相互独立，物像和背景之间形成一种接触性关系。如果背景是面、线、点之外的空间范围，虽然物像和背景仍然保持相互独立，但二者之间形成一种近似包容性的关系。例如：

（58）桌子上吊着一只白炽灯泡。[重写（46）]

（59）墙下堆着一堆垃圾。

（58）桌子上吊着一只白炽灯泡　　　（59）墙下堆着一堆垃圾

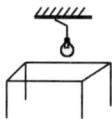

图19　白炽灯和垃圾

上图中，吊挂的灯泡和桌子表面上方的空间范围仍旧相互独立，但二者形成一种包容和被包容的关系，即灯泡被桌子表面以上的范围所包围。堆放的垃圾和墙体外表面之外的范围仍旧相互独立，但二者形成一种包容和被包容的关系，即垃圾堆被墙体外表面之外的空间范围所包围。

由于物理现实空间中"上/下"之基底的复杂性，有时候会产生有趣的歧义现象，例如"城墙上"① 在下面3个句子中所指的位置均不同，在（60）中指城墙的表面，在（61）中指城墙的最上部的表面，在（62）中则指城墙上表面以上的空间范围（空中）：

（60）不要把布告贴在城墙上。

（61）不要站在城墙上。

（62）彩旗在城墙上迎风招展。

·背景是交通工具，物像是交通工具的装载物。交通工具本来是具有长宽高等物理几何属性的三维空间物体，在物理层面上，背景和物像之间形成一种包含和被包含关系，背景体现为一种容器，物像体现为容器物。例如：

（63）汽车上挤满了前去海边看日出的游客。

（64）看见小林也在飞机上，我们既高兴又惊讶。

在例（63）（64）中，"汽车"和"飞机"后面能使用方位词"上"，在于二者作为交通工具时承受面处于凸显地位，物像"游客""小林"和背景"汽车""飞机"物理层面上形成一种包含关系，但在元认知层面上却形成一种接触性关系。

·背景是介质，物像是介质中的内容。这里的介质主要指电视电影、书籍报刊、网络等，这些具体的介质都可以充当静态场景中的背景，而介质中的具体内容则成为物像。例如：

（65）电视上充满了各种商业性广告。

（66）这是今天报纸上的头条新闻。

---

① 此3例引自廖秋忠. 廖秋忠文集 [M]. 北京：北京语言学院出版社，1992：166-167.

（67）这本书上有很多我没看过的内容。

（68）杂志上列出了具体的联系方式。

（69）网上的消息有时是道听途说，不足信。

（65）—（69）中的"电视""报纸""书""杂志""网"都是现实世界中具有物理几何属性的实体①，在物理层面上，"广告""新闻""内容""联系方式""消息"等作为内容实体和"电视"等实体之间形成一种包含关系。但在认知层面上，由于方位词"上"的隐喻化功能，"电视""报纸""书""杂志""网"等物理几何实体并不是整体被提升得以凸显，而只是它们共有的"面"特征被提升凸显，物像和背景之间形成一种接触性关系。我们也可以说，方位词"上"把"电视"等物理几何实体隐喻化为二维平面——"电视"以一个平面的形式为观众"提供广告"，"报纸"以一个平面的方式为读者"展现新闻"，"书"以平面的形式（页面）为读者"呈现内容"，"杂志"以平面的形式告诉读者"联系方式"，"网"把消息放在一个平面上供上网的人"浏览"。

·背景是场合／场所，物像是场合／场所中的具体个体。例如：

（70）矿上有180名矿工正等待救援。

（71）饭桌上充满了笑声。

（72）几十万名考生坐在了考场上。

（73）课堂上聚集了前来观摩的数十名专家。

（74）报告会上充满了热烈的讨论气氛。

（70）—（74）中的"矿""饭桌"等都可以视为物理几何实体，这些实体和"矿工""笑声"等可以形成包容关系，即"矿工"在"（煤）矿"里工作，"笑声"在"饭桌"形成的环境里，然而，我们在刻画相关述义结构时，并没有在"矿""饭桌"等后面加方位词"里"。虽然"矿""饭桌"和"矿工""笑声"等形成包含关系，但"矿""饭桌"等并不具有成为能够容纳"矿工""笑声"等实体的容器的基本元素（如缺乏一个内置空间）。后置方位词"上"，使得"矿上""饭桌上"等具有了场合／场所意义，同时把"矿工""笑声"等提升凸显到某个"平面上"比提升凸显到某个"空间内"更具有可视性（visibility），理解起来会更容易。由于方位词"上"同时具有"上表面"和"上表面以上的范围"两个意义，因此"上"将"矿"等物理实体隐喻化之后形成的"矿上"等结构就具有了能够容纳"矿工"等实体的容器的基本元素，可以表

---

① 《现代汉语词典》（第5版）（2005：1406）对"网"的解释是"像网一样纵横交错的组织或系统"，因此，我们至少可以在主观上把"网"理解为具有物理几何属性的实体。

示场合/场所等容器空间。

·背景是时间阶段，物像是时间阶段内的静态存在。如果我们把历史看作一种发展过程或个人经历，那么任何个体的特定发展阶段都可以视为历史长河中的一个点。特定的时间阶段在认知上体现为具有起始边界的特定范围，方位词"上"将这一特定范围隐喻化为平面，构成背景；特定时间阶段内的静态存在成为该阶段内的一个点，且处于凸显地位，形成物像。例如：

（75）三大战役是中国革命史上的一个转折点，也是七舅舅生命历程上的一个转折点。

（76）这是中国防空史上最早的亦是最简陋的防空洞，正如火车在十九世纪初一样。

（77）人类文化史上的大浩劫——秦始皇焚书，尼罗皇杀教徒，亚历山大城的火……

（78）历史上曾经有过许多有笑癖的人，我的乡贤陆十龙便是最著名的一个。

（75）—（78）中"中国革命史/生命历程""中国防空史""人类文化史""历史"都是时间阶段，认知上具有一定的起始边界，由方位词"上"隐喻化为时间平面后构成背景。"作为转折点的三大战役""这种最早的、最简陋的防空洞""作为大浩劫的秦始皇焚书等""许多有笑癖的人"等均为静态存在，都可以视为具有一定起始认知边界的时间阶段内的点存在，认知上被凸显为物像。这种认知上处于凸显地位的点存在，有时会以判断命题的形式形成述义结构，例如：

（79）看来城池很古老，历史上也是很重要的地方了。

（80）历史上有会拍马屁的人，都是些毅然决然的大勇者。

（81）这两位都是短篇小说的艺术大师，在文学史上各有其崇高的地位。

（79）—（81）中"历史"和"文学史"同样实现为背景，但物像与上面的（75）—（78）有很大不同，前者的物像可以视作物理几何实体，而这里的物像是作为判断命题形式出现的——"古老的城池是很重要的地方""会拍马屁的人都是些毅然决然的大勇者""这两位都是短篇小说的艺术大师，各有其崇高的地位"，但这种判断命题，本质上也是静态关系场景的表现形式。

总之，在"上/下"静态关系场景中，背景是面、线、点或面、线、点之外的空间范围，物像是附着于表面、线、点或表面、线、点之外范围内的独立个体时，形成原始概念结构。而背景是交通工具、物像是交通工具的装载物，背景是介质、物像是介质中的内容，背景是场合/场所、物像是场合/场所中的具体个体，背景是时间阶段、物像是时间阶段内的静态存在时，形成的概念结构均为原始概念结构的隐喻形式，即隐喻概念结构。

第3节 从方位词"上/下"看认知域刻画的3组构件

面对纷繁复杂的外部世界，我们总是用人类独有的概念化能力去概括那些抽象且不易触知的经验。为了易于理解，我们常常拿抽象概念和那些熟知的具体概念进行类比，并最终在抽象概念和具体概念之间建立起一种动态关系，这种动态关系在认知上被称为隐喻，即"用一种事物来理解和体验另一种事物"。这种认知过程本质上属于不同认知域之间的转移，即从源域到目标域的认知投射。在认知域投射过程中，认知操作系统将认知域识解为两个部分——背景和物像（或基底和侧面，或地标和射体），源域的背景和物像（或基底和侧面，或地标和射体）分别投射到目标域的背景和物像（或基底和侧面，或地标和射体）上，最后形成认知表征。因此，刻画认知域可以有背景和物像、基底和侧面、地标和射体等3组不同的概念。虽然3组概念都可以用来描写意象、刻画述义结构，但在内涵和外延上并不完全对等，它们之间的区分和方位场景的属性以及述义结构的类型有很大的关系。

本节旨在以汉语方位词"上/下"为例阐释刻画认知域的3组基本构件——背景和物像、基底和侧面、地标和射体——在内涵与外延方面的差异。

3.1 关系场景和认知域

汉语方位词"上/下"具有两种句法位置，即"上/下+X"和"X+上/下"。例如"上/下+游""上/下+级""上/下+旬"构成"上/下"前位结构，"桌子+上""墙+下""工作+上""（在）这种情况+下"构成"上/下"后位结构。无论是前位结构还是后位结构，其实都体现了两个关系元之间的某种关系。例如，"上游"体现了河流整体和河流上半部分之间的整体与部分关系，"上旬"体现了一个整月和这个整月前十天的整体与部分关系，"桌子上"体现了某物体和"桌子"之间的依存关系，"（在）这种情况+下"体现了某事件和"这种情况"之间的条件关系。我们把这些不同关系元之间形成的关系称为关系场景。根据两个关系元之间的关系，关系场景可以分为静态关系场景和动态关系场景两种类型。在静态关系场景中，场景的两个关系元均处于静止状态；在动态关系场景中，场景的两个关系元中的一个或两个处于运动状态。静态关系场景映射到句法层面，常常需要有静态动词（如"有""是""趴""躺"等）；动态关系场景映射到句法层面，常常需要有动态动词（如"打""弄""撒""贴"等）。

从理论上来说，由方位词形成的方位隐喻包括两对基本的认知构件：源域和目标域，基底和侧面。一方面，方位隐喻是从源域到目标域的认知投射；另一方面，在不同认知域投射过程中，某些成分会得以凸显，成为物像、侧面、射体，而另一些成分会成为背景、基底、地标。按照广义的理解，基底是认知域中预设的认知结构，即"一个述义（语义结构）在相关认知域中的覆盖范围"（沈家煊，1994：14）；侧面是被提升到显著层面的基底的某个下属结构，即成为"注意的焦点"的那个成分（沈家煊，1994：14）。例如"The clock is on the table"中 table（包含 clock）构成基底，clock 被提升到显著层面则成为侧面。这是描写静态述义的情形。在描写动态述义时，还往往用到另外两组相关术语——物像（figure）和背景（back ground），射体（trajector）和地标。例如"The lamp hangs over the table"中 lamp 处于静态凸显位置，是物像；table 处于静态非凸显位置，属于背景。"The plane flew over the hill"中 plane 处于动态凸显位置位置，是射体；hill 处于静态非凸显位置，属于地标。由此看来，背景和物像、基底和侧面、地标和射体这 3 组概念都是用来进行意象刻画的术语，在对应关系中"侧面""物像""射体"均处于凸显位置，而"基底""背景""地标"均处于非凸显位置。由于都涉及意象描述中两个关系元之间的关系，因此广义上 3 组术语可以适用于一切表示关系场景的述义刻画，而不管这种述义刻画是静态的还是动态的。

3.2　基底与侧面的对立

一个述义结构总是包括某个范围和这个范围内被标示出的某个具体子结构（substructure）两个部分，前者被称为基底，后者被称为侧面。方位词"上/下"基于原始方位意义构成的概念元素"表示位置在高处/低处"，在认知上可以识解为基底与侧面两部分，基底具有整体属性，侧面具有部分属性，侧面依赖于基底而存在。这种对应关系与 Langacker（1987）关于圆形（基底）和弧形（侧面）的对应关系相吻合。鉴于此，我们用"基底/侧面"来描述"上/下"前位静态关系场景形成的诸述义结构，并将基底与侧面的特点归纳如下：

表 14 基底与侧面的特点

基底	侧面
述义结构的覆盖范围	具体的子结构
整体性	部分性
参照性	被勾勒
具有独立性	具有依赖性
处于背景层面，非注意的焦点	处于显著层面，注意的焦点
比较大	比较小
……	……

表 15 中基底与侧面的对应关系在方位词"上/下"形成的原始概念结构及其隐喻概念结构中有着复杂的表现形式：

Ⅰ 等级是基底，具体等级是侧面。等级可以包括质量优劣、地位高低、质地好坏、权力大小等，质量优、地位高、质地好、权力大为"上"；相反质量劣、地位低、质地坏、权力小为"下"。

（1）待为上宾 / 上等布料 / 上好的茶叶 / 上流社会 / 绿茶之上品

（2）此为下策 / 下等货 / 下级服从上级 / 实属下品

Ⅱ 时间是基底，具体时间是侧面。时间可以包括时间先后、时间前后、时间早晚。时间在先、在前、早为"上"，时间在后、晚为"下"。

（3）上旬 / 上午 / 上半场（时）/ 上半夜 / 上半天 / 上周（星期）/ 上半月 / 上（个）月 / 上半年 / 上（一）年 / 上辈子 / 上半辈子 / 上世纪 / 上古

（4）下旬 / 下午 / 下半场（时）/ 下半夜 / 下半天 / 下周（星期）/ 下半月 / 下（个）月 / 下半年 / 下（一）年 / 下辈子 / 下半辈子 / 下世纪

Ⅲ 介质是基底，具体部分是侧面。"一种物质存在于另一种物质内部时，后者就是前者的介质。"① 介质可以包括书籍、影视节目、文章、文章段落等，在时间或空间中先出现的为"上"、后出现的为"下"。

（5）上卷 / 上部 / 上篇 / 上册 / 上集 / 上回 / 上文 / 上句

（6）下卷 / 下部 / 下篇 / 下册 / 下集 / 下回 / 下文 / 下句

---

① 中国社会科学院语言研究所词典编辑室. 现代汉语词典（第 5 版）[K]. 北京：商务印书馆，2005：702.

Ⅳ频次是基底，具体频次是侧面。频次是指在一定时间和范围内出现的次数，可以用"回""次""顿"等表示，发生在前的称为"上"、发生在后的则为"下"。

(7) 上回/上次/上顿/上轮/上回合

(8) 下回/下次/下顿/下轮/下回合

Ⅴ序位是基底，具体环节是侧面。序位是一组有顺序关联的成员组成的序列，如不同的任期、打牌时的人员次序、车站名称、纸张图画排序等，序位中先存在的称为"上"、后存在的称为"下"。根据成员的数量，序位分无限序位和有限序位两种类型。

(9) 上任/下任（无限序位）

(10) 上家/下家、上一站/下一站、上一张/下一张、上一幅/下一幅（有限序位）

Ⅵ限度是基底，具体限度是侧面。限度是"范围的极限；最高或最低的数量或程度"。① 限度最高值为"上"，限度最低值为"下"。

(11) 上限/下限

根据基底与侧面的特点，我们将其在上述概念结构中的表现形式列为下表。

表 15　基底与侧面的表现形式

概念结构				关系	关系场景	述义结构举例
基底		侧面				
名称	属性	名称	属性	关系		
等级	静态	具体等级	静态	整体部分关系	静态关系场景	下级服从上级
时间		具体时间				上世纪/下世纪
介质		具体部分				上卷/下卷
频次		具体频次				上次/下次
序位		具体环节				上一站/下一站
限度		具体限度				上限/下限

3.3　背景与物像的对立

认知主体在认知过程中，常常根据空间场景中其他物体的空间位置来确定

---

① 中国社会科学院语言研究所词典编辑室. 现代汉语词典（第 5 版）[K]. 北京：商务印书馆，2005：1480.

某个焦点物体的空间位置。用来确定某个焦点物体空间位置的其他物体往往具有这样一些属性：地点方位或几何性质具有已知性，具有参照物功能。而焦点物体的地点、路径、方位等可以根据与其他物体的几何关系得以确定。认知上，待确定空间位置的焦点物体称为首要物体（primary object），用来确定焦点物体空间位置的其他物体称为次要物体（secondary object）。例如：

（12）桌子上有一本书。

（13）桌子下（面）有一本书。

"书"的地点在（12）中由方位词"上"确定，确定的依据是与"桌子"上表面的接触性关系；而在（13）中则由方位词"下"来确定，确定的依据是"桌子"的下表面及其以下的空间范围。上述两例中，"书"是首要物体，其空间位置——地点需要确定；"桌子"是次要物体，为首要物体的空间位置确定提供有效参照。首要物体和次要物体的这种对立与格式塔心理学（gestalt psychology）中的物像和背景的对立具有一种平行关系，即首要物体在认知上实现为物像，次要物体在认知上实现为背景。以（12）与（13）为例，"书"具有物像的功能，"桌子"具有背景的功能。

根据 Talmy（2001），我们将背景和物像的特点归纳如下。

表 16　背景与物像的特点

特　点	背　景	物　像
定义特点	作为参照实体，具有已知的用以确定物像属性的属性	具有未知的待确定的空间（或时间）属性
相关特点	比较永久的定位性	比较容易的可移动性
	比较大	比较小
	认知处理过程中，几何形式相对复杂	认知处理过程中，几何形式相对简单（常被视为一个点）
	比较熟悉/可预测	场景中/意识中比较晚近
	比较少的注意力/相关性	比较多的注意力/相关性
	比较早地被感知到或观察到	比较晚地被感知到或观察到
	一旦物像被感知到或观察到，具有更多的背景性	一旦被感知到或观察到，具有更多的凸显性
	独立性强	依赖性强

表 16 中背景与物像的对应关系在"X+上/下"形成的隐喻概念结构中具有

复杂的表现形式：

Ⅰ背景是空间范围（面、线、点或面、线、点之外的空间范围），物像是实体（附着于表面、线、点或表面、线、点之外范围内的实体）。

（14）柱子上雕着一条巨龙。（曲面）

（15）天花板上有一个黑点儿。（下表面）

（16）天花板上吊着一盏球形灯。（下表面）

（17）几只燕子并排站在电线上。

（18）一个针尖上可以站几个天使？

（19）桌子上吊着一只白炽灯泡。

（20）墙下堆着一堆垃圾。

Ⅱ背景是交通工具，物像是装载物。

（21）小王在公共汽车（小汽车/飞机/直升机/火车/马车/轮船/小船）上睡着了。

Ⅲ背景是介质，物像是内容。

（22）电视上充满了各种商业性广告。

（23）这是今天报纸上的头条新闻。

（24）这本书上有很多我没看过的内容。

（25）网上的消息有时是道听途说，不足信。

Ⅳ背景是场合/场所，物像是实体。

（26）矿上有180名矿工正等待救援。

（27）饭桌上充满了笑声。

（28）课堂上聚集了前来观摩的数十名专家。

Ⅴ背景是时间阶段，物像是静态存在。

（29）三大战役是中国革命史上的一个转折点，也是七舅舅生命历程上的一个转折点。

（30）这是中国防空史上最早的亦是最简陋的防空洞，正如火车在十九世纪初一样。

"X+上/下"形成的概念结构中，关系场景的两个关系元——背景和物像均处于静止状态，二者之间具有接触性关系，形成静态关系场景。我们将背景与物像在上述概念结构中的表现形式列为下表。

表 17　背景与物像的表现形式

概念结构				关系	关系场景	述义结构举例
背　景		物　像				
名称	属性	名称	属性			
空间范围①	静态	具体实体	静态	接触性关系	静态关系场景	柱子上雕着一条巨龙
交通工具		装载物				汽车上挤满了前去海边看日出的游客
介质		内容				电视上充满了各种商业性广告
场合②		具体实体				几十万名考生坐在了考场上
时间阶段		静态存在				三大战役是中国革命史上一个转折点

3.4　地标与射体的对立

根据所指实体的性质，述义结构（predication）有名词述义结构和关系述义结构两种类型。名词述义结构标示事物，关系述义结构标示不受时间影响的关系（atemporal relation）或过程。过程述义具有一个现实性时间侧面（temporal profile），主要用来处理动词形成的述义；不受时间影响的关系（即非时间关系）述义之"关系"以及构成这种"关系"的关系元均处于凸显地位，构成关系侧面（relational profile）。处于关系侧面范围内的物像称为射体，关系述义中的其他为确定射体的位置提供参照点的凸显实体称为地标。关系述义主要用来处理形容词、副词、介词及相关词类形成的述义。"地标 / 射体"可以用来描述动态关系场景形成的诸述义结构，我们把地标与射体的特点归纳如下。

表 18　地标与射体的特点

地　标	射　体
凸显实体	凸显实体
概念自主的构件	概念自主的构件
认知上具有参照功能	具有未知的待确定属性
具有一般身份的凸显实体	具有特殊身份的凸显实体

---

① 表中的"空间范围"指"面、线、点或面、线、点之外的空间范围"。

② 表中的"场合"含"场所"义。

续表

地 标	射 体
比较大	比较小
几何形式相对复杂	几何形式相对简单
具有相对的静态特征，间或动态特征	具有相对的动态特征
复杂性特征	简单性特征：独立实体或具体事件
客体	主体
……	……

根据我们对动态关系场景的界定，在方位词"上/下"后位形成的动态关系场景中，关系场景的两个关系元——地标和射体存在两种对应关系：动态射体对应静态地标，动态射体对应动态地标。射体始终处于运动状态，地标则兼有静止状态和运动状态两种情况。表19中地标与射体的对应关系在"X+上/下"形成的隐喻概念结构中具有复杂的表现形式。

Ⅰ地标是面、线、点或面、线、点之外的空间范围，射体是靠近或背离表面、线、点或表面、线、点之外范围内的实体。

（31）士兵们每天都是跑到边防线上。

（32）燕子在山顶上飞来飞去。

（33）最后一批士兵从拉锯式的火线上撤了下来。

（34）熙熙攘攘的国界线上，人们正在进行商品买卖。

Ⅱ地标是交通工具，射体是交通工具的装载物。

（35）乘客像洪水般一下子拥到了轮船上。

（36）医生正在飞机上对病人进行抢救。

（37）他一下子跳到了奔驰的货车上。

（38）医生正在疾驰的火车上对病人进行抢救。

Ⅲ地标是介质，射体是介质中的内容。

（39）杂志上发表了她的一篇评论。

（40）报纸上正每天全程报道这场战争。

Ⅳ地标是场合/场所，射体是逐渐进入或逐渐离开场合/场所的独立个体。

（41）救援队冒着风雪来到矿上。

（42）我已经在会上作了保证，一个星期之内要修得好好的！

（43）下午四点，我从熙熙攘攘的考场上离开。

（44）人来人往的会场上保安正在维持秩序。

Ⅴ地标是时间阶段，射体是某时间段内发生的事件。

（45）我国历史上不少教育家都论述过这个问题。

Ⅵ地标是方面，是整体之部分，射体是对整体之部分的说明或陈述。

（46）看来作者虽然是想在形式上有所创新，却缺乏内在的感情。

（47）从其作品不断变化的形式上，我们可以发现这位作家创作转型的一些痕迹。

Ⅶ地标是范围，射体是这个范围内发生的事件。

（48）医学上的事情十分复杂，你只能服从医生的决定。

（49）这些作品真实地呈现了吴健雄在日新月异的物理科学上的伟大成就。

Ⅷ地标是由两个关系元构成的关系网络，射体是由于关系网络的存在而发生的事件，地标和射体之间形成一种因果关系——地标是原因，射体是结果。

（50）看在朋友的份儿上，我不再计较这件事。

Ⅸ地标是程度，射体是某项指标达到这一程度后发生的事件。

（51）就一天晚上，你们就熟到这份儿上了，开始议论起别人……。

Ⅹ地标是条件，射体是由于这种条件的存在而发生的事件。地标和射体之间本质上体现为因果关系——地标是原因，射体是结果。

（52）毛泽东同志是伟大的领袖，中国革命是在他的领导下取得成功的。

（53）在老师的不断帮助下，我并没有被落下多少。

Ⅺ地标是原因，射体是结果。

（54）这件事坏就坏在他这张嘴上。

（55）这件事坏就坏在他这张说话不停的嘴上。

上述"X+上/下"形成的概念结构中，射体始终处于运动状态，地标则兼有静止和运动两种状态，关系场景的两个关系元形成从非接触性关系向接触性关系，或从接触性关系向非接触性关系转化的动态关系场景。我们将地标与射体的对应关系在上述概念结构中的复杂表现形式整理成下表。

表19 "上/下"后位动态关系场景的概念结构

概念结构				关系场景	述义结构举例
地标		射体			
名称	属性	名称	属性	关系	
空间范围①	静态	具体实体	动态	从非接触性关系到接触性关系，或从接触性关系到非接触性关系	士兵们每天都是跑到边防线上
交通工具		具体实体			乘客像洪水般一下子拥到了轮船上
介质		具体实体			杂志上发表了她的一篇评论
场合		具体实体			救援队冒着风雪来到矿上
空间范围		具体事件			燕子在山顶上飞来飞去
交通工具		具体事件			医生正在飞机上对病人进行抢救
介质		具体事件			报纸上正每天全程报道这场战争
场合②		具体事件			我已经在会上做了保证，一个星期之内要修好
时间阶段		具体事件			我国历史上不少教育家都论述过这个问题
方面		具体事件			看来作者虽然是想在形式上有所创新，……
范围		具体事件			医学上的事情十分复杂，你只能服从医生的决定
关系网络		具体事件			看在朋友的份儿上，我不再计较这件事
程度		具体事件			就一天晚上，你们就熟到这份儿上了，……
条件		具体事件			中国革命是在他的领导下取得成功的
原因		具体事件			这件事坏就坏在他这张嘴上
空间范围	动态	具体实体			最后一批士兵从拉锯式的火线上撤了下来
交通工具		具体实体			他一下子跳到了奔驰的货车上
场合		具体实体			下午四点，我从熙熙攘攘的考场上离开
空间范围		具体事件			熙熙攘攘的国界线上，人们正在进行商品买卖
交通工具		具体事件			医生正在疾驰的火车上对病人进行抢救
场合		具体事件			人来人往的会场上保安正在维持秩序
方面		具体事件			从其作品不断变化的形式上，我们可以发现这位作家创作转型的一些痕迹
范围		具体事件			这些作品真实地呈现了吴健雄在日新月异的物理科学上的伟大成就
条件		具体事件			在老师的不断帮助下，我并没有被落下多少
原因		具体事件			这件事就坏在他这张说话不停的嘴上

---

① 表中的"空间范围"指"面、线、点或面、线、点之外的空间范围"，下同。

② 表中的"场合"含"场所"义，下同。

综上所述，和基底与侧面、地标与射体相比，背景与物像是适用性最强的一对概念。基底与侧面的对立、地标与射体的对立均可以归为背景和物像的对立，因为基底和地标在重要性上属于次要物体，侧面和射体在重要性上属于首要物体；基底与侧面、地标与射体的特点都可以在背景与物像的特点中找到最终根源。考虑到不同述义结构的特征、刻画不同述义结构的需要，以及方位词"上/下"形成的概念结构和隐喻概念结构中两个关系元的具体关系，我们分别用这3组概念来刻画描写不同的述义结构。

在述义结构中，如果两个关系元具有明显的整体与部分关系，两个关系元形成"上/下"前位静态关系场景，我们用基底与侧面对述义结构进行描写刻画；如果两个关系元形成"上/下"后位动态关系场景，关系元及其互相关联关系构成关系侧面，我们用地标与射体对述义结构进行刻画；如果两个关系元均为静态，形成"上/下"后位静态关系场景，我们采用背景和物像对述义结构进行描写刻画，尽管背景与物像也可以描写刻画上述两种类型的述义结构。

第4节　汉语方位词"上"的用法及其教学策略

空间关系是认知主体表达客观世界的一种基本认知关系。不同民族背景的认知主体（即操不同母语者）在认识和表达空间关系时往往凭借不同的手段，如英语利用 in、at、on 等介词表达空间关系，汉语用"上""下""里"等方位词（有时配合介词）来表达空间关系，芬兰语等没有介词的语言则用方位词联合名词词尾表达空间关系。由语言类型不同而造成的表达手段的差异被认为是造成语言学习者语法偏误的重要成因，即母语干扰会造成学习者的语言偏误。本节将在分析汉语方位词"上"的偏误的基础上，找出二者的用法，并进一步归纳总结二者的对外汉语教学对策。之所以选择"上"作为研究个案，是基于两个方面的原因：一是因为"上"是现代汉语中"使用频率最高、表达功能最多的方位词"（崔希亮，2000），二是因为"上"和"里"在表达空间关系时常常存在语义交叉现象，极易给汉语学习者造成混乱。

4.1　方位词"上"的偏误类型分析

我们通过搜索中国人民大学对外语言文化学院留学生作文语料库（2005—

2007 年），把方位词"上"的偏误用例归纳为 6 种类型。

4.1.1　方位词缺失

汉语在表达空间关系及其隐喻形式时，可以牺牲介词，但方位词是必不可少的。对于母语中没有方位词的学习者来说，极易造成方位词缺失。①

（1）突然一只兔子跑过来撞在树墩死了。

（2）一个农民看见一只兔子在树桩撞死了。

（3）在晚会仪式，新婚夫妇俩坐在一起，他们的父母坐在两边。

（4）长城最早是秦始皇修的，这是我在课本学到的。

（5）一个人要把自己的精力集中在所做的事情。

4.1.2　方位词冗余

这种冗余现象很可能是类推造成的，即学习者在不能明确哪些语言成分后面可以跟方位词的情况下，根据已经习得的经验类推；或明确哪些语言成分后可以跟介词，但由于受其他句法关系的制约而不能再跟方位词，结果造成错误。②

（6）如今的新闻界上，这样的情况常常出现。

（7）他们的关系可以从这个角度上分析。

（8）……，而且可以提高工作上、学习上等的效率。

（9）拿生意上说，聪明的人会不断思考，所以容易得到机会。

（10）我感到这门课对我们的阅读和写作能力上很有帮助。

4.1.3　方位词误用

方位词"上"的误用主要表现为和方位词"里"（"中"）的混同，这种混同是由不同语言的思维认知方式决定的。③

（11）树里有很多鸟。

---

①　例如汉语在表达"这件事（在）理论上行不通"时，介词"在"可以缺省，但方位词"上"是不能省略的。但英语则不能省略介词 in——It won't work in theoretically.

②　如例（6）和例（7）中"新闻界"和"角度"后面不能跟方位词"上"，例（8）—（10）中"工作、学习""生意"和"写作能力"后虽然可跟方位词"上"，但由于受到动宾结构、"拿……来说"结构、"对……很有帮助"结构的制约，后面就不能再跟方位词"上"。

③　例如，根据背景和物像的关系，如果学习者将"树""飞机""报纸"等理解为容器，那么则有"树里""飞机里""报纸里"的表达。在汉语中，"树""飞机""报纸"等实体的平面特征在认知上处于凸显地位，所以后面一律跟方位词"上"；而"文章""生活""现代社会"则被识解为容器，这时后面就要跟方位词"里"（或"中"）。

（12）在飞机里，我很兴奋也很紧张，不知道三个小时怎么过去的。

（13）报纸里大多数是有关美国方面的新闻。

（14）我已经不相信电视里的报告。

（15）从文章上，我们首先知道他们两个人之间不能妥协什么。

（16）在本文上，昼夜不停的白雪逐渐掩盖了一切，成了重要的背景。

（17）阅读可以提高能力，可以理解生活上不能经验的事情。

（18）这种性格在现代社会上是必要的。

4.1.4　介词冗余

虽然汉语方位词"上"常常和介词"在"等配对使用，但介词缺省是一种常见现象。有时如果加上介词，反而显得不是那么自然。

（19）在世界上使用网络的人数剧增。

（20）在桌子上放着一把红色的伞。

（21）至于在学习上的困难，我遇到了更多。

4.1.5　介词缺失

介词缺省不是绝对的，在某些句法结构中，由于受其他句法关系的制约，介词是不能缺省的。

（22）我希望下个月学校运动会足球比赛上取得好成绩。

（23）那天，他正草地上练习棒球。

（24）这件事情上，我是有不同的看法。

4.1.6　"在……上"结构错乱

"在……上"结构有时可以用在句末，有时可以用在句中，而且在很多情况下具有强制性。

（25）他们把这幅画在墙上挂了。

（26）如果这样下去，就会独立在社会上。

（27）这个时候我只能更努力在工作上。

4.2　方位词"上"兼及"里"的用法

综观上述 6 类偏误用例，我们可以总结出方位词"上"兼及"里"在认知层面、句法层面上的一些基本用法。

4.2.1 认知阐释

有研究者（陈满华，1995）指出，方位词的选择具有民族特点，同一空间概念不同语言会选择不同的表达方式。这种看法无疑是正确的。不同的民族特点体现了不同民族的思维方式和认知方式的差异，英汉的不同表达方式就是这种差异的具体表现形式之一。例如：

表 20 英汉方位表达

汉　　语		英　　语
在历史上	*在历史里	*on history　　in history
大街上（有很多人）	*大街里（有很多人）	*on the street　　in the street
先在报纸上发表	*先在报纸里发表	* (There is a bad news) on the newspaper (There is a bad news) in the newspaper

而有时表面看来相近的空间关系，汉语则选择不同的方位词来表达。例如：

表 21 汉语方位表达

飞机上	机舱里
汽车/火车上	车厢里
轮船上	船舱里

如果把这种不同归纳为"只是一种语言习惯"，"这些习惯用法似乎很难看出什么规律，留学生有必要一个个地记住"，则未免把问题简单化了。因为这种表达的表达差异是有章可循的。

E. Clark（1973，1974）的实验研究表明，我们从孩提时代（两岁或两岁半之前）就已经形成了对空间关系的基本感知，如英语环境里的孩子在两岁或两岁半之前就已经知道哪些东西是容器，哪些东西有承受面，Clark 还进一步概括出了孩子空间关系表达能力的形成借助以下 3 条基本规则：

规则 1：如果 B 是容器，那么 A 在 B 的里面。

规则 2：如果 B 有承受面，那么 A 在 B 的上面。

规则 3：如果 B 和 A 在空间上连接，那么 A 和 B 具有接触关系。

上述 3 条规则说明，选择哪一个方位词（对英语等语言来说是介词）决定于认知主体如何在认知上识解"B"，以及"A"和"B"之间的关系。在表 21 中，"大街"（B）和"报纸"（B）在汉语中被理解为具有承受面，所以"很多人"（A）和文章（A）在"B"的上面，故选择方位词"上"。"历史"（B）在认知上是时间阶段，是一个具有一定的起始边界的时间平面，"A"可以视为该时间阶段内的点存在，即 A 在 B 的上面，所以也选择方位词"上"。而英语则恰恰相反，"街道""报纸""历史"都被理解为容器，即 A 在 B 的里面，所以英语选择介词 in，而不选择介词 on。

另外，在汉语当中，如果"X+方位词"中的 X 是交通工具，那么交通工具的"承受面"在认知上处于凸显地位，所以一律使用方位词"上"，例如：

（28）小王在公共汽车（小汽车/飞机/直升机/火车/马车/轮船/小船）上睡着了。

而英语使用什么介词则要根据交通工具的属性，像 bus、airplane、train、ship 这样的大型交通工具使用介词 on，而像 car、helicopter、carriage、boat 等这样的较小型交通工具则使用介词 in。因为像 bus 这种大型交通工具中一般都设有一个过道（walkway），乘客可以在这个过道形成的水平面（horizontal surface）上自由走动；而像 car 这样的小型交通工具一般没有这样的水平面过道，乘客当然也就没有自由走动的水平面，只能被包容（enclosure）在 car 形成的容器内。(Talmy, 2000：231) 例如：

（29）Xiao Wang has been sleeping on a bus.（in a car . // on an airplane. / in a helicopter. // on a train . / in a carriage. // on a ship. / in a boat.）

拿表 22 来说，汉语分别选择方位词"上"和"里"附着于交通工具"飞机""汽车/火车""轮船"和"机舱""车厢""船舱"之后，原因就在于前者的"承受面"在认知上处于凸显地位，而后者的容器属性处于凸显地位。

谢信一（1992）在对比英语和汉语在表达空间关系上的不同时指出，"英语和汉语在表达空间关系上使用着两种惊人不同的系统。英语采用一步法，这种方法要求使用 at、on 、in 之类的介词，这些介词看来同质，实际上分别代表一维、二维、三维的空间关系。对比之下，汉语则采用两步到位的办法。第一步用'在'指出关系的一般性质，即那是空间关系。进而第二步指出所说的东西是在某物的旁边、上边，还是里边，来细说这空间关系。"这种结论听起来似乎很有道理，因为英语当中没有方位词，当然要用 at、on 、in 之类的介词一步到位；汉语拥有介词和方位词两套系统，说它是两步到位似乎也是理所当然的。但这种结论未免太绝对化，因为汉语中有些空间关系的表达似乎并非非两步到位不可，即并不一定非得使用"在+上"这一完整结构。

表 22 汉语"在+上"结构

偏误类型	正确结构
方位词缺失	subj. +在+obj. +上+v.
介词冗余	obj. +上+pred.
介词缺失	subj. +在+obj. +上+v. / 在+obj. +上+pred.

4.2.2 句法制约

针对留学生方位词的误用和冗余现象，我们观察了3000万字的语料发现，方位词"上"所依附的前位语言成分（主要是体词性成分）主要有以下类型。[①]

（1）具体无生（inanimate）名词。这些名词所代表的实体具有离散、有形、可视、可触摸、没有生命等高可触知性特征；占据一定的空间，依类型不同可以表现出大小、厚薄等长宽高几何属性。例如：

[1]家具类：桌子 椅子 沙发 书柜 床 窗帘

[2]电器类：冰箱 电视 电话 电脑 机箱 鼠标 台灯 灯泡 炉子 空调暖气片

[3]建筑类：楼房 墙壁 大厦 房子 窗户 电梯 长城

[4]交通邮电工具类：马 骆驼 汽车 飞机 火车 飞船 潜艇 邮票 信封 路 桥梁 路灯

[5]植物类：作物 （……）花 （……）草 （……）树 海带

[6]器具类：杯子 筷子 花盆 晾衣架 铁锹 锤子 瓶子 牙刷 包 伞

[7]衣物类：衣服 裙子 裤子 帽子 被子 枕头 毛巾

[8]文教体育类：篮球 起跑线 钢琴 二胡 足球 黑板 铅笔 棋盘 广告（牌） 笔 计算器

[9]介质类：书 纸 信 字典 合同 软盘 电影 学生证 护照 版图 试卷 地图

[10]自然界物体类：世界 地球 星星 火星 水 天 地 石

---

① 张庆旭（1996）通过动词观察名词，对3002个述语动词框架的全部论旨角色按照语义类进行考察分析，共得到212类名词，并将这212类名词按照语义分类系统的事、物、时空、部件的顺序进行了排列。我们这里的分析，部分借用了张庆旭使用的名词类名称。

头 煤 河 鱼（无生）山 冰雹 雨点 贝壳 （矿）石 岛屿
（……）半岛 露珠 黄土 黄泉

　　[11] 原料类：玻璃 钢筋 水泥 瓷砖

　　[12] 食物类：米饭 馒头 点心 鸡蛋

　　[13] 场合场所类：考场 会场 （晚）会 矿 课堂 饭桌
（典）礼 （开幕）式 （赛）场 车站 位置 草坪 江湖 煤矿
酒宴 小摊 市场 法庭 社会 遗址 刑场 讲台

　　[14] 废弃物类：垃圾 粪便 废品

　　[15] 其他人造物：钱币 子弹 标签 线 招牌 （葡萄）架

（2）具体有生（animate）名词。这类有生名词所代表的实体属于广泛分布于自然界中的微生物，绝大多数个体在显微镜下才能观察到，因此具有离散、有形、可视、有生命等高可触知性特征；占据一定的空间。例如：

　　[16] 细菌 病毒衣原体 支原体 细胞

（3）部件名词。这类名词所代表的可以是具体物、人、动物等实体的一部分，可以是具体名词的抽象部分，也可以是人和动物的整个身体。

　　[17] 具体物部件类：（桌子）腿 （椅子）靠背 （电话）线
（帽子）沿儿 （汽车）发动机 枪栓 （杯子）把儿 （针）尖儿
（瓶）盖儿 山顶 （边境）线 （海）面 （河）边 （电脑）
屏幕 （炮）筒 墙头 刀刃 桥墩 山腰 琴弦 花蕊 江心 墙
脚 墙根

　　[18] 人和动物身体类：~身 [他的身（上）、老虎的身（上）]

　　[19] 动物、植物、人体部件类：（狮子的）耳朵 鱼鳞 叶子
树梢 （草）根 苹果 种子 头发 眼睛 手 肺 皮肤 翅膀
（牛）角 尾巴 鬓角 树枝 腋下

（4）抽象名词。这些名词所代表的抽象实体具有连续、无形、不可视、不可触摸等低可触知性特征；现实世界中不能占据一定的空间，没有大小、厚薄等长宽高物理几何属性。例如：

　　[20] 整体之部分类（方面）：形式 内容 组织 思想 精神
工作 生活 理论 实践 外观 价钱 结构 规模 政治 经济
质量 数量 表面 实际 法律 感觉 心理 生理 感情 深度
广度 外形 功能 速度 幅度 视觉 方法 水平

　　[21] 原因类：技术 学业荒废 嘴 手 威胁 胁迫 （……
的）份儿 （……的）面子

[22] 范围类：（这件）事情　（……的）问题　（……）科学
战略　基础　基本　某种意义

[23] 程度类：（这）份儿

[24] 时间类：历史　文化史　发展史　（……）史

[25] 责任者代表类：账户　账　位子　岗位　名义　立场　名

（5）谓词性短语。这类谓词性短语大致可以分为 3 种类型：光杆动词、动词+宾语，宾语+的+动词。例如：

[26] 加强管理狠抓落实　提高产品质量　调整布局、提高效率
保持经济快速稳定健康发展　生存环境的改善、产业结构的调整　管理
（探照灯的）照射　老七的婚事筹备　批评教育　道德情感的驱使
欣赏电视节目　爸爸的默许

从上述分析可以看出，"并非所有的名词都能出现在 X 的位置上，因为只有具有空间方位特征或心理上的空间方位特征的名词才具备起码的条件。"下面这些名词因为"不能表达物质的空间方位"，（崔希亮，2001：185－186）所以不能构成"X 上"格式：

（6）称谓：阿姨　各个　总理　先生　同志　皇帝　烈士　女士　青年朋友

（7）时间名词：今天　当初　现在　过去　未来　今年　春天　礼拜一

（8）方位词：里　外　前　后　前边　后边　南边　北边　外头　里头中间　东面

（9）处所名词：郊区　边疆　角落　农村　首都　图书馆　学校　北京热带　上游

（10）集合名词：花朵　河流　山川

（11）边界不清的普通名词：阴谋　害处　黑夜　西医　光辉　初期　暴雨春季　故乡　民间　民族　野兽　友谊　优点　犯人　寡妇　近代　隔壁　居民　基体　动静　黄昏

总结概括上述分析，我们认为可以构成"X＋上"格式中的体词性成分（X）应该具有如下几个方面的特征：

（1）物理几何特征。能够进入"X 上"格式的大部分名词具有长、宽、高等物理几何属性，能够占据一定的空间，如具体无生名词和部件名词。

（2）语义特征。能够进入"X 上"格式的大部分名词具有［+离散］、［+有形］、［+可视］、［+可触摸］、［-生命］等语义特征。

（3）认知特征。能够进入"X 上"格式的具体无生名词和部件名词具有空

间方位特征，这种空间方位特征可以由方位词"上"直接勾勒出——表面或表面以上的空间范围、表面以下的空间范围；能够进入"X 上"格式的抽象名词没有具体无生名词和部件名词所具有的物理几何特征和语义特征，但具有"心理上的空间方位特征"，这种空间方位特征可以由方位词"上/下"以隐喻的方式勾勒出来——认知表面或认知表面以上的空间范围、认知表面以下的空间范围。因此，3 类名词具有统一的认知特征——具有认知上的清晰边界，"边界不清的普通名词"不能构成"X 上"格式。

（4）关于能够进入"X 上"格式的谓词性短语。这类短语在句法上具有谓词性，但这些谓词结构的中心动词在很大程度上体现出介于谓词和体词之间的游移性特征，因此也不妨说具有"心理上的空间方位特征"，具有认知上的清晰边界，我们可以把这种特殊的结构称为体词化的谓词结构。

在"X+上"结构中，如果 X 为具体无生名词、具体有生名词和部件名词时，结构本身具有附着意义，表达空间方位关系。当"X+上"结构位于句首时，一般缺省介词"在"，形成"X+上+pred."结构；当"X+上"结构位于句中且句子主语在前时，不能缺省介词"在"。对于"在+X+上"结构的位置，如果句中有"挂""打""踢"等动态动词时，形成"subj. +v. +在+X+上"结构，如果句中有"挂"类持续性动词，形成"subj. +在+X+上+v. +着"结构；如果句中没有动态动词时，则只能形成"subj. +在+X+上+v."一种结构。

在"X+上"结构中，如果 X 为抽象名词和谓词性短语时，结构本身具有基于附着的隐喻意义，表达的是空间方位关系的隐喻形式。当 X 为整体之部分类、原因类、时间类、责任者代表类时，如果"X+上"结构位于句首，一般缺省介词"在"，形成"X+上+pred."结构；当"X+上"结构位于句中且句子主语在前时，不能缺省介词"在"。当 X 为范围类、程度类和谓词性短语时，一律使用"方位词［在/从/到……］+X+上"结构，介词一般不能缺省。

4.3　汉语方位词"上"的教学对策

根据上文的偏误类型概括和用法阐释，我们拟提出以下汉语方位词"上"的教学对策。

4.3.1　国别化教学

不同母语背景的学习者在使用方位词时出现的偏误会有所不同，这种不同主要是由母语干扰造成的。教学中宜根据汉语空间方位表达的类型学特征，按照空间表达的三种位置类型（崔希亮，2002）——"前置型"（如日语）、"后置型"（如俄语、古代汉语）和"前后并存型"（如现代英语和现代汉语），根据学生的母语背景有针对性地进行教学。例如，对阿尔泰语系语言背景的学习者来说，要注意介词缺失类偏误，因为这些语言中没有介词，只能用方位词配以名词词尾来标引空间关系。

4.3.2　语义层次教学

方位词"上"前的成分 X 比较复杂，从语义上可以分为具体和抽象或本义与引申两个层次。教学中先呈现具体意义的 X 成分，后呈现抽象意义的 X 成分，让学习者心目中形成一个关于"上"的意义网络，把抽象意义的教学建立在具体意义教学的基础上。

4.3.3　句法驱动式教学

教学中要按照"上"呈现的规律为学习者展示句法结构，分析哪些成分可以出现在 X 位置上，哪些成分不能出现在 X 位置上，什么情况下"在"等介词可以缺省，什么情况下"在"等介词不能缺省，以及"方位词……上"结构何时后置何时前置等。

4.3.4　集中分析偏误类型

针对"操相同母语的学习者在不同学习阶段会出现不同类型的语法偏误；操不同母语的学习者在同一学习阶段会出现类型基本相同的语法偏误"（李大忠，1996）这一第二语言习得规律，教学中要考虑学习者的汉语水平，集中分析出现的偏误类型。

第 4 章

基于用户友好的汉语学习词典编纂

　　语言学习词典是供语言学习者（即非母语者）使用的工具书。全球化背景下国家与地区之间日益频繁的交流与合作，给语言学习词典的编纂提出了新的挑战。当代语言学习词典在继续坚持外向和工具性的前提下，必须进一步更新编纂理念与思路，以顺应全球化，适应并满足不同语言学习者的学习需求。基于"用户友好"基本原则，适应全球化的当代语言学习词典应该在词项选取、立目依据、释义方式、示例展示、体例设定等 5 个环节上进一步更新编纂理念与思路。简言之，就是词项选取宜于交际，立目依据宜于认知，释义方式体现多元化，示例展示凸显语境化、交际化、国际化，体例设定考虑实用化。这种新的理念和思路充分体现了"以学习者为中心"的"用户友好"原则，更有利于学习者达成"活用目标语言"之目的。既有研究表明，查找词语的意义是汉语学习者对汉语工具书的首要要求。当前外向型汉语学习词典释义的"内汉"痕迹严重影响了学习者对词项意义的理解，释义过程中过度使用释义用词加大了学习者的理解难度，外向型汉语学习词典因其释义难懂广受诟病，界定与限制使用释义用词是解决释义问题的有效途径。现有外向型汉语学习词典的释义普遍没有严格限定释义用词的数量和范围，从而造成了释义难懂和大量循环释义等问题。借鉴外向型英语学习词典的编纂经验，界定和限定释义用词是简化释义、优化释义并最终提高释义质量的重要手段。中高级汉语学习词典应该借鉴"牛津高阶"等英语学习词典的成熟做法，科学界定释义用词并严格限定释义用词的数量，简化释义元语言，提高释义质量。汉语典型谓宾动词基于配价的句法语义分析以及以此为个案的基于自主学习取向的对外汉语学习词典的微观设计则为释义的重要性提供了一个案例。

第1节 当代语言学习词典的编纂理念与思路

随着全球化的深入发展，国家或地区之间的交流与合作日益频繁密切，当前世界正在形成由全球性意识、观念、伦理、价值等构成的全球文化。为了适应全球化的趋势，人们在努力保留自己的民族文化和国家意识的同时，也要广泛了解和学习其他国家或民族的文化，而要学习了解外族文化，语言就成为首要的工具。语言学习者要想掌握一门新的语言，则须臾不能离开语言学习词典这一供非母语者使用的工具书，从某种程度上说，语言学习词典是语言学习者学习某种新语言的脚手架，是学习者最终达到活用目标语言之目标的引导者。然而我们必须注意这样一个事实，即当前全球化背景下国家与地区之间日益频繁的交流与合作，使得语言学习者的成分日趋多元化，学习需求日趋多样化，从而给语言学习词典的编纂提出了新的挑战。

为了满足当前语言学习者的多元化及学习需求的多样化，当代语言学习词典在继续坚持外向型和工具性的前提下，宜在现有基础上互相借鉴，进一步更新编纂理念与思路，以顺应全球化，适应并满足不同语言学习者的学习需求。综合考量《当代汉语学习词典》（以下称《当代》）、《牛津高阶英汉双解词典》（第7版）（以下称《牛津》）、《商务馆学汉语词典》（以下称《商务》）、《中日大辞典》（第3版）（以下称《中日》）、《现代汉语词典》（第5版）（以下称《现汉》）等现有较具影响力的5部语言学习词典基于理论与实践两个层面的得与失，对于编纂新型语言学习词典特别是适应当前世界全球一体化背景的语言学习词典无疑具有普适性价值，对于进一步更新编纂理念与思路无疑具有重要的借鉴意义。

1.1 当代语言学习词典的内涵定位

根据不同的标准可以对词典进行多种分类。例如，Zgusta（1971）将词典分为百科词典和语言词典，并进而根据二者的对立从5个方面对词典类型进行归类。①时间跨度：历时词典与共时词典，②覆盖范围：普通词典与专科词典，③语言数目：单语词典与双语词典，④词典宗旨：教学词典、规定性词典与描写性词典，⑤词典规模：大型词典、中型词典与小型词典。章宜华、雍和明（2007）则将词典分为语文词典（language dictionary，收录注释语言中的普通词汇和常用百科词汇，揭示词语的语言属性和相关知识信息）、双语词典（汇集语言的词汇作为词目，用另一种语言提供对等词及其他必要注释）和专科词典（subject dictionary，针对特定用户群，集中收录某一学科的专业词汇）3 种类型。

本节所指当代语言学习词典，顾名思义，是指供当代外语或第二语言学习者（即非母语者）学习语言所使用的工具书，在词典类型上属于共时词典、普通词典、双语词典、教学词典、中型词典。词典的历史使命和使用者的特殊性，决定了当代语言学习词典必然具有外向型、工具性和现代性三大基本特征。

1.1.1 外向型

外向型是对于内向型而言，二者区分的关键在于用户视角的选取，即面对的用户性质是什么。如果词典面对的用户是第一语言（多为母语）学习者，那么就属于内向型词典，内向型词典重在展示知识，所以有时被称为语文词典。外向型词典面对的用户则是外语或第二语言学习者①，外向型词典重在交际。因此外向型词典至少必须满足两个群体的需要，一是国外外语学习者（即非母语语言学习者），二是国内第二语言学习者（包括外国学习者和少数民族第二语言学习者）。

以汉语学习词典为例。"截至 2021 年底，全球共有 180 多个国家和地区开展中文教育，76 个国家将中文纳入国民教育体系，外国正在学习中文的人数超过 2500 万，累计学习和使用中文的人数接近 2 亿"② "共有来自 202 个国家和地区的 397，635 名各类外国留学人员在中国 811 所高等学校、科研院所和其他教学机构中学习。"③ 当代汉语语言学习词典必须全方位满足这两大学习群体的需要，充分满足语言学习者在听、说、读、写等各方面的需求。有研究者（侯颖，2010）指出，调查发现"绝大部分汉语学习者并没有选择使用我们编纂的词典，这些词典在很大程度上成了其编纂者和相关人士讨论或研究的对象并被束之高

---

① 不能将外向型简单地界定为"供外国人使用的"，因为对于多民族国家（如中国）来说，一些少数民族并非外国人，他们只能算是第二语言学习者。

② 中外语言交流合作中心 http：//www. chinese. cn / page / # / pcpage / article？id = 1047&page = 2。

③ 山东教育网 http：//www. jxdx. org. cn / gnjy / 14176. html。

阁"。这种现象可能说明，词典编纂者没有充分考虑语言学习词典的外向型需要，没有充分考虑词典的使用对象，即没有充分体现以学习者为中心的编纂原则。(张柏然，2004)

1.1.2 工具性

工具性体现为功能取向，即语言学习词典的功能为学习，为学习者搭建脚手架，帮助学习者"在语词的拼法、读音、意义和正确运用方面寻找参考资料，知道什么是正确的和使用时不失身份的"①。因此，语言学习词典在相当程度上就是一部关于语言学习的百科全书，保证使用者在第一时间内快速准确查找到自己需要的信息是其工具性的首要要求。

"快速"要求我们的词典必须易查、易懂。以英语和汉语为例。英语属于表音体系的语言，容易把握发音特征，而汉语是表意体系的语言，其发音特征不如表音体系的语言那么容易把握，因此对于英语等表音体系的语言来说，按照ABCD字母排序检索不失为一个好的选择，即使某个单词我们不知道其意义和具体读音（如轻重音的判断），但也能较快在词典中找到这个单词。而对于汉语来说，按照ABCD音序排列检索可能就会遇到麻烦，因为汉字的表意性质明显强于表音性质，对于一个陌生的词语，我们可能比较容易猜测其意义，但对于其发音往往出错。因此，对于汉语学习词典来说，按照部首排列进行检索不失为一个好的选择，这种选择就好像学习英语等语言，学习者必须记住26个字母；学习日语，学习者必须首先掌握50音图（平假名和片假名）一样。鉴于此，汉语学习词典可以在词典正文前设计介绍汉字的基本笔画和基本间架结构的汉字笔画、结构表，包括汉字的所有部首的部首目录表，进而给出依照部首目录表检字的部首检字表。易懂，则要求词典编纂者必须尽量简化释义元语言，使用多重注释手段。如对中外通识的概念词不必过多说明，而对国情词、新词、新义等则要做较多的说明。(王弘宇，2009)

"准确"要求我们的词典必须最大程度揭示被释义词项的内涵与外延，保证准确无误。对于一语词典来说，做到准确似乎比较容易，因为一语词典追求知识的解释，而且由于针对母语者，因此对释义元语言的要求不是那么高。而对于语言学习词典来说，面对的用户不是母语者，他们对词典的使用和理解在很

---

① 贝尔根·伊文斯. 那么词典是干什么用的 [J]. 英语词典学文摘（莫斯科英文版），1975：208.

大程度上受到其本身语言水平的制约，如果释义元语言难度过大，会给学习者对内容的理解造成困难。因此，保证语言学习词典通过简明易懂的元语言达到准确释义，是编纂者面临的一大难题。总之，语言学习词典的准确性必须建立在简明易懂的元语言基础上，否则准确性就失去了意义。

1.1.3 现代性

此外，就"当代语言学习词典"来说，现代性也应作为一大特征。当今社会呈跳跃式快速发展，社会面貌、风俗观念、生活环境等都处在不断变化中，一些新事物层出不穷。作为语言学习者的脚手架，当代语言学习词典应该充分考虑社会瞬息万变的特征，把一些新的内容及时吸收进来，与当前社会接轨，与时俱进，为语言学习者活用当代语言提供有利条件。

保证词典现代性的首要工作便是及时更新词典内容，不断修订。当前较有影响力的几部辞书，如《现代汉语词典》（以下简称《现汉》）、《牛津高阶英汉双解词典》（以下简称《牛津》）、《中日大辞典》（以下简称《中日》）等，都比较注重现代性，根据社会发展瞬息万变的形势，及时修订。如《现汉》第3至5版，分别增收新词语9000条、1200条和2000条，《牛津》第7版增收了2000余条社会热点词汇及英语国家广泛流行的词汇。社会瞬息万变，语言日新月异，语言学习词典的内容必须适应这种更新速度，保持现代性。例如《中日》第3版较第2版的正文内容减少了277页，除了删减一些过时或罕用的条目，还对条目的释义进行了精简，却在前一版的基础上收录了大量新词新义。下图是我们对3部辞书修订版本的时间统计和收词量统计。

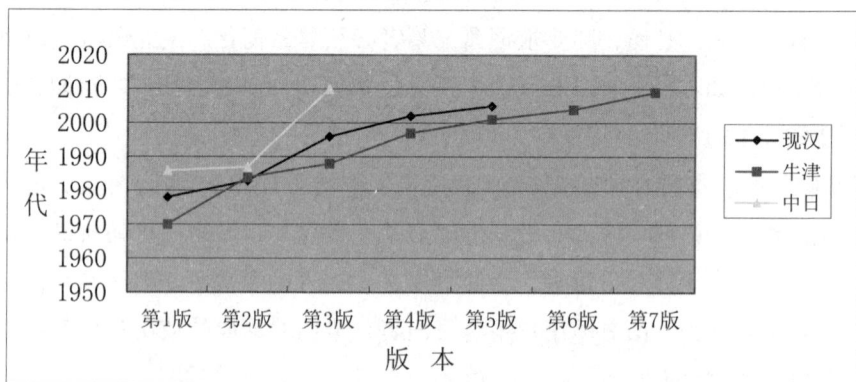

图20 《现汉》《牛津》《中日》历次修订时间

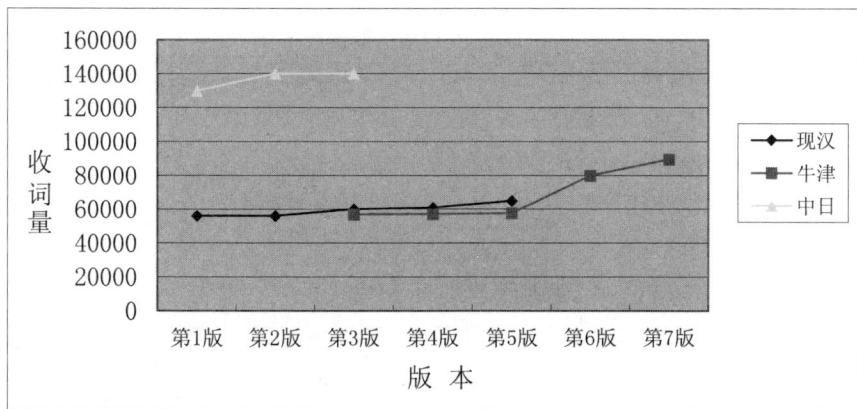

图21 《现汉》《牛津》《中日》不同版本收词量

1.2 语言学习词典的个案分析

编纂或评价一部工具书,可以从词项选取、立目依据、释义方式、示例展示、体例设定等5个环节入手。虽然这些环节表面上看起来彼此独立,但其实彼此之间都是相互关联的,它们都是当代语言学习词典编纂过程中必须处理好的几个牵一发而动全身的环节。下文将以上述5部词典作为剖析对象,逐一分析5个编纂环节。

1.2.1 词项选取

词项选取即选择哪些词语作为被解释对象,词典收词一直是困扰词典编纂者的一个问题。词项选取常常会受到学习者语言水平、既定参照词表、功能取向、语料库、新词新义等多重因素的影响和制约。下表是我们对《当代》等5部辞书词项选取的分析统计:

表23 5部辞书之词项选取分析统计

词典	收词量	词项选取参照				
		学习者语言水平	既定参照词表	功能取向	语料库	新词新义
当代	4337	初级语言水平学习者	《汉语水平词汇与汉字等级大纲》甲乙级词	外国人用的单语学习词典	无参照	无收录

续表

词典	收词量	词项选取参照				
		学习者语言水平	既定参照词表	功能取向	语料库	新词新义
商务	10000	中级及以上语言水平学习者	《汉语水平词汇与汉字等级大纲》甲乙级词、初中级汉语教材	外国人用的单语学习词典	无参照	有收录
中日	140000	各级语言水平学习者	人工收集的汉语卡片①	母语者学习汉语、双语	有参照	《现汉》6000新词大部分吸收
牛津	89600	各级语言水平学习者	未知	非英语国家的英语学习者学习英语	有参照	2000
现汉	65000	中等以上文化程度之汉语母语者	《通用规范汉字表》，人工搜集的资料	汉语规范化、推广普通话	有参照	6000

　　从以上分析看出，第一，词典编纂者往往根据学习者的语言水平，将词典进行分级设定（如初级、中级、高级、中高级等），根据级别不同预设学习者的语言水平，进而选定词项。如《当代》定位于初等学习者，《商务》和《现汉》定位于中等及其以上水平学习者，《中日》和《牛津》则定位于各级语言水平读者。第二，由专家研究制定出版的词表是词项选取的客观依照，或者在此基础上进行适当增删。例如《当代》和《商务》均以《汉语水平词汇与汉字等级大纲》为参照，《中日》以当年东亚同文书院收集的汉语卡片为最初参照，《现汉》参照《规范汉字表》并辅以人工搜集的资料。第三，功能取向对词项选取的范围也有影响，定位于应试的汉语水平考试词典和一般类型的词典、供外国

---

① 1950年，时任中国科学院院长的郭沫若和文化部副部长郑振铎批示，将东亚同文书院师生们当年收集的汉语卡片返还给爱知大学。此后，爱知大学的汉语专家们经过近二十年的努力，于1968年编纂出《中日大辞典》（内部交流），成为后来初版、第二版、第三版的底本。

人使用和供母语者使用的词典，收词范围会有较大差异。① 例如《牛津》的直接功能定位就是给非英语国家的英语学习者使用，收词量为 89600 条，远远少于供英语母语者使用的词典的收词量。第四，新词新义的选取也会对词典的收词量产生一定影响，如《牛津》《中日》和《现汉》的最新版都收录了大量的新词新义②。第五，语料库对词项选取具有引导作用，是词项选取的重要参照。

虽然上述五个方面可以作为词项选取的基本依据，但人工干预也是必不可少的手段。例如，我们常常以语料库或既定参照词表中是否收录了某词条作为是否收入词典的重要参照，但有些情况下需要我们合理使用语料库或既定词表，正如 Johnson Samuel（1747）在 Plan of an English Dictionary 中所指出的那样，"some（words）seem necessary to be retained, because the purchaser of dictionary will expect to find them; The value of a work must be estimated by its use: It is not enough that a dictionary delights the critic, unless at the same time it instructs the learner…。（OALD 7th · Foreword by Professor Henry Widdowson）"。（有些词语似乎有必要保留，因为购买的人希望查到它们。问题的关键在于人们对词典的期望是以使用目的为基础的。一部词典的价值必须以其用途来衡量；一部词典仅使评论家愉悦是不够的，还必须同时让学习者获得引导……）。如《牛津》（第4版）新增《新词补编》，精选 3000 个最新词语，并附以 240 项附注说明新词新义的来源或用法。《现汉》（第4版）也在 1996 年第3版的基础上新增 1200 个新词新义，并单独附于词典正文之后供读者查阅。

在词项选取方面，《牛津》和《现汉》显出比较成熟的风格，但其他 3 部词典存在明显不足。《当代》立足于初级语言水平学习者，出发点良好，意欲降低初级学习者的学习门槛，但这个"度"往往难以把握。因为我们并不能很好地保证初级语言水平学习者在学习过程中遇到的词语都已经包括在词典当中，尤其以《汉语水平词汇与汉字等级大纲》甲乙级词为参照，更加缩小了选词的可

---

① 在英语世界，英国的 The Oxford English Dictionary、美国的 Merriam-Webster's Third New International Dictionary、美国的 Random House Webster's Unabridged Dictionary 都是比较流行的英语词典，收录的词条分别为 50 万、45 万、30 万。

② 如《现汉》收录的新词新义有 6000 余条，主要包括政治类（如"德治""反恐""和谐社会"等）、影视演艺类（如"丑星""动漫""个唱""做秀"等）、科技类（如"笔记本电脑""编程""短信息""闪存""网络语言"等）、社会生活类（如"低保""富婆""社保""性侵犯""体认""愿景"等）、医药卫生类（如"非典""强迫症""禽流感""苏丹红"等）等 20 类。《牛津》则将 life coach、offshoring 等 2000 个新词，stickybeak、godown 等 700 个世界各地用语，Walter Mitty、Capitol Hill 等 2600 个文化词语收入其中。

能范围，也正是由于参照了这个词表，才使得词典当中不能及时将一些新词新义收入其中，这不能不说是一个缺憾。《商务》将出发点定位于中高级语言水平学习者，收词达到 10000 条，明显超过了《汉语水平词汇与汉字等级大纲》的 8822 个收词范围，但在新词新义上仍旧没有突破，对《现汉》收录的 6000 余条新词新义吸收有限。《中日》立足于国内以汉语作为外语的学习者，收词量达 14 万条，比《现汉》多出将近 8 万条。但细查收录的这些条目，就会发现有一些条目让人觉得很陌生，换句话说这些条目要么是某一地区的方言土语，要么是已经退出历史舞台的旧词旧义，都基本上失去了语言交际的空间。例如《中日》在"打"字条下面收录了"打熬""打背躬""打摽儿""打别""打并""打驳拦儿""打茶围"等词条，这些词条现在几乎已经退出了交际，收录进来，对于学习词典来说，没有太大的意义。因此，虽然《中日》几乎及时全部吸收了最新版《现汉》收录的 6000 条新词，但在内容方面仍旧显得比较陈旧。

1.2.2 立目依据

词项选定后接下来是立目，立目的依据有三：词项立目、义项立目、词性立目（蔡永强，2008）。词项立目，就是直接把某个词作为一个条目，词项的不同词性和不同义项均包含在同一条目之内。义项立目，即将该词语的每一个义项都作为一个条目，有几个义项就出几个条目。词性立目，即按照词性立目，有几个词性就设立几个条目。下表是 5 部辞书对"打"的立目方式。

表 24　5 部辞书之立目方式分析统计

词　典	立目方式	举　例
当　代	义项立目兼词性立目	dǎ 打¹［动］　　dǎ 打²［动］　　dǎ 打³［介］
商　务	义项立目兼词项立目	打 dǎ 一 (动) 二 (动) …… 十八 (动) 【打发】dǎfa (动) ② ③
中　日	词项立目	［打］dǎ (I) ……⑥ (II)
牛　津	词项立目	beat / biːt / verb, noun, adj.
现　汉	词项立目兼词性立目	【打包】dǎ//bāo 动 ① ② 打¹dǎ［动］……24　打²dǎ［介］

《中日》和《牛津》采用词项立目，维持了词条的整体性。学习者查找某个词条，然后从整体到部分逐一查看各个义项，这种立目方式体现的是自上而下（top-down）的认知方式。词项立目在很大程度上有助于学习者从整体上把握词条的读音、词性、义项及其之间的联系等信息，容易达到整体认知效果。

例如，对"打"（beat）的处理，其读音、义项等信息均冠以同一词条之下，学习者可以在第一时间获得"打"的读音及义项多少（beat 的读音及词性）等信息。《当代》采取的是义项立目兼词性立目，义项的多少决定立目的数量。学习者查找某个词条时，只能一个一个地过目，最后形成对该词条的整体把握（如只有查阅完 3 个"打"，才能整体感知"打"），这种立目方式体现的是自下而上（bottom-up）的认知方式。义项立目在很大程度上有助于学习者从细枝末节开始把握整个词条的读音、义项及其联系等信息。这种立目方式可能会显得比较琐碎，不利于学习者整体把握词语的相关信息，尤其是词条的义项比较多时，这种立目方式就会捉襟见肘。如"打"最多有 24 个义项，如果一一立目，就非常不利于学习者形成整体感知，而词性立目则让这种不利情形更加严重。因此《当代》的义项立目兼词性立目可能使用范围有限，只能运用于词语义项比较少的初级类词典。《当代》立目方式的这种弊端在《商务》中就凸显得比较清楚，《商务》的义项立目兼词项立目方式，彻底打碎了某些义项较多词条的整体性，如"打"被分割成 18 个条目，每个条目下面再列出若干词项，学习者只有掌握了某词项的义项归属才能比较快捷地找到该词条所处的位置，但大部分学习者可能并不具有这种区分能力。《现汉》则同时采取词项立目兼词性立目两种方式，总体上也是自上而下认知方式的体现，这种立目方式较之《中日》和《牛津》更加具体化，将词条按照词性归类，更易于读者把握词条诸义项及义项之间的联系，同时，也在相当程度上避免了《当代》和《商务》的弊端，是一种比较理想的立目方式。

1.2.3 释义方式

释义是词典最重要的组成部分。词典释义是学习者最需要的信息之一，是学习者查找并理解词项意义的基本参照。学习者查找词项的基本前提是想了解该词项的意义和用法，因此如何做到准确释义关系到学习者能否在第一时间了解该词项的意义。根据需要，释义可以采取不同的方式，如元语言简洁释义、语境释义、对译、插图等，但原则只有一个，即有利于学习者理解和把握词项的意义。5 部辞书在释义方式上的特点如下表所示。

表25　5部辞书之释义方式分析统计

词　典	释义方式	举　例
当　代	语境释义	jiě 解［动］他~下领带，觉得不那么热了。→ 他把脖子上的领带打开，觉得凉快一点儿了。

词 典	释义方式	举 例
商 务	元语言释义、插图	解 jiě 一（动）分开；解开 二（动）去掉 三（素）解释；说明 四（素）明白 【冬瓜】插图释义
中 日	对 译	［解（鮮）］jiě ①ばらす．切開する。②（結んだものを）ほどく。③解消する。④用便をする。⑤解釈する。⑥理解する。⑦数数式の解(かい)（を求める）。⑧＜文＞解(かい)。⑨＜方＞……から。
牛 津	元语言释义、对译、插图	beat · verb（beat, beaten／biːtn／）▶ IN GAME 1［VN］~ sb（at sth） to defeat sb in a game or competition（在竞争或比赛中）赢，打败某人；插图集中于 colour pages contents。 rabbit · 插图释义（区分 rabbit 和 hare）。
现 汉	元语言释义	【打包】dǎ//bāo 动 ①用纸、布、麻袋、稻草等包装物品　②打开包着的东西

在释义方式上，《当代》的特点最为突出。《当代》没有直接对词条进行解释，而是给出一个包含被释义词条的引导句，然后给出解释该引导句的解说句。由于这种释义方式都使用句法信息完备的完整句，因此语境信息比较丰富，属于语境释义。语境释义的出发点在于让学习者在具体话语中理解词项的意义，而不是直接给出解释；由于我们对词条的解释永远都不可能百分之百地诠释其意义和外延，因此如果这种方式能够成功的话，对于第二语言学习者将会大有裨益。然而，这种释义面临的一个巨大危险是，操作中很容易产生偏离准确释义的倾向，从而客观上加大了学习者的理解难度。①

《现汉》基本上采取的是元语言这种最传统的释义方式，释义客观准确、概括完备、简明规范、确切严密，可谓中国国内最权威的工具书，其他语言类工具书的释义基本上都以《现汉》为参照。《商务》《牛津》则在元语言释义的基础上辅以插图，插图对于部分难以解释的名词、动词起到了很好的补充作用，

---

① 例如，《当代》对"吵架"给出的释义是"哥哥很爱弟弟，弟弟也很喜欢哥哥，他们从来不~。→ 哥哥和弟弟从来没有大声地互相说对方不好"，对"发动"的释义是"他~群众，一上午就种了一百棵树。→ 他请大家一起来种树"，这种释义就很难诠释"吵架"和"发动"的确切内涵，可能会造成学习者的误解和误用。

例如《商务》对"白菜""插头""蝉""撮""撕""掰"等的释义都在复杂元语言释义的基础上配以插图，形象易懂；《牛津》则除了正文插图还在正文后设计专门的彩图插页，对地图、汽车等交通工具、建筑、动植物等配以插图，非常利于学习者系统学习和掌握。元语言释义虽然是最传统通用的释义手段，但本身有其难以克服的弊端，容易产生以词释词的倾向。例如《商务》对"解"的释义有"解开""解释"，被释义词语"解"都包括在了元语言当中，这无疑给词语的理解造成了客观上的困难。

《中日》则直接使用中日文对译，宜于学习者迅速理解，但作为一本母语者学习外语的工具书，如果只使用母语翻译进行注释，从语言学习的角度来看也是不可取的。上文提到，第二语言（或外语）学习词典和一语词典的重要区别在于前者强调交际性，通过词条的展示引导学习者活用目标语言，因此单纯的语言翻译只能让学习者明白词语的意义，但不能有效引导学习者使用外语交际。就这一点来看，《牛津》的做法似乎较为可取。

1.2.4 示例展示

虽然释义是词典的第一要务，但学习词典却不能以释义为单一目标，而应该在科学准确释义的基础上提供大量的包括被释义词语所有语用法的示例，以便引导学习者正确学习和运用最地道的语言。因此，示例展示在很大程度上是释义的进一步延伸，学习者通过示例的学习可以进一步理解被释义词项的意义和用法。示例展示有不同的类型，下表是我们对 5 部辞书示例展示的统计分析。

表 26　5 部辞书之配例类型分析统计

词　典	配例类型	举　例
当　代	完整句	jiě 解［动］例：他一进门就~开扣子，把外衣脱了下来。/这绳子捆得真结实，~都~不开。/鞋带儿我~不下来了，请帮忙~~吧。/那根捆箱子的粗绳子很容易~下来。
商　务	短语、完整句	解 jiě 一 解扣子/解绳子/解鞋带儿/解衣服。二 白开水最解渴/这种药可以解毒/把肉从冰箱里拿出来解解冻/给孩子买点儿好吃的东西解解馋。
中　日	短语为主、辅以完整句	［解（觧）］jiě ①（无配例）。② ~带子/~绳结/溶~/两个人好得难~难分。③劝~/和~/排难~纷/疲乏~了。④ ~（个）手（儿）/大便/大~/小便/小~。⑤ 不求甚~/注~/讲~。⑥ 令人难~/费~的文章。⑦ ~方程。⑧（无配例）。⑨ <方> ~这儿到那儿。

词　典	配例类型	举　例
牛　津	短语、完整句	beat · verb 1 [VN]: He beat me at a chess. // There recent wins have proved they're still the ones to beat. beautiful · adj. 1: a beautiful woman / face / baby / voice / poem / smell / evening // beautiful countryside / weather / music.
现　汉	短语、完整句	【打包】动 ①：~机/~装箱。②：~检查。 【打岔】动：你别~，听我说下去/他在那儿做功课，你别跟他打岔。

　　《当代》等5部辞书基本上采取了短语和完整句两种示例展示方式，其中《中日》采取短语为主完整句为辅的展示方式，《现汉》《商务》《牛津》基本上采取短语和完整句混搭方式，《当代》则完全采取完整句示例。我们在前文提到，第二语言学习词典的重要功能是交际，引导学习者活用目标语言，学习者仅仅借助词典的科学准确释义并不能有效达成这个目标，而必须借助释义的重要延伸手段——示例展示，因此高效的示例展示可谓引导学习者成功交际的一块跳板。示例展示发挥引导学习者活用目标语言的一个基本前提是示例本身必须具有交际性，这就要求示例必须是一个包含被释义词项之句法、语义和语用等综合信息的语用法的集合体。

　　《牛津》《商务》和《中日》都采用了短语示例，但短语所传达的信息非常有限，在相当程度上只能为学习者提供搭配规则，不能展示句法语义语用等综合信息，换言之，短语示例提供的只是一种固定化了的死搭配，几乎没有什么交际价值。如《商务》和《中日》对"解"的处理是，只给出"解扣子""解绳子""解带子""解绳结"等用例，而像"解开""解不开"这些常用搭配都没有写进去，虽然下文两部词典都给出了"解开"这个词条，但编纂者在第一次处理"解"时，完全可以将"解开""解不开"等典型用法写进去，展示更为完整的句法信息。《当代》完全采取完整句示例展示方式，体现了一种先进的编纂理念。《当代》所采取的完整句示例句法上包含了主语、谓语、宾语、定语、状语和补语等基本信息，语义上基本包括了词项所使用的语义背景，语用方面则基本揭示了词项所使用的上下文语境。因此，完整句示例可谓达成引导学习者活用目标语言的一种有效示例展示方式，这种有效性在《商务》关于"这种药可以解毒/把肉从冰箱里拿出来解解冻/给孩子买点儿好吃的东西解解馋"的展示中也收到了同样的效果。

1.2.5　体例设定

正如上文 Johnson Samuel（1747）指出，"一部词典仅使评论家愉悦是不够的"，词典编纂者必须从内容到形式，努力使得每一个细节益于读者查阅。虽然体例设定相对于词典的释义方式和示例展示显得没有那么关键，但一部体例设计合理的词典无疑会有益于读者更快更便捷地查到自己需要的信息。下面是我们对 5 部辞书的体例设定对比表。

表 27　5 部辞书之体例设定分析统计

词　典	体例设定
当　代	版权页、胡明扬序、郑定欧序、总目页、说明（中英日韩文）、音节索引、词目笔画索引、正文、附录（汉语拼音方案）
商　务	使用说明、版权页、江蓝生序（中英文）、陆俭明序（中英文）、目录页、编者的话、关于这本词典、说明、查字的方法、音节表、笔画查字表、独体字查字表、部首查字表、词典正文、附录（现代汉语语法要点、中国历代纪元表、中国行政区划表、世界主要国家和地区简表、干支次序表、二十四节气表、中国民族名称表、中国最常见的 200 个姓、汉语亲属称谓表、常用量词用法表、中文标点符号用法、汉语拼音方案）
中　日	部首表、版权页、总目次页、前言·编者的话·增订说明、凡例、部首索引·部首表·检字表、辞典本文、日本语索引、附录（汉语拼音字母·注音字母对照表、部首名称一览表、省·自治区·直辖市·特别行政区及其别称、少数民族一览表、中国重要纪念日·二十四节气·旧历主要节气一览表、中国历史略表、亲族关系名称及关系图、北京传统住宅配置图解、中国政治机构一览表、国名首都名一览表、度量衡单位名称、化学元素表、中国略图）
牛　津	版权页、出版前言、出版说明、顾问及编辑人员名单、陆谷孙序、金圣华序、余光中序、编译者序、Foreword、（英文版序言）译文、本词典词条用法、数字、符号、目录页、词典正文、地图、彩色专题页、参考信息
现　汉	部首目录、版权页、第 5 版说明、前言、1996 年第 3 版说明、2002 年第 4 版说明、总目页、凡例、音节表、新旧字形对照表、部首检字表（部首目录、检字表、难检字笔画索引）、词典正文（附西文字母开头的词语）、附录（我国历代纪元表、计量单位表、汉字偏旁名称表、汉语拼音方案、元素周期表、中国地图）

除了词典正文外，5 部工具书在体例设定方面还包含一些共有的元素，例如

版权页、序言（前言）、凡例、说明、附录等。综观 5 部辞书之体例设计，大致包括了这样几个方面：①版权说明，交代编者、出版者、印刷版次信息等。②出版或前言说明，多为出版者、编译者对词典编纂过程、版本及致谢等情况的说明，一般比较简短。例如《中日》标榜"类书中最大规模"，"亲字数 1 万 4千"，"收词量丰富，值得信赖"。③"使评论家愉悦"的序言，这些序言一般请本领域专家撰写，主要是对词典进行正面评价、宣传。如《当代》序言说"这在国内外都是一个创举"，"自始至终贯穿着一种创新意识"；《商务》指出，"这部词典是迄今为止我国第一部专门为具有中级汉语水平的外国人编的汉语原文词典，它的主编和编写者都是具有长期对外汉语教学实践经验的教师，他们最知道外国人学汉语的盲点、难点，最知道外国人需要什么样的词典"，"可以说是专门为外国人学汉语而编写的汉语原文词典"；《牛津》认为，"综观牛津高阶第七版，力求增强实用性，语法、用法信息量自然有所增加，与此同时收词量也增加了近万条，收词范围向百科、文化、世界英语等方面扩充，但篇幅只因此增加了不到百分之二十，可称得上在词典实用性、收词量和篇幅之间取得了较好的平衡，其关键即在于努力体现上面提到的两个特点——撮要纳新，繁略适中"。④凡例，即关于词典的使用说明，包括检索方法、符号识别、释义说明、词条注释内容、配例说明、词条展示顺序等内容，每一项都用具体的例子来说明。例如《牛津》的"使用说明"就包括了 Finding the word（按照词目的字母顺序排列，复合词作为独立词条出现，但仍按字母顺序排列）、Finding the meaning（个别词语释义很长，如果读者对所查词语的大意有所了解，不必从头到尾通读整个词条）、Understanding and using the word、Build your vocabulary（词典内有很多有助于扩充词汇和加强英语运用能力的信息）等 4 个部分。⑤检索方式，即通过何种方法查找要查找的词语。例如《牛津》采用的是字母顺序，《中日》采用部首检字，《当代》采用音节检索和笔画检索，《商务》和《现汉》则采用音节、笔画、部首、独体字等多种检索方式。⑥附录信息，主要收录和目的语学习密切相关的语言文化内容。例如《当代》和《商务》均收录了汉语拼音方案，《商务》收录了汉语语法的主要特点、汉语常用称谓、量词用法表、标点符号等代表汉语特点的内容，《中日》收录了中国行政区划、少数民族、传统节气等基本知识，《牛津》则收录了世界及地区地图、专题彩色插图以及包括语法和研习专页等内容的参考信息。

对《当代》等 5 部辞书的上述分析，对于更新编纂理念与思路，编纂出更加国际化的语言学习词典具有重要的借鉴意义。下文我们将在离析 5 部词典在 5环节中所体现出的得与失的基础上，借鉴与吸收《当代》等 5 部辞书的成功经验，整理当代语言学习词典的编纂理念与思路。

1.3 借鉴与吸收——词典编纂的用户视角

上文指出，全球一体化带动的国家和地区间国际交往的范围扩大化，导致了语言文化交流需求的大幅提升。国际性的多领域合作，对人们的外语水平与跨文化交际能力提出了越来越高的要求，从而极大激发了国际间人们外语学习的动机。这种语言文化交流需求及其所促动的外语学习需求，对当代语言学习词典的编纂提出了新的挑战，即某语种的当代语言学习词典不能再限于仅仅为某一个国家或地区的学习者量身定做，而应该在更大程度上适应不同国家和地区的学习者需求。简言之，我们应该在国别化和普适性之间做出选择，是让我们的产品仅仅适应个别国家和地区的学习者，还是普遍适用于多国家和地区的学习者？显然，后者的普适性当为更好的选择。因此，编纂当代语言学习词典遇到的首要问题就成了如何适应这些学习者，如何满足国际范围内学习者的多重需求。著者认为，编纂当代语言学习词典在借鉴已有学习词典的基础上，应该把"以学习者为中心"作为更新编纂理念与思路的突破口。

"以学习者为中心"即词典编纂的用户视角，意味着我们的词典编纂应该处处站在用户的角度处理宏观设计与微观构件。

1.3.1 宜于交际的词项选取与宜于认知的立目方式

词项选取与立目的基本依据是目的语环境常用、学习者常用。语言学习词典的基本功能在于引导学习者运用目的语进行交际（包括书面交际和口头交际），培养学习者的目的语交际能力，因此常用性是选取词项、确定立目的基本前提。

（1）充分考虑语言学习者水平。考虑语言学习者水平并非为了将词典进行初中高的分级，即不宜人为设定词典的等级。词典的编纂应该面向全体读者，而不是人为地适应某一个被界定为初级水平的学习者，《当代》《牛津》都采用了这种分级的做法（前者被界定为初级本，后者则除了高阶还有中阶），这种人为设定造成的一个必然后果是学习者往往找不到自己需要的词项信息。例如《当代》只收录了"打"的3个义项，而《商务》和《现汉》则分别收录了18个义项和24个义项，因此绝大部分义项在《当代》中无从查到。著者认为，当代语言学习词典设定中高级一个等级是最佳设定，例如《商务》界定为中高级，收录的10000个词条基本上可以满足各个语言水平的学习者。

（2）有限参照专家制定的各种词表。既定词表一般都是基于计算机词频统计整理的结果，反映了一段历史时期语言的发展和变化，因此一本词典收取哪些词语，既定词表当然是一个重要的参照。但词表往往受到更新的限制，当代社会瞬息万变，随时会出现一些新词新义，而这些新词新义并不能及时反映在词表当中，如《当代》和《商务》就有这方面的局限性。词项选取还可以参照新近出版的其他词典，查漏补缺。另外，词典编纂者的经验可能也是比较可靠的一种参照。

（3）选取的词项要利于学习者学习。语言学习词典的基本功能在于引导学习者通过学习目的语，最终达到活用目的语之目标。词项利于学习者学习，要求我们必须对选词做出统筹规划，哪些词语必须选进来，哪些词语必须剔出去。例如，一些方言俚语、过时的政治经济方面的词语即使是母语者也已经很少使用了，但一语词典还是收录这些词语，大概只是为了个别读者查阅方便。但对于第二语言或外语学习者来说，这些词语基本上不会出现在交际中，使用范围极其有限，换言之，对语言学习者没有益处，因此不宜收入词典当中。①

（4）新词新义的收录。新词新义是判定一部词典是否具有现代性的重要指标。一部辞书如果收录的词语没有及时反映当代生活的社会变化，没有及时将一些已经普遍进入正常交际的新词新义收入进来，从某种程度上说就已经失去了存在的价值。收录新词新义，可以借助网络信息、报章杂志等的统计、语料库等手段，例如《现汉》就收录了6000新词，据编者透漏，"体认"和"愿景"两个词语竟然是在即将出版前才加进去的。因此，收录新词新义需要编者以敏锐的眼光，及时从超量信息中捕获那些已经进入交际的新词语。例如对于"打包"一词，《现汉》只收录了两个义项，没有收录"将在饭馆吃剩下的饭菜包好带走"这个义项，而《中日》则及时收入了这一生活中的常用义项。

（5）对于多义词语采取词项兼词性立目方式。相对于义项立目而言，对多义项词语采取词项立目方式，体现了一种自上而下的认知方式，有利于学习者整体认知与识别。义项立目体现的自下而上的认知方式不利于学习者的整体感知，同时也在客观上加大了检索难度。词性立目可以作为词项立目的辅助方式，即如果这个词项具有多种词性，则分别立目。词性差别能在很大程度上引导学习者掌握同一词项的多种意义和用法。

1.3.2　多元化的释义方式

学习者查找一个词语，最基本的需要是了解这个词语的意义，因此释义在词典中的地位举足轻重。《当代》采取动态语境释义，开创了一种新的释义方

---

①　例如我们在上文中指出的《中日》所收录的一些词汇。

式，但单纯采用动态语境释义可能不能准确解释被释义词语的内涵，从而给学习者理解词义造成障碍。著者认为，作为给第二语言或外语学习者使用的语言学习词典，对词项不宜采取语境动态释义的方式，而应在元语言释义、对译、插图3种方式之间做一个平衡。

元语言释义作为一种最普遍的释义方式，能够较准确地揭示词语的内涵，但对外向型语言学习词典来说，很容易出现元语言难度太大的问题。如果释义元语言中所用词语的难度超过了被释义词语，同样会给学习者准确理解造成混乱。

如有汉语学习词典对"颜色"一词的解释是"由物体发射、反射或透过的光波通过视觉所产生的印象"，这种释义在准确性方面可能没有什么问题，但大部分学习者可能看不懂这种专业化的释义，换言之，这种释义对二语或外语学习者来说意义不大。再如，将"兔子"注释为"哺乳动物，头部略像鼠，耳长，上唇中间分裂，尾短而向上翘，前肢比后肢短，善于跳跃，跑得很快。有家兔和野兔等种类"，将"游泳"解释为"体育运动项目之一，人在水里用各种不同的姿势划水前进"，也都是不可取的。鉴于此，当代语言学习词典应该采取更加灵活的释义方式，为学习者理解词项的意义提供更加有效的理解线索。如"颜色"一词，可以在元语言释义的基础上采用对译的方式给出英文翻译（colour），"兔子"（rabbit）则可以给出插图，《牛津》在处理这个词项时，就在元语言释义的同时配置了插图（rabbit 和 hare 两种插图），而"游泳"则可以在元语言释义的基础上同时给出对译和插图。

因此，对于某些词项，灵活采用元语言释义、对译和插图，能大大降低学习者的理解难度，对苦苦思索寻找合适释义的词典编纂者来说也是一种理想的选择手段。

1.3.3　语境化、交际化、国际化的配例设置

示例展示在词典中的地位举足轻重。一部好的语言学习工具书，不但应该有准确易懂的释义，更应该有语境充足的示例展示。"词典的任务是教人们怎么使用句子"（Quine，1922），"一部没有例句的词典只是一堆枯骨"（法国《新拉鲁斯插图小词典》格言），学习词典应该展示"规范的、常用的、内容健康的、完整度充足的、无文化因素干扰的基本句"（《当代》序）。因此学习词典不能是知识材料的堆积，而应该体现一种活的语言，学习者查到某个词条后能找到需要的信息，如词语的发音、意义、配例、用法等。

当代语言学习词典的配例应充分体现语境化、交际化与国际化3个原则。

语境化要求所给的配例必须是信息充足的完整句，而非毫无上下文联系的死搭配。例如《牛津》中给出的部分例句就充分体现了这种语境化要求，He became abusive when he was drunk. / That uniform makes the guards look absurd. / You have to do well academically to get into medical school. 等 3 个例句都是语境充足的完整句，学习者学习了这 3 个例句，也就基本掌握了 abusive（辱骂的）、absurd（荒谬的）、academically（学理上）的基本用法。此外，语境化还必须尽量排除暗含的文化因素，以免给理解造成额外的负担。和短语等交际价值不高的配例相比，配例语境化大大提高了学习者的学得效率。交际化要求所给的配例应该具有高度可模仿性和再生性，而非那些内容陈旧、使用范围狭窄的例句。例如，Yukio Tono 等（2008）通过建立日本英语学习者语料库发现，日本中学生在英语学习过程中有过度使用"have+N"的倾向，其中的 N 多为具体名词（如 have +friend，brother，bread 等），而对"have+抽象名词"这一结构使用较少（如 have+time，idea，trouble 等）。针对这一调查结果，他们对词条 have 进行了精化处理，增加了"have+N"结构特别是"have+抽象名词结构"的配例。"have+N"结构由具体到抽象的扩展就体现了示例的可模仿性，这种操作充分体现了编者的学习者视角，在更大程度上适应了学习者的学习需求。国际化要求所给的配例应具有最大的适用范围，一些反映政治色彩、暴力战争倾向、具有强烈民俗色彩、充满幼稚低俗化的配例都应该尽量避免写进词典。著者认为，下表中的配例都没有充分体现交际化和国际化。

表 28　当代、商务、中日、牛津 4 部辞书示例失当举隅①

词　典	配　例	分　析
当　代	是谁家的牛吃了这块地里的庄稼？// 做事不专心的人，不能开汽车。// 你们抓着偷自行车的人了没有？// 他腰里别了一把刀。	使用范围太窄//结论武断//内容消极//内容恐怖，缺乏交际的空间，示范性较差
商　务	这小姑娘长得真好看，等大了奶奶给你寻个人家，好不好？// 房子里没有厕所，你尿在这个盆里吧。// 我都二十九了，已经成大龄青年了。// 他穿着草鞋上山砍柴去了。// 给孩子买点儿好吃的东西解解馋。	内容陈旧落后//没有及时反映当代社会的发展变化//暗含的文化因素给读者理解造成了客观困难

---

①　鉴于《现汉》是面向母语学习者的一语词典，我们对其配例是否失当没有进行评论。

续表

词 典	配 例	分 析
中 日	宁死也要把小孩子抚养成人。// 这块麦子亩产250斤也打不住。// 只怕打着灯笼也找不出这样一个好媳妇儿来。// 他的颧骨很高，看相的说是主贵。	缺乏可理解的语境线索//使用范围太窄//内容老套，暗含不易于理解的文化因素//目的语国家的迷信因素
牛 津	An elderly man was found beaten to death. // From the custom of giving soldiers a bullet to bite on during a medical operation without anaesthetic. // In the distance machine guns were blazing. // Rye is tolerant of poor, acid soils.	恐怖暴力//血腥、战争内容/使用范围太窄

1.3.4 实用化的体例设定

"以学习者为中心"的用户视角，除了上面提到的选词、立目、释义和配例之外，还必须在检索体例上做到简明易查。上文提到，目前语言学习词典的体例包括版权说明、出版或前言说明、序言、凡例、检索方式和附录信息等内容，其实从学习者的角度来看，这些内容未必都是他们所需要的。对于词典使用者来说，他们更为关心的可能只有两项，一是检索方式，二是词典正文。出版前言说明和冗长的序言可能只是"使评论家愉悦"的内容，很大程度上也是研究者比较关心的部分。

鉴于此，著者强烈建议，对于当代语言学习词典的体例设定，应该在正文前排除那些影响使用者查找词条信息的内容，如版权说明、出版前言说明、序言，这些内容统统置于词典正文之后应该是更为妥善的安排。而学习者真正需要的检索方式、凡例等内容宜放在词典正文之前，保证读者一下子就能进入查找程序，而不必阅读那些烦琐的研究者更感兴趣的内容。

考虑到多重使用者的关系，词典编纂者必须考虑进一步完善附录内容，以备学习者查阅。以汉语学习词典为例，在附录中设置汉语拼音方案、汉语语法特点说明、常用量词一览表、中国地图、世界地图、中国历史、政治机构、传统节日及节气等内容能进一步帮助学习者了解中国、了解汉语。对于其他语种的学习词典，同样可以参照这种做法设置信息丰富适用的附录供学习者检阅。

有这样一种观点认为，"以学习者为中心"即外国人视角，就是词典编纂者要站在使用者使用的立场上去考虑使用者的需要——让使用者听懂目的语环境下的语言（要以目的语环境的文化身份去理解），说出非目的语环境下的语言

（要以学习者的文化身份来表达）。① 我们对这种观点不敢苟同。著者认为，语言学习词典的首要任务就是要引导学习者运用目的语进行交际，以达到活用目的语为最高目标。学习者能够活用目标语言，不能以能说出非目的语环境下的语言为衡量标准。语言是文化的载体，学习者的文化身份虽然不能变成目的语环境下的文化身份，但能够听懂并说出目的语环境下的语言无疑是学习一门语言的最高境界。正是基于这种认识，我们才提出在全球化背景下国家与地区交流与合作日益密切的今天，我们应该更新语言学习词典的编纂理念与思路，适应这种新形势下的挑战，顺应全球化，适应并满足不同语言学习者的学习需求。

因此，学习者的需求应该作为学习词典编纂的首要考量因素。有学者（巢峰，1986）提到辞书应该具备知识性、科学性、稳定性、简明性、思想性等五大特性，其实一言以蔽之，作为工具书，无论是内向型还是外向型，实用性才是最基本的特质。换言之，实用性即满足用户的多种需求，也就是"以学习者为中心"。

本节的分析研究语种仅限于英语、汉语和日语，限于时间、精力及文章篇幅我们没有考察更多语种的语言学习词典，但即使只是对《中日》等5部辞书的分析研究，也足以为我们编纂当代语言学习词典提供了一些可资借鉴的新理念和新思路。

第2节　典型谓宾动词的配价分析

下面的10个句子是外国留学生在使用"建议、打算、企图、主张、愿意、觉得"等动词造句时出现的一些错误（有些例子如果算不上错误，至少在普通话语感中不是那么自然）。

（1）＊我建议这件事。

（2）＊明天我打算我们去旅游。

（3）＊我企图去医院。

（4）＊玛丽企图学过钢琴。

（5）＊我会好好地主张我所学的做人的道理。

（6）＊美国的政府现在还是主张它的政策。

---

① 王弘宇. 外国人需要什么样的汉语词典［J］. 世界汉语教学，2009：567-575.

（7）＊妈妈愿意我以后能成为一名好的医生。

（8）＊他愿意我们一定来他的家祝贺他的生日。

（9）＊我的朋友不建议我们明天一起去长城。

（10）？我不觉得（认为）格林喜欢舞蹈（我们用"？"表示可接受性不强）。

外国留学生之所以会在这些词语的使用上出错，根本原因在于不明白这些动词的句法语义特征。简单分析一下（1）—（10），这类动词至少有下列特征：动词后面一定不可以跟体词性宾语、动词前的主语和紧挨动词后的成分（小句主语，下文将提到）在句法层面上受到很大的限制、否定词（有时）不可以出现在动词的前面等等。

本节将在占有语料的基础上，利用动词的配价理论探讨这一类动词的句法语义特征，希望能给汉语作为第二语言的汉语教学提供一些有益的帮助。

本节的语料来源：①1995—1996年《人民日报》，②北京大学现代汉语语料库（郭锐），③一些对外汉语教材。

2.1 典型谓宾动词和小句

2.1.1 典型谓宾动词

根据不同的标准，可以对动词做出不同的分类。"有的动词只能带体词性宾语，不能带谓词性宾语，例如：骑（马）、买（票）、捆（东西）、喝（一杯）、驾驶（汽车）、修理（电灯）。我们管这类动词叫体宾动词。有的动词能带谓词性宾语，例如：能（去）、会（写）、觉得（好）、打算（参加）、主张（先调查）、希望（快回信）。我们管这类动词叫谓宾动词。有的谓宾动词能带体词性宾语。"①（朱德熙，1983）。受（1）—（10）的启发，我们发现有些动词的后边只能跟谓词性的宾语，如2.0中提到的几个动词就属于这种情况。我们把这种只能带谓词性宾语的谓宾动词称为典型谓宾动词。

按照上面的定义标准，我们全面考察了《汉语动词用法词典》② 中这类动

---

① 朱德熙先生根据动词后宾语的性质，把动词分为两大类，按照这种标准，体宾动词的界限很清楚，但谓宾动词间的界限比较模糊。当然我们也只是分析了其中的一小类，即只能带谓词性宾语的典型谓宾动词。

② 孟琮、郑海德、孟庆海，等《汉语动词用法词典》，商务印书馆2000年版。共收录1223个动词，按义项出条共计2117条。我们考察的标准主要是义项。

词的分布情况，发现典型谓宾动词实际上是一个封闭的类。搜索到的这类动词如下①：

A 建议 命令 提议 主张

B 认为 以为 觉得$_1$ 看 想$_1$ 算计 琢磨 怀疑 怕 觉得$_2$

C 希望 打算 企图 想$_2$ 情愿$_2$ 请（敬辞，用于希望对方做某事）

D 愿意 情愿$_1$ 忍心 懒得 能$_2$ 认 （生气）

E 意味着 显得 说 值得$_{1,2}$ 省得 难免 能$_2$

F 听从 着手 允许 去 （包）

2.1.2 什么是小句

传统汉语语法研究认为，与英语相比，汉语当中是没有小句这一级语言单位的。因为汉语中界定的句子与英语中的 clause（从句）有着本质的不同。英语中的小句译成汉语，与汉语中的短语相对应，而汉语中对句子的界定主要依据是其交际功能，（如，"句子是前后都有停顿并且带有一定的句调表示相对完整的意义的语言形式。"（朱德熙，1983）；"我们考虑一个语言单位是不是句子时，显然是根据它的交际功能，即能不能独立地完成一个交际任务。"（杨成凯，1996）；"句子是语言中前后有较大停顿、伴有一定句调、表示相对完整意义的音义结合体"（陆俭明，2003），汉语中的短语则主要考虑其结构方面。反过来，如果用汉语的短语和英语的 clause 对应，则汉语短语的范围需要大大缩小，因为英语的 clause 的主要成分应该是可以用作谓语的谓词性成分或用作这种成分的其他成分。"它们脱离上下文固然不能成为独立的交际单位，但是充当更大语言单位的一个成分时，功能相当于一个小句或句子。"（杨成凯，1996）。

我们同意杨成凯的看法，在本节中把典型谓宾动词后边出现的谓词性成分（主要指动词和形容词等谓词性成分）定义为小句。很明显，典型谓宾动词后面的成分都是动词性成分或形容词性成分，句法层面上我们称之为小句宾语。如下面的例子。

（11）今春，他打算将已开出的 330 亩地全部种上棉花。

（12）老王建议亲自调查。

（13）有些人企图在青黄不接的时候煽动民心，扰乱秩序，破坏社会治安。

按照我们的理解，（11）—（13）中动词"打算、建议、企图"后面的谓

---

① 分类的标准是动词的语义近似性，考察的标准完全按照《汉语动词用法词典》的出条义项。限于篇幅，一般不列动词的义项。

词性成分"将已开出的 330 亩地全部种上棉花""亲自调查""在青黄不接的时候煽动民心，扰乱秩序，破坏社会治安"等都是小句。

2.1.3　典型谓宾动词的鉴定

虽然我们在上文给典型谓宾动词下了一个确切、可以具体操作的定义，并最终把这类动词后面的句法成分称为小句宾语，但是由于这种小句宾语句（即由典型谓宾动词构成的句子）在句法层面的线性排列上与双宾语句、致使性动词句①极为相似，所以有必要对这 3 种句式做一下区分，即建立一个能够准确地鉴别出典型谓宾动词的句法框架（slot）。

我们讨论的小句宾语句的一个鲜明特征就是典型谓宾动词与小句宾语之间在音律特征上有一个明显的停顿（我们用横线"－"来标示这种停顿特征），在结构上是截然分开的两个部分，其基本句法结构可以描写为：

（a）NP+V －+VP

这样，下面的句子都可以分析为（a）的形式。

（14）我觉得－很惊奇。

（15）他还打算－明年来"自行车王国"骑车呢。

（16）我想－她更喜欢跳舞。

（17）我觉得－看电影是学习语言的好方法。

双宾语句和致使性动词句在句法结构上同小句宾语句完全不同。关于双宾语句，马庆株（1983）曾有过专门的论述。按照马庆株的文章的观点，无论 O_2 是体词性成分还是谓词性成分，整个双宾语句的结构都是一样的。

（b）（NP）+VO_1+O_2

很显然，这里的 O_1+O_2 不是一个层次上的东西：O_1 先和动词 V 结合，形成的动宾结合体 VO_1 再和 O_2 结合。如下列双宾语句构造。

（18）王老师昨天送给我一本书。

（19）请告诉小王我找她。

致使性动词句即传统上的兼语句，这类句式的基础动词是"使、让、叫"等，如：

（20）我让她坐在教室里。

（21）她那柔中带刚的性格使我惊愕。

（20）和（21）的结构可以描写为［结构中的 NP_2 具有双重身份，这一点和

---

① 详看邢欣. 致使动词的配价［A］//现代汉语配价语法研究（第一辑）. 北京：北京大学出版社，1995：77-88.

（a）（b）非常不同]：

（c）NP$_1$+VP$_1$+NP$_2$+VP$_2$

因此，从句法表达式及成分的句法功能上看，（a）（b）和（c）之间的界限是比较清晰的，一般不会发生混淆。我们认为任何一个动词，只要适合句法框架（a）就都可以称为典型谓宾动词。按照这一标准，我们共收集到这类典型谓宾动词 39 个（参看 1.1）。

2.2 事件的隐含与表达

2.2.1 动词中心说与事件

法国著名语言学家特斯尼耶尔在其《结构句法基础》一书中对动词的作用曾做过十分经典的论述。他说："动词在我们大部分欧洲语言里占中心地位，动词代表一整出小戏剧"，"动词表示情节过程，如法语的句子 Alfred frappe Bernard（阿尔弗雷德打贝尔纳）中，情节过程通过动词 frappe（打）表示出来"。Miller（1985）则详细论述了这种"动词中心说"的理据，认为大多数语言中动词是构成句子的特征性成分，动词本身可以构成一个标准的句子，动词本身隐含着句子中的其他成分及其形态表现等。在借鉴国外语言学理论的过程中，汉语研究者发现汉语中的动词同样具有这样的功能，即动词（或动词性成分）是整个句子的核心部分。"大家越来越认识到，句子的核心是动词，句法研究的关键也往往在动词上"（陆俭明，1993）。

关于事件，杨成凯在其《汉语语法理论研究》中有精辟的论述。"我们把事物的性质、变化及事物和事物之间的关系叫作事件（event），事件就是一个或几个有关系的事物存在的方式或呈现的情景，我们所认识的客观世界就是由事物和事件组成的。"因此，单从事件本身来看，它至少应该包括：参与者、动作、状态、原因、结果、时间、地点等因素。

我们认为汉语中的谓词性成分都可以"描述"成一个事件。如，"建议"，一定可以被描述成"×××向集体、领导提出自己的主张或看法"的形式；"走"一定可以被描述成"×××有生物的脚及整个身体的移动"的形式；"漂亮"一定可以被描述成"×××非常好看"的形式……。从认知上讲，这种描述过程的本质就是语义场景的激活。

2.2.2 事件的隐含

给定一个谓词性成分（动词或形容词），在认知上都能激活一个语义场景，我们把这种现象称为事件的静态虚拟隐含（为行文方便，下文直接称隐含），这种虚拟隐含与该谓词性成分的深层元语义概念相对应。一个典型谓宾动词的出现，必然隐含着动作过程及动作的参与者；一个单价形容词的出现必然隐含着性质和主体；一个双价形容词的出现必然隐含着性质和两个必有补足语。事件虚拟隐含的数量是单一的，就典型谓宾动词来说，被激活的语义场景的数量是有限的、唯一的。如"认为"一词，在语义特征上只能激活施事题元（一般为有生的）和小句题元两种成分。1.1 中列出的 A—F 类典型谓宾动词都可以这样描述，因此我们可以说典型谓宾动词都隐含了一个包括施事题元和小句题元两个语义成分的事件。

2.2.3　事件的表达

与事件的隐含相对的一个概念是事件的表达，事件表达与表层句法结构相对应。先看下面的两个例子：

（22）大家一致认为他是合适的人选。

（23）这篇文章的主题是说妇女能发挥更大的作用。

（22）—（23）显然是在"认为""说"的事件虚拟隐含的基础上形成的，是对事件隐含的一种表达式，即深层元语义结构向表层句法结构的一种映射（mapping）。因此（22）（23）各自表达了一个事件。但这种对事件隐含的表达式不是唯一的。

（24a）大家一直认为，这件事他的确做得有点儿出格。

（24b）这件事，大家一直认为他的确做得有点儿出格。

（24c）这件事他的确做得有点儿出格，大家（一直）认为。

（24a）—（24c）中的动词"认为"虚拟隐含的事件是唯一的（相同的），但有着不同的表达形式，即具有不同的配位方式（袁毓林，1998）。

2.3　典型谓宾动词的配价及相关问题

从语义上看，任何一个典型谓宾动词都关涉到两个个体（argument），即施事题元和小句题元，所以都是二价动词（divalent verb）。从句法上看，任何一个典型谓宾动词都关涉到两种语法关系（grammatical relation），即主语和小句宾语。我们不妨用下列方式来表示典型谓宾动词的配价结构：V（a　b）。其中 V 代表动词的元语义特征，a 代表施事题元，b 代表小句题元。依照这种格式，A—F 类动词的配价结构可分别写成："建议"/"认为"/"希望"/"愿意"/"意味着"/"听从"（施事题元　小句题元。）

2.3.1　两个事件

典型谓宾动词的一个鲜明句法特征是后边只能跟小句宾语；因此由这种动

词构成的小句宾语句实际上有两个动词或动词性成分（包括形容词或形容词性成分，下同），分别记为 V_1（典型谓宾动词）和 V_2（小句动词）。从句法或语义层面上看，这种动词都表达或隐含了两个事件，分别记为 E_1 和 E_2。如：

（25）我们希望与世界更多地交流，我们希望世界更好地了解中国。

（26）美国和韩国主张向朝鲜提供的反应堆必须是韩国型的。

（27）我看这种现象很有说服力。

（25）—（27）都各自表达了两个事件：由典型谓宾动词"希望""主张""看"隐含的 E_1 和小句动词"交流、了解""是""有"隐含的 E_2。E_1 和 E_2 具有一种时间上的先后关系，因此具有一种逻辑上的语义包含关系，即：$E_1 \supset E_2$。

2.3.2 小句主语的空语类问题

根据我们的观察，由典型谓宾动词形成的小句宾语句在句法上有这样的特征：小句有时可以自足或非自足的形式出现，有时必须以自足或非自足的形式出现，情况比较复杂。0.1 中的错误例句（2）（7）和（8）就是由这些特征引起的。其实，这种特征可以运用空语类范畴来做出解释。

空语类（empty category）指句子当中有语义内容而无语音形式的一种成分，它是管约理论（G. B. theory）的重要组成部分。主要有两种类型：一是可以补得出来的 EC，包括（i）由省略造成的 EC 和（ii）由移位造成的 EC，记作[e]；另一种是补不出来只能心领神会的 EC，记作[PRO]。

在我们考察的 39 个典型谓宾动词中有一类动词形成的小句宾语其主语必须和整个小句宾语句的主语具有同指关系，这些动词包括 C 类中的"打算""企图""情愿""想"，D 类中的"愿意""情愿""忍心""懒得""认""能"，E 类中的"显得""难免""能"，F 类中的"着手""去"。由这 15 个典型谓宾动词形成的小句宾语句，其小句宾语的主语只能以[PRO]的形式出现，如果强行补出小句的主语，句子要么显得不合法，要么显得别扭（注：企图，贬义词）。如 2.0 中的（2）（7）和（8）都是这类动词的错误。比较正确的说法应该是：

（2a）明天我打算去旅游。

（7a）妈妈愿意成为一名好医生。

（8a）她愿意来我家祝贺我的生日。

类似的例子还有：

（28）李天明一直懒得在地面前公开自己的那点儿零碎儿。

（29）所以，美国此次进一步制裁伊朗，最终难免陷入孤掌难鸣的尴尬境地。

（30）8 年前，该县粮办工业只能进行粮油加工，粮食资源浪费严重。

（31）西方盟国愿意坐在一起讨论俄罗斯的要求。

类似（28）—（31）的小句宾语句，其小句必须以非自足的形式出现。我们把这类动词的句位记作：$NP+VP_1+$ ［PRO］$+VP_2$（注：［PRO］与 NP 必须具有同指关系。）。

剩下的 24 个动词，后面的小句有时必须以自足的形式出现，这时不存在空语类的问题。

（32）甚至有人怀疑法国队是否像说得那么强。

（33）对此，建议有关部门、单位进行认真检查清理。

这时形成的句位可以记作：$NP_1+VP_1+NP_2+VP_2$（注：NP_1 与 NP_2 可以是同指关系，也可以是非同指关系。）。

但当整个句子受到语境的强有力制约或影响时，这类动词后面的小句有时可以非自足的形式出现，有时必须以非自足的形式出现，因此形成的空语类要么是 ［e］，要么是 ［PRO］。

（34）在榆树台演出结束时已是夜里 10 点多钟，剧团的同志怀疑这时去是否还有观众。

（35）然而"金长城"的设计者对此并不觉得意外。

（36）鬼子以为是条干河，竟密密麻麻地偷袭而来。

（37）首先，闲暇意味着出现了个人自由发展的可能性。

（38）李铁映建议，首先在京津沪几个大城市搞试点，明年再召开一次全国经验交流会。

（39）前些年，这里只有少数封建土地庙，且都建在十分僻静之处，怕被人发现。

（34）—（36）中的空语类都是可以补出来的，其中（34）和（36）是由于省略造成的 ［e］，（35）是由于移位造成的 ［e］；（37）—（39）都是补不出来的 ［PRO］。因此（34）—（36）和（37）—（39）的句位分别是：$NP +VP_1+$ ［e］$+VP_2$；

$NP+VP_1+$ ［PRO］$+VP_2$。

（注：［e］／［PRO］和 NP 一般是非同指关系。）

值得注意的是，凡是能够通过位移形成 ［e］ 的，只有 B 类动词才可以，如

2.3中的（24a）与（24b）（24c）。

2.3.3 否定词的位置

上文（9）和（10）两个错误明显受到了英语中同类动词否定格式的影响，小句宾语句中典型谓宾动词的否定是不是和英语一样呢？否定词的前后是否会影响整个句子的意义？这是一个比较复杂的问题，我们只能稍做分析，具体问题有待进一步研究。

39个典型谓宾动词中，"懒得""难免""省得"本身就含有否定意义，所以在句中出现时不能再加否定词。动词前不能直接用"不"否定的有A类中的"建议""命令""提议"，B类中的"看""想""算计""琢磨"，C类中的"企图""想""请"，F类中的"听从""去"等。E类中除了"省得"以外都可用"不"或"并不（是）"否定。和英语中同类动词相应的只有A类中的"主张"，B类中的"认为""以为""觉得""怀疑""怕"，C类中的"希望""打算"，D类中的"愿意""情愿""忍心""允许""能""认"。

2.3.4 动词的语义特征分析

为了进一步明确39个典型谓宾动词的句法语义特征，我们从〔自控〕、〔述人〕、〔意念〕、〔转移〕、〔外向〕等5个方面来分析典型谓宾动词的语义特征（个别特殊动词单独讨论）。

表 29　典型谓宾动词的语义特征

动词	语义				
	〔自控〕	〔述人〕	〔意念〕	〔转移〕	〔外向〕
A	+	+	+	+	+
B	+	+	+	+	±
C	+	+	+	+	±
D	+	+	+	+	−
E	−	−	−	+	+
F	+	+	+	+	−

〔自控〕和〔述人〕特征其实是一个问题的两个方面，具有后者必然具有前者。〔意念〕是和有生物特别是人的心智相联系的语义特征。〔转移〕是指信息的转移，即 NP_1 作为动作的发出者，通过 VP_1 把话语信息传递到 NP_2+VP_2 的位置。〔外向〕指的是小句主语是否与全句主语具有同指关系，不具有同指关系的即具有〔外向〕语义特征。

A、B、C3 类具有 5 个方面的全部特征。其中 B、C 两类具有［外向］和［内向］两个特征，所以，这类动词形成的句子有时会产生歧义，如：

（40）我希望［e］早日去北京实现自己的夙愿。

（41）王刚怀疑［e］是否能顺利通过这次极其关键而又颇有难度的考试。

（40）（41）中的［e］和"我""王刚"既可以具有同指关系，也可以具有非同指关系。另外，C 类中的"想"有"打算"的意思时只能具有［外向］特征，即前后两个主语必须具有同指关系（虽然小句主语只是一个隐含的［PRO］）。

D 类动词不具有［外向］的特征（参看 2.3.2.2），E 类动词只具有［转移］、［外向］特征，F 类动词没有［外向］特征。

从纵向方面看，所有的动词都具有［转移］特征，这一点非常重要，是典型谓宾动词最基本的语义特征。除去 E 类外，ABCDF 类动词都具有［自控］、［述人］、［意念］的语义特征。［外向］是最参差不齐的一项特征，这也是留学生比较容易犯错误的一个根本原因。

下面我们分析一下出现在动词（包括 V_1 和 V_2）前后的题元角色类型

2.3.4.1 典型谓宾二价动词的题元角色类型

Ⅰ施事题元（ACDF 类动词）

定义：动作的发出者/主体。

示例：（42）她建议考察队立刻从北纬 89 度后撤至 88 度 57 分处扎营。

（43）中国一贯主张国与国之间的问题应该在互相尊重的基础上，通过平等对话来寻求解决，而不应动辄制裁和施压。

Ⅱ感事题元（B 类动词）

定义：事件中从事感知或认知、评价活动的主体。

示例：（44）有一种观点认为凡出现物价总水平上涨，币值下跌，不管幅度多大，均为通货膨胀现象。

（45）人们经过不断的品尝选择，觉得红星二锅头还是那个味，还是那个样子。

Ⅲ对象题元（E 类动词）

定义：感知、认知、心理等活动所关涉的对象。

示例：（46）18 岁意味着你们已不再是个孩子，18 岁意味着你们将对自己、对家庭、对社会、对祖国承担起应尽的义务。

（47）今年的"五一"劳动节，显得格外热闹和喜庆。

Ⅳ小句题元

定义：功能上相当于一个句子的由谓词性成分构成的语义块。

示例：（48）我怀疑她今天去医院了。

（49）老王始终不忍心做这种伤天害理的事情。

2.3.4.2 小句动词前后的题元角色类型

对于小句动词的题元类型，我们只列出名称（具体定义及示例参看 3.4.1）：

①［PRO］（参看 3.2.2 和 3.2.3）；②施事题元；③感事题元；④对象题元。

2.3.5 两类动词及小句的选择机制

2.3.5.1 两类动词

小句宾语句的一个重要句法特征就是一个句子当中具有隐含两个不同静态虚拟事件的动词 V_1 和 V_2。V_1 即本节所讨论的典型谓宾动词，从 2.3.4 的表格中可以看出除 E 类（此类动词好像是一种例外，具体细节有待具体研究）以外的其他 5 类词都具有［自控］、［述人］、［意念］的特征，因此都是典型的强自主动词。所以整个小句宾语句的主语在所指上必须是有生的（包括其隐喻形式），在我们考察的所有例句中，这一点是没有例外的。另外［转移］是 6 类动词的共同特征。具有有生特征的主体，通过典型谓宾二价动词，传递出（发出）一个信息。根据功能主义语言学的信息结构原理，发出的这一信息必定是句子的焦点信息（句末焦点）。这一焦点信息的发出者就是题元施事（或感事、对象），接受者为被题元施事（或感事、对象）认为要接受这一信息的小句题元［PRO］（或施事、感事、对象）。因此与 2.3.1 中的 $E_1 \supset E_2$ 相对应，小句宾语句中 V_2 和 V_1 有着一种严格的线性排列关系，二者之间的关系也可以类似地表示为：$V_1 \supset V_2$。

在我们观察的语料范围内，所有 V_2 都具有 V_1 所具有的［可控］、［述人］、［意念］的语义分布特征，都可以归入自主动词。

2.3.5.2 小句的选择机制

首先，我们认为小句的选择机制一方面与动词本身的语义特征有关，即这类动词在进入句子时，后面的语义成分必须是一个语义块，作为语义块其中必定有一个（或多个）谓词性成分，最终以小句的形式出现在句法层面上。其次，从认知的角度来看，外部世界是人类最为关注的客体之一，人与外部世界始终处在一个互动的过程中。人类在认知外部世界的过程中，必然会对外部世界中对象之间和外部世界与人之间的诸种关系进行临摹。典型谓宾动词之所以极为有限，与这方面的认知因素是分不开的；这类动词虽然是一个封闭的类，但无论从经济还是实用原则来考虑都足以用来临摹这些关系了。

2.4 再看汉语的意合机制

2.4.1 什么是"意合"？

关于汉语的意合问题已有很多人做过解释和说明。朱德熙先生（1985）指出："在谈到汉语语法特点时，有人一会儿说汉语的词序重要，一会儿又说汉语的句子组织灵活，忘记了这两种说法是矛盾的。"又说"拿英语来说，词在句子里的位置相当稳定，倒是汉语的词序显得有一定的灵活性"，"在汉语里不同的词序往往代表不同的结构，从这个角度看，倒是可以说汉语的词序比印欧语重要"。举的例子是：

我不吃羊肉—羊肉我（可）不吃—我羊肉不吃（吃牛肉）

后来，陆俭明先生对这种说法一言以蔽之："词序是灵活的，语序是固定的。"即不改变语义关系时，词所处的位置比较灵活；语法关系的成分不能随便改动，成分的次序变化了，结构和意义也要发生变化。

在此基础上，袁毓林（1998）做出了更为详尽的说明。认为意合是对英语Parataxis（意含连接）的意译，"意合指的是结构成分不借助形态或虚词直接组合；它并不是汉语语法的特点，在英语中也是一种很普遍的结构方式"，并进一步指出"探究从固定的语序（句法成分位置）到灵活的词序（语义成分的位置）的转换机制，也就是所谓的'意合'的机制"。

因此在意义比较确定的前提下，同一个句子中的句法成分的确存在着一定的灵活性（但并不等于说毫无章法可言），从更广义的角度来看，这可以说是人类语言的一个共性。

2.4.2 从典型谓宾动词的配价看"意合"

"自然语言是概念化的现实的符号表达，句法结构在相当程度上不是任意的、自主的，而是有自然的动因，即外在形式常常是由认知、功能、语用等句法之外的因素所促动的，故表层句法结构直接对应于语义结构，而语义结构并非直接等同于客观的外在世界的结构，而是与人在和客观现实互动过程中形成的身体经验、认知策略乃至文化规约等等密切相关的概念结构相对应。"这是认知语言学的基本主张。（张敏，1998）。

　　典型谓宾动词在元语义层面上隐含了一个静态虚拟事件，对这一静态虚拟事件的动态表达或对这种元语义关系的句法实现就形成句子，但这种表达或实现的方式不是唯一的，即具有灵活性。认知语言学强调，句法结构直接对应于语义结构，而语义结构并不直接对应于句法结构而是与概念结构相对应，这种观点与本节的讨论结果是一致的。深层的元语义结构可以和句法结构形成一种一对多的关系，这正是所谓的汉语"意合"机制之所在。其实正如袁文所说，这种现象并非是汉语所独有的，我们认为这是人类语言的一种普遍机制。

　　本节主要从配价的角度讨论了 39 个典型谓宾二价动词（有人称为谓动词）的句法语义特征，指出这类动词①只能跟小句宾语的鲜明特征，②形成句子时具有两种包含关系。同时围绕事件的隐含与表达，试图解释汉语的意合机制问题。本节所讨论的动词其实已经有人注意到它的特殊性了，"但是有一部分这类'谓宾动词'实际上是一句省略了主语的小句，如谓宾动词'希望、想、赞成'等等"，"有的谓宾动词不是小句的省略，可是又牵涉到名物化或'名动词'的问题"，"这些都需要仔细地研究"。本节解释了一些实际问题，希望我们的解释能够为对外汉语教学工作提供一些有益的帮助。但有些问题说得不够细致，如否定的问题等，我们将对这些问题继续进行深入的研究。

第 3 节　基于自主学习取向的对外汉语
学习词典的微观设计

课堂教学是对外汉语教学的核心环节，处于教学环节的中心地位。然而如果单从学习者的学习效果来看，课堂教学本身存在着客观局限性——学习者对语言知识和技能的掌握大部分是通过自主学习（autonomous learning）的方式进行的，课堂教学在培养学生的语言能力、提高语言表达水平方面所起的作用极其有限。学习者自主学习是语言学习的重要途径之一，如何在课堂教学之外提高汉语作为第二语言学习者的自主学习效果成为对外汉语教学的重要一环，目前汉语国际推广更是凸显出加强这一环节研究与实践的重要性和迫切性。对外汉语学习词典是学习者课堂教学之外进行自主学习的主要媒介，因此及时编纂基于汉语作为第二语言的自主学习取向的对外汉语学习词典就成了当务之急。本节的主要目的不在挖掘或探讨这种自主学习的理论层面或基于这种取向的对外汉语学习词典的宏观实施，而是拟通过汉语典型谓宾动词这一具体实例探讨基于这种取向的对外汉语学习词典的微观设计方案。

3.1　自主学习理论与对外汉语学习词典

3.1.1　课堂教学的局限性

语言学习者学习语言不是一个单纯、被动接受知识的过程，而是一个不断利用已有知识经验编码新知识经验的动态过程。因此，第二语言的习得过程从根本上说是习得者主观上不断利用已有知识编码新知识的编码过程，是一个积极主动的学习过程。"当前语言教学的主要模式是'综合课打头，按技能设课'"（杨惠元，2007），而课堂教学作为这种教学模式的核心环节，在学习者学习语言的过程中到底发挥了何种功能，应该引起我们的一些反思。我们认为，课堂教学本身的客观局限性决定了课堂教学的效果有限，这种客观局限性主要体现在以下 4 个方面。

·课堂教学学习时间有限，具有一次性。课堂教学按照时间计算，一般为

90 分钟；按照每周 5 天计算，每个星期课堂教学的总时间大约只有 15 小时。这么短的时间内，学习者到底是否真正学得了某个语言项目以及学得的效果如何都有待进一步检验。

·课堂教学容易形成僵化的教学模式（组织教学－复习提问－学习新课－巩固总结－布置作业），这种模式不利于学习者汉语交际能力的培养。

·课堂教学往往受到课本（教学内容）、教学计划等客观条件的制约，影响学习者积极性和主动性的发挥，从而造成学习者被动学习的局面。

·课堂教学本质上是一种接受性学习，很难发挥学习者的自主性。

课堂教学是语言教学的核心，是师生互动交流的场所，但绝不是学习者学习语言的唯一途径。学习者真正习得一门语言，在很大程度上是通过自主学习实现的。

3.1.2　自主学习理论

自主学习理论是在当代教育心理学三大流派——人本主义、认知主义、建构主义，特别是建构主义——的基础上发展起来的一种新的学习模式。建构主义（constructivism）理论认为学习者的学习过程是一种对新信息进行主动建构的行为，学习者的知识体系是在学习者依靠自己原有经验与新知识经验的互动基础上建立起来的。建构主义很重视学生主体的作用，认为学习者不是被动接受刺激输入，而是对外部信息进行选择性加工和理解。因此，学习者的学习过程本质上讲是一种意义建构过程，而非结构建构过程。因此，所谓自主学习，其实是相对于"他主学习"或被动适应式学习而言的。这种学习理念强调以人为本、以学习者为中心，高度重视学习活动中学生主体意识的自觉发挥，重视对学生综合应用能力和创新精神的培养。（詹蓓，2007）

3.1.3　理论与实践的接口

在基于建构主义理论的支架（scaffold）式教学中，支架隐喻教师的指导和帮助，教师的作用在于为学习者搭建脚手架，让学习者自己攀爬而非代替学生攀爬。鉴于上述课堂教学本身的局限性，对外汉语学习词典应该发挥这种支架式角色，为学习者学习汉语搭建脚手架，引导学生自主学习。基于自主学习取向的对外汉语学习词典应该成为汉语作为第二语言学习者进行自主学习的一种关键媒介。自主学习和对外汉语学习词典编纂实践的接口在于如何在学习词典中融入有利于学习者自主学习的因素，如何使得学习词典的诸构件都能促进学习者的积极性和主动性，如何使得学习者的综合能力和创新能力得以提高。

3.2 对外汉语学习词典的微观设计构件

3.2.1 两种编排理念

目前通行的汉语学习词典，在编排设计方面大致体现为两种编排理念：自上而下的编排理念和自下而上的编排理念。前者是先向读者呈现整体，然后展示细枝末节；后者先向读者展示细枝末节，然后呈现整体。下面以《汉语8000词词典》《当代汉语学习词典》（初级本）、《商务馆学汉语词典》对动词"建议"的编排设计为例简单说明。

表30 不同词典的编排设计理念

词典名称	编排设计	编排理念
《汉语8000词词典》	向领导、集体提出自己的主张：~试试/~开个会/~去南方旅游/~举办展览/~你买一点儿尝尝/积极~/~一再~/多次~/~好几次/我~开会研究一下/我们~公司领导尽快做出决定/我~拟先尝尝再买/我一再~他先把英语学好/他积极向我~每天早上打打太极拳/对于改革奖惩制度，我们早就~过几次了。	自下而上
《当代汉语学习词典》	我向大家~去那个饭馆儿。→我对大家说那个饭馆儿比较好。/我们在商量今天晚上怎么过，她~去看电影。/那两件衣服都不错，我~她两件都买。/他~我们坐火车去旅行。/你能不能向老师~一下儿，我们班开个晚会。/我~过好几次了，可她根本没考虑。	自上而下
《商务馆学汉语词典》	向别人提出自己的意见，让别人考虑：积极~/~过一次/我~周末去植物园/大夫~我休息几天。	自下而上

《汉语8000词词典》和《商务馆学汉语词典》采用自下而上的编排设计，先见部分再现整体，但"部分"中的配例缺乏语境支撑，是一些结构的简单罗列，是死搭配，不能引导学习者"活用目标语言"。《当代汉语学习词典》采用自上而下的编排设计，先见整体再现部分，无论整体还是部分中的配例都有语境支撑，有利于学习者建构意义、活用目标语言，进行自主学习。

3.2.2 目前对外汉语学习词典的不足

供汉语母语者使用的词典和供以汉语为第二语言学习者使用的对外汉语学习词典，都不能从根本上解决学习者自主学习的问题，证据之一是学习者很少使用目前已经编纂出版的对外汉语学习词典。因此已有的汉语学习词典也就无法弥补课堂教学的客观局限性，难以起到自主学习媒介的作用。例如，当前无论何种编排理念的现有学习词典似乎都不能很好地帮助学习者解决下面这样的问题：

（1）＊我建议了这件事。

（2）＊明天我打算他们去旅游。

（3）＊玛丽企图学过钢琴。

（4）＊我会好好地主张我所学的做人的道理。

（5）＊美国的政府现在还是主张它的政策。

（6）＊他愿意我们一定来他的家祝贺他的生日。

（7）＊妈妈省得担心，我得给妈妈打电话。

拿动词"建议"的编排设计理念来说，《汉语8000词词典》采取白下而上的编排，部分之配例缺乏语境支撑且复杂有重复，元语言释义难度太大，不利于学习者学习；《当代汉语学习词典》虽采取自上而下的编排，但配例类型过于单一，没有列举"建议"一词的所有语用法。《商务馆学汉语词典》部分之配例缺乏语境支撑，配例类型更为单一。总之，不利于引导学生自主学习，不能有效引导学生解决上面（1）—（7）的问题。

3.2.3 微观设计构件

编纂易于引导学习者自主学习、达到"活用目标语言"目的的对外汉语学习词典，首先必须考虑这种学习词典的微观设计构件，因为如何让具体词项的句法、语义、语用等重要信息得到彰显并适于学习者自主学习，在很大程度上依赖于微观设计构件的设计与组合。我们认为，一部对外汉语学习词典的微观设计构件主要包括这样6个方面。

·词项选取。微观设计的第一项工作是如何选取词项，鉴于学习词典和知识词典的对立，学习词典所选取的词项应该有利于学习者学习，一些生僻词语不宜收录。对于对外汉语学习词典来说，词项选取宜以《汉语水平词汇与汉字等级大纲》中规定的8822个词项为蓝本。

·立目原则。确立词项以后，第二项工作是立目。8822 个词项并不简单意味着 8822 个条目，有些词项可以作为一个条目，但有些词项的条目宜分设。立目的方法有 3 种：词项立目、义项立目、词性立目。词项立目即直接把该词项确立为 1 个条目，义项立目即根据该词项义项的多少立目，词性立目即根据词性的不同直接立目。例如"建议"作为 1 个词项，《汉语 8000 词词典》和《商务馆学汉语词典》均采用词项立目；而《当代汉语学习词典》则采用义项立目兼词性立目。

·词性标注。词性标注宜简单明了，可以在词典凡例中统一说明；词性标注有助于学习者理解词项的语用法。

·编排理念。编排理念主要体现为体例安排，主要有自下而上和自上而下两种方式，前者的做法一般是先部分后整体，即先呈现词项的搭配用法，再展示词项的入句语用法；后者的做法一般是先整体后部分，即先展示词项的入句语用法，再呈现词项的搭配用法。

·释义方式。词项释义可以根据需要采取元语言简洁释义、语境释义、对译释义、插图释义等比较灵活的方法，不必拘泥于一种。

·配例方法。词项配例要做到口语化书面语化兼顾；以活用为本，配例要语境化；例语例句的展示要充足，照顾到词项的各种用法；配例应该是一个实用的、贴近学习者生活学习环境的语用法的集合；为强化学习效果，可以增设配例正误辨析。

3.3 微观设计个案——汉语典型谓宾动词

3.3.1 以汉语典型谓宾动词为例，简要说明微观设计的几个构件

根据所带宾语的特征，可以把及物动词分为体宾动词和谓宾动词（朱德熙，1982）。而有些谓宾动词只能带谓词性宾语，绝对不能带体词性宾语，我们把这种只能带谓词性宾语的谓宾动词称为典型谓宾动词（蔡永强，2004），如"建议、打算、企图、主张、愿意、觉得"等。典型谓宾动词与一般动词的特别之处在于前者后面只能跟小句形式的宾语，绝对不能跟体词性的宾语。同时我们还注意到，典型谓宾动词在认知特征上体现出"家族相似性"特征，即虽然宾语体现谓词性具有强制性，但相似性之中又体现出一些细微的差异。对外汉语学习词典如何在大同之下处理好这些小异，将会直接影响汉语学习者的学习

效果。

我们在上文列举了汉语教学实践中发现的留学生在使用这些谓宾动词时的 7 个错误例句，如何在词典编纂中把解决典型谓宾动词错误运用的方案融汇其中，引导学习者通过自主学习不再出现这样的错误，是编纂者应该考虑的一个重要方面。如果学习者选择了我们的词典，而使用了之后，还是不能杜绝类似的问题，那我们的词典只能面临一种出路：被弃用。由于这种动词在汉语中是一个封闭的类，拿出来单独处理对学习者来说应该是一种比较易于掌握的方案。我们通过检索《汉语水平词汇与汉字等级大纲》，搜索到的典型谓宾动词如下。

打算　怀疑　建议　觉得　懒得　命令　难免　企图　情愿　省得　算计 提议

忍心　认为　以为　希望　显得　愿意　允许　值得　主张　着手　琢磨 请①

看　能　怕　想　意味着

篇幅所限，我们仅选取其中的"建议""打算""企图""主张""愿意""省得"等 6 个典型谓宾动词说明微观设计方案。

表31　6个典型谓宾动词的微观设计方案

词 项	设 计					
	词项选取	立目原则	词性标注	编排理念	释义方式	配例方法
建 议	《汉语水平词汇与汉字等级大纲》规定的 8822 个 词 项 范围	义项兼词性立目	动 词	自上而下	语 境 兼 对译	语境化的语用法集合
打 算						
企 图						
主 张						
愿 意						
省 得						

按照上表的方案，我们对"建议"等 6 个典型谓宾动词的具体处理如下。

【建议】［动词］我建议大家明天去。→我告诉别人我的想法：别的时间不去，明天去。（propose / suggest）：医生建议我多休息几天。/ 我曾经向她建议，三月份再参加 HSK（中国汉语水平考试）高等考试。/ 关于坐火车去还是坐飞

---

① 敬辞，用于希望对方做某事。

机去，我建议过三次了，可她根本不听我的。/我建议了两次，他终于同意周末去长城。

【打算】［动词］玛丽打算下月去南方旅游。→玛丽有一个计划，下个月去南方旅游。(intend / plan)：你打算什么时候回国？/毕业后，玛丽打算去南方工作。/到底去还是不去？你需要好好打算一下/放假后，我不打算马上回家。/他已经打算好了，暑假学开车。/去国外拿一个学位我打算过，但后来觉得不现实。

【企图】［动词］小偷企图偷顾客的钱包，结果被警察发现了。→小偷想做坏事儿：偷钱包，但是被警察发现了，小偷没有成功。(attempt / seek to)：罪犯企图逃跑，但没有成功。/他们三个人企图抢银行，结果都被警察抓住了。

【主张】［动词］王府井离这儿太远了，大家都主张打车去。→王府井很远，我们都觉得应该坐出租车去。(advocate / maintain)：刚刚下了雪，路太滑，我主张明天再去。/我们一直主张男女平等。/导游主张先去三峡看看，然后回旅馆休息。/他曾经主张雨天爬山，但后来改变了主意。

【愿意】[1]［动词］除小王以外，我们都愿意用新电脑。→我们都同意用新电脑，只有小王一个人不用。(be willing to)：我愿意做她的助手。/玛丽不愿意天天在家闲着。/问：你愿意和他结婚吗？答：我愿意。

【愿意】[2]［动词］她愿意和小王一起去。→她希望能和小王一起去。(wish / want / hope)：每个人都愿意赢，不愿意输。/三层和五层还有空房间，你愿意住几层？/毕业后，我愿意当一名老师。

【省得】［动词］晚上给妈妈打个电话，省得她担心。→晚上我要给妈妈打电话，不要让她担心。(to avoid the unwanted situation)：你最好按时完成作业，省得挨批评。/我们早一点儿动身吧，省得路上堵车。/现在去内蒙古得多穿点儿，省得着凉感冒。

3.3.2 微观设计的说明与解释

上述对"建议"等6个典型谓宾动词的微观设计方案，体现了典型谓宾动词的家族相似性倾向，即大同之中存小异，这种小异并非通过文字直接说明，而是隐含于字里行间，目的在于引导学习者自主掌握这些小异。这些小异，具体说来表现为下表中的句法语义属性。

表32　6个典型谓宾动词之微观设计方案所隐含的句法语义属性

词　项	异　同						
	同	异					
		体标记	前否定	色彩	句法位置	语义指向	回答问题
建　议	后面都必须跟谓词性宾语——小句	有"了、过"	无	中性	自由	非主语	不能
打　算		有"过"	有"不"	中性	自由	主语	不能
企　图		无	无	贬义	自由	主语	不能
主　张		无	有"不"	中性	自由	非主语	不能
愿　意		无	有"不"	中性	自由	主语	能
省　得		无	无	中性	后续小句	事件	不能

由于我们的例语例句避免了同类型的重复、具有语境支撑、体现出极强的典型性，学习者在自主学习过程中就可以潜移默化地掌握隐含在其中的句法语义信息。这种微观设计及其构件组合至少在以下几个方面具有其他学习词典不具有的优势。

· 词项选取以《汉语水平词汇与汉字等级大纲》为蓝本，具有科学性、针对性和权威性，在很大程度上避免了词项选取的随意性。

· 义项兼词性立目，具有更大的灵活性。词性立目可以为学习者提供词项的句法导航，义项立目保证了同一词项不同意义之间的区别性。

· 自上而下的编排理念，有助于学习者形成整体概念，符合格式塔心理学的完形认知原则和规律。

· 语境兼对译的释义方式，一方面易于让学习者在语境中把握词项的具体意义，另一方面可以为学习者提供另一种理解词项意义的途径。这种双重释义方式在很大程度上降低了对外汉语学习词典的"准入门槛"，从而帮助学生在已有知识经验和目前可理解输入的基础上建构新的意义。

· 配例是词项语境化的语用法集合，是体现学习者自主学习的最突出特征。语境化配例体现出动态性，克服了固定搭配配例的静态性弱点，能够让学习者在动态语境中学得词项的具体意义。语用法应该视为学习词典微观设计的灵魂。僵化的元语言释义、静态的词语搭配，都不能引导学习者活用目标语言，从词典释义到配例全面贯穿语用法，使用最典型的隐含着丰富的句法语义信息的例语例句，保证了学习者充足信息量的获得，为学习者自主学习提供了最优化的环境。因此，一部成功的对外汉语学习词典本质上应该是一部语用法的集合。

·上述微观设计方案为不同级别的对外汉语教材编写奠定了坚实的基础。如果教材的用词范围以《汉语水平词汇与汉字等级大纲》为蓝本，那么在这种微观设计方案指导下形成的学习词典无疑将成为学习者学习的脚手架，因为这种学习词典中的每一个词目均包含了该词目所有的句法语义信息、并以完美典型的例语例句展示出来，学习者在学习使用教材的过程中遇到的问题均可依靠学习词典得以解决。

3.3.3　微观设计方案为 7 个错误用例提供的解释

根据表 34 和表 35 的说明，本节提出的微观设计方案对上述 7 个错误用例所提供的解释和说明如下。

（1）＊我建议了这件事。

"建议"后面必须跟谓词性宾语，"这件事"不是谓词性宾语；"建议"后面用"了"时，后面一般带"一次"等动量短语。

（2）＊明天我打算他们去旅游。

"打算"后的宾语"他们去游泳"具有谓词性，但语义指向上有矛盾，"打算"的语义指向只能是主语。错误用例可以有两种纠正措施：①明天我打算让他们去旅游。②明天我打算去旅游。

（3）＊玛丽企图学过钢琴。

首先，"企图"后面的宾语在意义上具有未然性，所以不能用体标记"过"；其次，"企图"后面的谓词性宾语具有贬义色彩，而句中的"学钢琴"并不具有明显的贬义色彩。

（4）＊我会好好地主张我所学的做人的道理。

"主张"后面的宾语"我所学的做人的道理"不具有谓词性。

（5）＊美国的政府现在还是主张它的政策。

"主张"后面的宾语"它的政策"不具有谓词性。

（6）＊他愿意我们一定来他的家祝贺他的生日。

句子中的"愿意"在意义上接近"同意"，不是"希望"义；后面的宾语应该是一种客观事实的表述，不能加助动词"一定"。

（7）＊妈妈省得担心，我得给妈妈打电话。

首先，"省得"在句法位置上必须位于后续小句，不能用于句首；其次，语义指向主语，"省得"前面不能直接具有其他主语成分。正确的说法应该是"我得给妈妈打电话，省得妈妈担心。"

为明晰起见，我们把上述信息列为下表。

表33 错误用例分析表

序 号	错误用例	解 释				
		谓词性宾语	体标记	色 彩	句法位置	语义指向
(1)	我建议了这件事	"这件事"不是谓词性宾语	用体标记"了"时，后面只能跟动量结构	—	—	—
(2)	明天我打算他们去旅游	—	—	—	—	语义应该指向主语
(3)	玛丽企图学过钢琴	—	后面的小句不能带体标记	"学钢琴"不具有贬义色彩	—	—
(4)	我会好好地主张我所学的做人的道理	"我所学的做人的道理"不是谓词性宾语	—	—	—	—
(5)	美国的政府现在还是主张它的政策	"它的政策"不是谓词性宾语	—	—	—	—
(6)	他愿意我们一定来他的家祝贺他的生日	谓词性宾语表示客观事实，不能有"一定"	—	—	—	—

序 号	错误用例	解 释				
		谓词性宾语	体标记	色 彩	句法位置	语义指向
(7)	妈妈省得担心，我得给妈妈打电话	—	—	—	必须用于后续小句，不能用于句首	语义应该指向主语"我"，后续小句应为"省得妈妈担心"

语言不是教出来的，而是学出来的。课堂教学的客观局限性、现存对外汉语词典的不足，以及汉语国际推广的新形势（汉语教学从国内走向国外）都需要一种新的适合学习者自主学习的对外汉语学习词典，本节提出的微观设计方案，为编纂适用于学习者自主学习的对外汉语学习词典奠定了一定的理论和实践基础。

第4节　外向型汉语学习词典的释义用词

4.1　英语学习词典的释义用词

针对词典用户的调查显示，外向型汉语学习词典的释义在汉语学习者使用词典的过程中发挥着非常重要的作用，学习者对读音、释义的词条信息查阅频率居前，"学习者用词典的最常用项目是查词义""用户使用词典的首要目的是查阅词义""查词义是学习者使用词典的主要目的"（岑玉珍，2011；解海江，2012；安德源，2012；郝瑜鑫，2013等），因此通过词典了解词语的意义往往成为学习者的第一需求。这一调查结果，也再次印证了释义在词典编纂中的核心地位——释义是"词典编纂者所注意的中心问题""词典编纂的中心工作""词典编纂者所有的裁夺，几乎都与在词典中如何处理词义有直接、间接的关系""一部词典的质量高低很大程度上取决于释义的质量"（Zgusta，1971；胡明扬，1982）。

为了简化释义、提高释义质量，外向型英语学习词典编纂与研究领域在运用"不可定义的词"（Wierzbicka，1992，转引自苏新春，2003）为目标词语释义方面取得了积极进展。20 世纪 30 年代，Ogden 和 Richards 制定了一个含有850 词的"基础英语"词表，并为其 2000 余词条的《基础英语词典》（*The General Basic Dictionary*）进行释义。1935 年，West 和 Endicott 合作出版的第一部外向型英语学习词典《新方法英语词典》（*The New Method English Dictionary*）用 1490 个基本常用词完成了对 24000 个左右词条的释义。1953 年，West 发表了包含 2285 个词语①的《英语通用词表》 （*A General Service List of English Words*）②，为英语词典释义词汇的选择提供了重要参照。首次参照此词表的外向型英语学习词典是 1978 年编纂出版的《朗文当代英语辞辞》，该词典在前言中明确说明其 2000 释义用词是"充分研究若干英语词频表和教学用语表""特别是韦斯特《英语通用词表》"后筛选的结果。虽然《朗文当代英语辞典》后来不断推陈出新，不断有新版本问世，但 2000 个释义用词的传统却一直得以继承下来。1995 年，英国出版的 4 本外向型英语学习词典也普遍采用了释义用词（Allen，1996）。

表34　1995 年版四大英语学习词典释义用词统计

词典名称	词条数量	释义风格	例证（数量）	释义用词（数量）
OALD（牛津高阶）	6.3 万个词条，6.5 万个释义	传统释义	9 万	3500
LDOCE（朗文当代）	8 万多个词和短语	传统释义+部分完整句释义	未给出	2000

---

① 2013 年 3 月，《新英语通用词表》*New General Service List*（NGSL）由 Charles Browne、Brent Culligan 和 Joseph Phillips 共同出版，新词表包含 2800 个核心词语，这些词语都是英语学习者使用的高频词，由 Michael West 1953 的词表升级而成。虽然英语有 60 多万个词族，但这 2800 个词对英语学习者阅读各种文体的覆盖率却高达 90%。NGSL 项目的目的有两个：一是现代化并扩容现行语料库规模；二是创建一个数量少于 NGSL 词语但却有更高覆盖率的词表。NGSL 是基于剑桥英语语料库 20 亿容量的 2.73 亿容量子语料库，这几乎是 20 世纪 30 年代 GSL 基于 250 万字语料库的 100 倍，但前者的覆盖率却比后者高出 6%。

② NGSL 从英语书面语语料库中精选出 2000 多个最高频词语，目标受众是英语学习者和英语作为外语教学的教师。为了发挥词表的最大效用，词表删掉了一些在意义上有重叠的高频词。

词典名称	词条数量	释义风格	例证（数量）	释义用词（数量）
COBUILD（柯林斯合作）	7.5 万个词条	完整句释义	10 万	2500
CIDE（剑桥国际）	5 万个词头，10 万个单词和短语	传统释义+习语及特别词项完整句释义	10 万	2000

根据 Nation（2001）的研究，英语中的前 1000 高频词和前 2000 高频词在日常对话、小说、报纸、科技文章 4 类问题中的平均覆盖率分别为 79% 和 84%。5 大英语学习词典关于释义词语的数量界定，① 与这一研究结果基本上是吻合的，即运用这些常用、稳定、中性、基础、词义覆盖面广、具有现代性的释义词语进行释义，基本能解决 6~10 万个词条的释义问题。

鉴于释义在汉语学习者使用词典过程中所发挥的重要作用，外向型汉语学习词典的编纂极有必要借鉴《牛津高阶英语学习词典》《朗文当代英语学习词典》为代表的外向型英语学习词典的释义用词操作策略，通过范围和数量有限的释义用词进一步简化词项的释义。

本节借鉴分析的外向型汉语学习词典主要有：孙全洲《现代汉语学习词典》（1995）、李忆民《现代汉语常用词用法词典》（1995）、李晓琪《汉语常用词用法词典》（1997）、刘镰力《汉语 8000 词词典》（2000）、鲁健冀等《商务馆学汉语词典》（2007）、施光亨等《汉语教与学词典》（2011）、郭先珍等《汉语5000 词用法词典》（2015）。

4.2　汉语学习词典释义的"内汉"痕迹

自 1976 年第一本真正意义上的外向型汉语学习词典《汉英小词典》（北京语言学院编印）问世至今，已有近百部各类对外汉语学习词典编纂出版，但绝大部分词典"真正具有原创性、创新性的并不多见，倒是不乏一些抄袭、变相抄袭的侵权之作，或是模仿、杂凑毫无新意的重复之作""基本上都是《新华字典》和《现代汉语词典》的删减本，没有真正从外国学生学习汉语的角度来考虑编写"（江蓝生，2007；陆俭明，2007）。

---

① 《麦克米伦高阶英语词典》（2002）释义词汇在 2500 个左右。

4.2.1　从具体释义看对外汉语学习词典的"内汉"痕迹

综观当前已出版的对外汉语学习词典，在释义环节体现出相当浓厚的"内汉"痕迹，很多词项的释义基本上是在《现代汉语词典》释义的基础上进行替换个别词语、换一种表述等的修修补补。试以名词"水"的释义为例。

《现代汉语词典》(第6版)：水［名］最简单的氢氧化合物，化学式 H_2O。无色、无味、无臭的液体，在标准大气压（101.325 千帕）下，冰点 0℃，沸点100℃，4℃时密度最大，为 1 克/毫升。

《现代汉语学习词典》：水［名］无色无臭透明的液体，是生物体中必不可少的物质。

《汉语常用词用法词典》：水 <名> 一种液体物质。

《汉语 8000 词词典》：水（water）［名］最简单的氢氧化合物，无色、无味、无臭的液体。

《商务馆学汉语词典》：水（名）一种没有颜色、没有气味和味道的液体，0℃时结成冰，100℃时沸腾，变成水蒸气。

《汉语教与学词典》：水［名］water 一种没有颜色、没有味道，也没有气味的液体，是人类生存、发展所必需的物质。

《汉语 5000 词用法词典》：水 <名 n. >［滴/瓶/片］无色、无味的液体，是氢和氧的化合物，化学式为 H_2O，water。

《现代汉语词典》作为内向型语文词典的领军工具书，在对"水"的释义中选择了 7 个范畴特征，释义有向百科性倾斜的趋势（张志毅、张庆云，2001），我们从上述对外汉语学习词典对"水"的释义情况中不难看出其中的"内汉"痕迹。但也许正如兹古斯塔（1971）所说，词项的释义应该是"对说这种语言的普通人相关的东西，而不是通过科学研究才能感知的特点"，上述释义中出现的"氢氧化合物""化学式""物质""无臭""0℃时结成冰""100℃时沸腾""水蒸气"等释义元素无疑体现了"通过科学研究才能感知的"语义内容，在这些释义中要么存在"人类生存、发展所必须的物质""生物体中必不可少的物质"等过度释义的嫌疑，要么存在"一种液体物质"释义不足或"氢""氧""化合物"等释义用词没有收入词典等问题，总之已经远远超出普通汉语学习者的认知能力或学习词典对"学习"的界定范围。

相比之下，对外英语学习词典《牛津高阶》和《朗文当代》对"水"的释义就严格限定了释义用词。

《牛津高阶》water noun 1 [U] a liquid without colour, smell or taste that falls as rain, is in lakes, rivers and seas, and is used for drinking, washing, etc.

《朗文当代》water n. [U] 1 the clear liquid without colour, smell or taste that falls as rain and that is used for drinking, washing, etc.

两本词典对"水"的释义模式基本一致,均列出了"水"的"最重要的语义特征"和"那些足以将它与别的词汇单位区别开来的特征"(Zgusta,1971),即都集中在"水"的属性特征、来源(处所)和用途方面。在释义用词上均采取词汇控制策略,二者关于"水"的释义用词都没有超出释义用词范围(前者3000 词,后者2000 词。两本词典给出的释义就是"对说这种语言的普通人相关的东西",如除了"没有颜色、没有气味、没有味道"外,还涉及"雨""湖、河、海""喝、洗"等与普通人息息相关的语义元素。而《现代汉语学习词典》等所有外向型汉语学习词典对"水"的释义。并没有一个明确的释义用词范围。

再如,7 部词典对词项"拼命"和"解"的释义。

表 35 "拼命"和"解"的释义

词典名称	"拼命"的释义	"解"的释义
《现代汉语词典》	①动把性命豁出去;以性命相拼。②副尽最大的力量,极度地。	①分开。②动把束缚着或系着的东西打开。③解除。④解释。⑤了解,明白。⑥解手。⑦名代数方程式中未知的数值。⑧动演算方程式,求方程式中未知的数值。
《现代汉语学习词典》	[动] <不及物>①把性命豁出去,拼死。②比喻尽最大限度。	Ⅰ[动] 把穿戴着或结捆着的东西打开。Ⅱ[素] ①分开。②解除。③说明。④了解,明白。⑤解手。
《汉语常用词用法词典》	①舍去性命,可以分开用。②比喻尽最大的力量,不顾一切地。	<动>①把束缚着的或系着的东西打开。②去掉,消除。
《汉语8000词词典》	把性命豁出去,比喻尽最大的努力。	[动] ①把束缚着或系着的东西打开。②知道得很清楚、明白。③去掉,消除。

续表

词典名称	"拼命"的释义	"解"的释义
《商务馆学汉语词典》	①（短语词：动-宾）不顾自己的生命。②［形］比喻使出最大量。	①（动）分开，解开。②（动）去掉。③（素）解释，说明。④（素）明白。
《汉语教与学词典》	①［动］不顾性命地拼。②［动］比喻用尽一切力量。	①［动］把扣儿或结儿打开。②［动素］知道，明白。③（动素）分开，剖开。④（动素）说明。
《汉语5000词用法词典》	①<动>把性命豁出去。②<副>竭尽全力，极度地。	未收

通过上表的比对，我们可以更清楚地发现外向型汉语学习词典在释义方面对《现代汉语词典》的模仿。例如"拼命"的释义：

拼命《现代汉语词典》把性命豁出去；以性命相拼//尽最大的力量，极度地。

→拼命《现代汉语学习词典》把性命豁出去，拼死//比喻尽最大限度。

→拼命《汉语教与学词典》不顾性命地拼//比喻用尽一切力量。

再如"解"的释义：

解《现代汉语词典》②把束缚着或系着的东西打开。

→解《现代汉语学习词典》I把穿戴着或结捆着的东西打开。

→解《汉语常用词用法词典》①把束缚着的或系着的东西打开。

→解《汉语8000词词典》①把束缚着或系着的东西打开。

→解《汉语教与学词典》①把扣儿或结儿打开。

上述4本对外汉语学习词典对"解"的释义从句型模式到释义内容基本上拷贝了《现代汉语词典》的做法，只是有时替换个别词语，但替换后的词语（如，"穿戴""结捆""扣儿""结儿"）在认知难度上比原来的用词更高一些。

4.2.2 解决"内汉"痕迹问题的思路

综上所述，外向型汉语学习词典释义方面的"内汉"痕迹主要表现为这样4点：①完全采用《现汉》的释义句式与释义内容，如《汉语8000词》"解"的义项①；②沿用《现汉》释义的基本句式，对释义的部分用词进行替换，如《现代汉语学习词典》"解"的动词义项；③对《现汉》的义项进行筛选、分合处理，如《汉语8000词》把"拼命"的两个义项合二为一，并对"解"原来的8个义项进行了筛选，《现代汉语学习》《商务馆学汉语》《汉语教与学》将原来的动词义项分为动词和语素两类；④以词释词循环释义，如《商务馆学汉语》对"解"的释义有"解开""解释"，目标词语"解"都包括在了释义元语言中。

作为内向型语文词典，《现代汉语词典》的释义对汉语母语者的理解可能不会产生太大的问题，因为汉语母语者可以凭借已经形成的语感进行理解；而汉语作为外语学习者的情况就与此大不相同，他们没有汉语母语者的语感，是"严格地按照定义去理解运用一个词的，如果我们给的定义只接触到表面现象而没有揭露出本质，他们往往就会用错"（王还，1994）。我们作为母语者在词语使用过程中可以借助语感来补足"只接触到表面现象而没有揭露出本质"的释义缺陷，而对于普通汉语学习者来说却很难通过这种语感来纠偏。对此已有业界学者对释义的"内汉"化问题提出严重质疑，"在释义这个核心部分多仿效为具有中等以上文化水平的本族人编写的母语词典，所以既未能找到与外国读者的解读能力相适应的释义方法，又未能从外国人的需要出发提供足够的用法信息，以致几乎没有自己的特点"（杨金华，2009）。改变外向型汉语学习词典的这种被动释义状况，有两条思路可选。

第一，在释义模式及释义内容参照上摒弃《现代汉语词典》的释义做法，割裂"内汉"和"外汉"的联系，另辟蹊径。外向型词典不应该是内向型词典的缩写本，内向型词典也不应该成为编写外向型词典理所当然的蓝本（郑定欧，2005）。

第二，必须根据词汇控制理论对释义用词进行严格限制，避免随意释义，大幅度降低释义元语言的难度。我们有必要借助外向型英语学习词典的释义用词做法，在计算机大型语料库、各类汉语词频统计工作的基础上研制出一份适合外向型汉语学习词典编纂的释义用词表。

其实两个思路是一个问题的两个方面，其目的都是简化释义。简化释义的首要原则是不再简单拷贝《现汉》的释义，另辟蹊径；而另辟蹊径，不再以《现汉》为蓝本的重要举措就是在借鉴外向型英语学习词典编纂经验的基础上，研制出一套适用于外向型汉语学习词典编纂的释义用词词表。

4.2.3 《现代汉语词典》与外向型汉语学习词典的释义用词

词典中的释义语言通常被称为释义元语言，是"用来解释词典所收词语的定义语言"，是"事实语言的一部分，是其中通用、高频、中性的那一部分"

（苏新春，2003）。简言之，就是用一种语言来描写和解释另一种语言，元语言又称"解释语言"，被解释的语言则常常被称为目标语言。元语言释义是词典编纂所采取的最为广泛的释义方式，《现代汉语词典》基本上采取的就是元语言这种最传统的释义方式，释义客观准确、概括完备、简明规范、确切严密，可谓中国国内最权威的工具书。元语言释义虽然是最传统的通用释义手段，但其本身有难以克服的弊端，容易产生以词释词循环释义、"以易释难，以简驭繁，以通用释冷僻"等倾向。例如，有研究（安华林、曲维光，2004；安华林，2006）指出《现代汉语词典》在释义上存在"释义用词没有限量""释义用词生僻""局部循环释义"等问题，所采取释义用词介于36000~43000词之间，"占被释字头、词目总数的一半以上，说明该词典释义用词庞杂，沿用的是传统随机释义法，没有考虑释义性词语量的总体控制"。作为一本全民性规范词典，《现代汉语词典》用36000~43000个释义用词去解释69000多个词条，这种做法也许颇值得商榷。

当前，对外汉语学习词典的词项释义多参照和模仿《现代汉语词典》，充满"内汉"痕迹，因此后者在释义用词方面存在的"用词没有限量""用词生僻""用词庞杂"等问题也会不同程度地影响前者释义用词的使用，从而造成前者释义难度的增加。也许正是基于此，外向型汉语学习词典在释义及释义用词的说明上大多讳莫如深，采取了比较模糊的表述，下表是8部对外汉语学习词典的释义说明。

表36　外向型汉语学习词典关于释义（用词）的说明

词典名称	词条数量	释义（用词）的说明
《现代汉语学习词典》	5500个字，2.3万个词语	未做说明
《现代汉语常用词用法词典》	3700多个词	释义主要参照《现代汉语词典》
《汉语常用词用法词典》	3051个甲乙级词，大部分丙、小部分丁级词	释义尽量简明通俗
《汉语8000词词典》	8822个常用词	释义均在保证科学性的基础上，尽量做到语言简洁平易，避免以词释词

词典名称	词条数量	释义（用词）的说明
《当代汉语学习词典》	4337 个条目	词典全文所用词语限制在本词典所收词条范围内
《商务馆学汉语词典》	2400 多个字 10000 个词	比较严格控制在本词典的使用对象所能理解的范围内，尽量平白、通俗、具体、口语化，尽量不以词释词，尽量减少术语使用，尽量用使用者学过的常用词
《汉语教与学词典》	3100 个字 3200 个词语	尽量使用本词典收录的词语，使用没有收录的词语时，随文另以括号加注拼音和英语
《汉语 5000 词用法词典》	5000 条	释义用浅显易懂的语言，力争不超出词汇大纲规定的 5000 词，尽量避免以词释词

可以看出，除了《现代汉语学习词典》对释义（用词）情况未做说明、《现代汉语常用词用法词典》明确表示释义参照《现汉》外，其他 6 部词典释义（用词）说明的本质内容几乎差不多，那就是"尽量"通俗、"尽量"平易，至于能"尽量"到什么程度则存疑，因为没有一个具体的参照来说明"尽量"的结果。《当代汉语学习词典》《商务馆学汉语词典》《汉语教与学词典》《汉语 5000 词用法词典》虽然在表述上略有改善，突出词典释义用词"限制在本词典所收词条范围内""比较严格控制在本词典的使用对象所能理解的范围内""尽量使用本词典收录的词语""力争不超出词汇大纲规定的 5000 词"，但这也充分说明，这些词典释义用词的"没有限量"和"庞杂"，导致任何一个词项都有可能具有双重身份：元语言释义用词和目标词（被释义词），因此最终将难以走出循环释义、以词释词、释义不简明的困境。这种对释义及释义用词的说明，和《牛津高阶》《朗文当代》等国际化英语学习词典将释义用词严格控制在 2000～3500 词的做法大相径庭。

4.3　如何限定外向型汉语学习词典的释义用词

4.3.1　关注释义及释义用词研究

关于词典的释义用词，Wierzbicka（1992，转引自苏新春，2003）曾有过精彩的论述：①任何语言的词典中都存在不可定义的词，它们的数量较少，自成系统，它们的作用是用来定义其他的词语；②不可定义的词是可列举的，语言中的其他词可以用它们来定义；③不可定义的词在不同的语言中虽然各有所不同，但却是相互对应的，在语义上是等价的。因此，不可定义的词在各种语言中可视为"普遍词汇"。Wierzbicka（1998）还进一步指出，每一种语言都有一个体现最基本、最普遍意义的"语义基元"（semantic prime）核心，这个核心具有不可再还原性和不同语言间的对等性，我们在交际中借此得以理解复杂的思想和言语。在词典元语言释义中，只有使用简单易懂的词进行释义操作才能有效防止陷入循环释义的怪圈（李尔钢，2007）。

针对外向型汉语学习词典的释义短板，对外汉语教学领域学者对释义及释义用词也多有研究。如有学者分析了当前汉语学习词典释义存在的问题（如，阎德早，1995；章宜华，1999；赵新，2009；夏立新，2013等），有学者提出了改进释义的建议（如，刘晓梅，2005；朱世芳，2011；李智初，2012；翁晓玲，2014；谷炀，2015等），也有学者在分析释义问题的基础上提及释义用词问题（如，杨子菁，2001；黄群英，2008；杨金华，2009等）。这些研究既有大的释义宏观原则，也有小的释义细则；既有对一般问题的分析，也有对具体词典的专项分析，对外向型汉语学习词典的释义在技术操作层面上无疑具有重要的指导和借鉴意义。

我们认为，和这些技术操作平面上的建议相比，释义元语言中的释义用词问题更应该成为基础性研究。如果缺乏释义用词这一基础研究，继续维持释义用词无限度的"尽量"通俗、"尽量"平易的释义模式，那么技术操作平面上的研究便难有用武之地。只有将释义元语言这一基础问题解决好，上述关于释义操作技术层面上的问题分析和建议才能发挥更好的效用。

限定释义用词牵扯到诸多理论及技术问题，如怎么对释义用词进行界定？对汉语学习词典来说将释义用词局限到多大量是合适的？对此已有业内学者进行了一定的探索，如安华林、曲维光（2004），苏新春（2005），安华林（2006）等曾经探讨《现代汉语词典》的释义用词，并提出"提取一套释义基元词，专门用于词典释义，彻底革新现行词典释义模式，促进汉语语文词典编纂与国际潮流接轨"的可行性建议。其中，安华林、曲维光（2004）还对《现代汉语词典》的释义用词进行了统计和分级，共分为高频词（51个）、次高频词（665个）、中频词（804个）、低频词（4940个）、罕频词（30223个）等5个等级。这一针对内向型语文词典的研究成果，对外向型汉语学习词典的释义用词分析及词表制定也具有启发意义。

4.3.2 释义用词选取须借助汉语词汇计量研究成果

选取外向型汉语学习词典的释义用词，必须借助汉语词汇计量研究的相关成果。其实，与释义用词研究相关的汉语词汇计量研究早在20世纪20-30年代就开始了，业内学者通过手工和计算机对汉语词汇、汉字进行统计研究，编制了各种现代汉语常用字和常用词表、频率词典等。例如，《普通话三千常用词表》（3000词，中国文字改革委员会，1962年）、《现代汉语频率词典》（北京语言学院，1986年）和《普通话三千常用词表》（增订本，郑林曦，1987年）都是比较具有代表性的词表。这些字表或词表出版年代久远，随着社会的发展变迁，某些词表的统计结果可能已经不符合当今实际情况，需要及时更新和修订。2008年，现代汉语常用词表课题组讨论形成的《现代汉语常用词表（草案）》是比较新的一个词表，该词表提出现当代社会生活中比较稳定的、使用频率较高的汉语普通话常用词语56008个，可供中小学语文教学、扫盲教育、汉语教育、中文信息处理和辞书编纂等方面参考采用。

自2000年开始，对外汉语教学领域在既有各类汉语字表和词表的基础上，不断研制出适用于汉语教学的各类字表和词表。例如，《高等学校外国留学生汉语教学大纲（长期进修）》（国家汉办，2001年）、《汉语水平词汇与汉字等级大纲》（国家汉考中心，2001年）、《高等学校外国留学生汉语言专业教学大纲》（国家汉办，2002年）、《新汉语水平考试大纲HSK 1—6级》（孔子学院总部/国家汉办，2009年）、《汉语国际教育用音节汉字词汇等级划分》（教育部、国家语委，2010年）、《国际汉语教学通用课程大纲》（孔子学院总部/国家汉办，2014年）等。这些字表和词表揭示了汉语中汉字和词的出现频率和使用度，在汉语教学、教材编写、汉语考试等领域发挥了积极的指导作用，但这些字表、词表本质上是汉语频率和使用度的排序表，和词典编纂的释义用词性质不同，但这些字表和词表却能够为最终制定适用于外向型汉语学习词典的释义用词表提供重要的参照。

关于外向型语言学习词典基于词汇控制理论的释义用词，业界也有不同的声音，如Allen（1996）曾经指出，控制词典的释义用词可能使释义变得不准确；其次由于过分强调释义用词的简单，可能会导致学习者根本没有机会学习新的词汇。与此相反的是，汉语教学界似乎已经隐约形成一种共识，对外汉语词汇教学可以分为1000词、3000词、5000词和8000词4个层次，而3000词是汉语词汇教学的基础界标（刘英林、宋绍周，1992）。另外，现代汉语大概有8000个通用汉字，各种字频词频统计数据似乎也在表明，能够识别3000个常用汉字，学习者就能够认读出现代刊物文章的99.5%左右，其余5000个左右的汉字使用率仅为0.5%（李兆麟，2014）。因此，将对外汉语学习词典的释义用词限定在3000个左右或许是一个可行的选择。①

4.3.3　释义用词选取的5项要求

除了上述各类词表，结合外向型英语学习词典选取释义词汇（defining vocabulary）方面的经验，外向型汉语学习词典释义用词的限定应该注意以下5个方面。②

（1）限定释义用词的理解难度。限定释义用词的首要依据是被选词在理解难度上应该比目标词更小，应该让目标词的释义清晰，易于理解。为了达到这一目标，我们应该尽量听取来自一线语言专家和具有丰富汉语教学经验的教师的建议，因为这种基于汉语本体研究、汉语教学与研究、汉语学习词典三位一体的经验借鉴，是更容易决定将哪些词按照重要性和实用性列为重点学习词语的重要途径。

（2）必须以计算机大规模语料库为基础。语料库储存了大量取自各种文体的实际使用中的真实语言材料，为按照词频挑选最常用词提供了基础。例如，《现代汉语频率词典》以最常用3000词、5000词和8000词覆盖5万字语料得出的86%、91%和95%覆盖率就是基于200万字语料库筛选的结果；《牛津高阶》和《朗文当代》在限定释义用词的过程中也全面依赖英国国家语料库、牛津语料库和朗文语料库网络，并最终将释义用词限定为3000词和2000词。

（3）被选词使用频率高而且能运用于各种不同的语境。普通常用词的选取虽然要依据频率标准，但要排除语料库因报刊、政治、经济、科技论文等特殊文体带来的片面高频率效应，例如应该将人名、地名、宗教等专有名词排除在外，这些专有名词可能会在某些文体中集中出现，但往往在其他更为广泛的场合中出现频率有限。

（4）释义用词不应排除一些对大多数汉语使用者来说比较熟悉但却不常用

---

① 应该指出的是，释义用词的总量是"词"而不是"字"，关于释义用词中"词"和"字"的厘定既牵涉理论问题也涉及实际操作技巧，需要进一步研究。

② 值得指出的是，释义用词选取的上述5项要求之间是多项析取而非多项合取，即释义用词必须根据不同的标准进行选择。例如，要求（3）中的使用频率高并不等于要求（1）中的词义容易理解，某个词项只要满足其中一个要求即有被选作释义用词的可能性。

的词语。例如，表示人体部位的词语、旅游词汇以及其他一些常常用于释义的词语，这些词汇为汉语母语者广泛熟悉而且与生活息息相关，但由于不常常使用，可能会因上述3条标准而被排除在释义用词之外。

（5）释义用词的其他条件。释义过程中必须使用释义词语的最常用义项，标明释义词语的词性，为尽量缩小释义词语的范围，应该将短语性词语排除在外。

4.4 其他相关问题的讨论

综上所述，限定释义用词应该成为外向型汉语学习词典简化释义、提高释义质量的根本途径。在已有相关研究基础及外向型英语学习词典释义用词既有经验的基础上，外向型汉语学习词典的释义用词研究及实践操作还应注意以下3个环节。

4.4.1 语料库建设

外向型汉语学习词典释义用词的界定与限定，语料库建设是保障。5大英语学习词典的编纂均借助了大型英语语料库，如英语国家语料库、英语语料库，以及各词典配备的专门语料库（如朗文语料库网络）等。最近几年，虽然汉语语料库也在逐渐发展，如北京语言大学的 BCC 汉语语料库（总字数约150亿字）、北京大学 CCL 现代汉语语料库（总字数约5.8亿）等，都是比较全面反映当今社会语言生活的大规模语料库，但进一步完善和加工既有汉语语料库，特别是加强为专门词典配备的专门语料库建设仍是未来研究的重要工作。

4.4.2 加强汉语本体、汉语教学、词典学三位一体建设研究

释义用词的研究与实践，三位一体建设是基础。外向型汉语学习词典释义用词的研究与实践不能搞单兵作战，而应该加强汉语本体研究、汉语教学特别是汉语教材研究和词典学理论与实践研究的三位一体建设，在既有汉语本体相关研究的基础上，实现汉语教学与词典编纂的联动，使汉语教与学和词典编与用互相倚靠，将释义用词的功能最大化。

4.4.3 加强专家库建设

加强语料库建设和汉语本体、汉语教学、词典学三位一体建设，专家人才是根本。释义用词的内涵界定和外延限定，既要倚靠计算机大型汉语语料库，又要倚赖汉语本体与应用的三位一体联动，更要倾听来自汉语教学与研究一线的专家、学者特别是汉语教师的意见，后者来自教学实践与研究一线的直接经验往往成为界定与限定释义用词的关键因素。

第 5 节　从释义用词看中高级汉语学习词典的释义

对外汉语学习词典往往因其释义广受诟病，由于对释义用词缺乏科学严格限定造成的释义难懂，大大降低了词典的可读性和实用性，导致"学习词典"并不能有效引导学习者"学习"汉语。来自英语学习词典领域以《牛津高阶学习词典》《朗文当代英语词典》为代表的 5 大英语学习词典的经验以及已出版的对外汉语学习词典领域基于用户调查的结果显示，对词项的释义必须严格限定释义用词。词典释义中释义用词的"大水漫灌"让编者脱离了"戴着镣铐跳舞"的制约，却让词典使用者陷入了"看不明白""读不懂"的困境。词典释义第一位要考虑的是用户的使用需求，如何以科学实用的释义，帮助学习者"解决难点，指明用法"①"在语词的拼法、读音、意义和正确运用方面寻找参考资料，知道什么是正确的和使用时不失身份的"，② 让汉语学习者在查阅我们的词典时看得明白、读得懂，应该成为词项释义的第一要义。为此，对外汉语学习词典编纂者应该时刻将词典用户需求放在词典编纂的核心位置，继续"戴着镣铐跳舞"，借鉴 5 大英语学习词典的释义经验，在词项释义中严格限定和使用释义用词，简化释义、提高释义质量。

5.1　词典释义需求与释义难懂之间的矛盾

在词项选取、立目原则、词性标注、编排理念、释义方式和配例方法等对外汉语学习词典的诸多微观构件中，释义是"词典编纂者所注意的中心问题"，是"词典编纂的中心工作""词典编纂者所有的裁夺，几乎都与在词典中如何处理词义有直接、间接的关系"，因此"一部词典的质量高低很大程度上取决于释义的质量"（Zgusta，1971；胡明扬，1982；阎德早，1995）。在词典编纂中强调词项的释义，将释义作为词典编纂的核心工作，也得到了词典实践研究的支撑。来自词典用户的几项调查研究显示，外向型汉语学习词典用户对读音、释义等

---

① 林焘《汉语常用词用法词典》序［M］//李晓琪，刘德联，牟淑媛，等.《汉语常用词用法词典》，北京：北京大学出版社，1997：1.

② 贝尔根·伊文斯. 那么词典是干什么用的［J］. 英语词典学文摘（莫斯科英文版），1975：208.

词条信息的查阅频率是居前的——"学习者用词典的最常用项目是查词义""用户使用词典的首要目的是查阅词义""查词义是学习者使用词典的主要目的"（岑玉珍，2011；解海江，2012；安德源，2012；郝瑜鑫，2013 等）。这充分说明释义在外向型汉语学习词典中发挥着非常重要的作用，释义已成为汉语学习者使用词典的最大障碍。

另有来自词典用户调查的研究却发现，虽然自 1976 年第一本对外汉语学习词典编纂以来我们编纂的对外汉语学习词典已有 50 多本，但汉语学习者并没有广泛选取业内学者编纂的这些汉语学习词典。究其原因，主要是词典释义沿用内向型词典的释义模式，无形中提高了词典释义的"准入门槛"。研究发现，外向型汉语学习词典的使用情况是，一方面读者查阅释义的频率最高，另一方面读者对词义满意程度非常低，大大降低了词典的可读性（readability）（郑定欧，2008）；有 52%的用户觉得看懂词典释义最难，有 65%的词典用户反映生词阻碍了他们的词典使用（杨金华，2006；岑玉珍等，2007、2011）。为了解当前中高级汉语学习词典的释义方法及释义用词的运用，我们查阅了《商务馆学汉语词典》《汉语教与学词典》《汉语 5000 词用法词典》等 3 部影响较大的中高级汉语学习词典的正文前的编写说明或扉页说明等，发现 3 部词典对释义用词的说明都比较模糊。

释义用词"比较严格地控制在本词典的使用对象所能理解的范围内，尽量平白、通俗、具体、口语化，尽量不以词释词，尽量在释义中减少术语的使用。""本词典的解释尽量不用词来解释词，而是尽量用使用者学过的语法和常用词解释和举例。"（《商务馆》）

释义用词"尽量使用本词典收录的词语，使用没有收录的词语时，随文另以括号加注拼音和英语。"（《教与学》）

释义"用浅显易懂的语言，力争不超出词汇大纲规定的 5000 词，尽量避免以词释词。"（《5000 词》）

这种关于释义用词的说明其实为词典用户"看不明白""读不懂"释义埋下了伏笔。《商务馆》共收字 2400 多个、收词 10000 条，《教与学》总共收字 3100 个、收词 3100 条，《5000 词》总共收词 5000 条，它们在释义时使用的释义用词要么"比较严格控制在本词典的使用对象所能理解的范围内"，要么"尽量使用本词典收录的词语"，要么"力争不超出词汇大纲规定的 5000 词"。那么，哪些词"在本词典的使用对象所能理解的范围内"？释义中使用哪些"本词典收录的词语"？"不超出 5000 词"释义会造成什么后果？对这些问题的处理和回答不但是宏观理论问题，更是微观实践问题。我们知道，词项释义最根本的出发点是为了让学习者明白词义，如果学习者对词项释义中使用的释义用词都不能理解或理解不透彻，那么学习者理解被释词意义就是一句空话。我们不妨分析一下"水"的释义。①

《商务馆》：水（名）一种没有颜色、没有气味和味道的液体，0℃时结成冰，100℃时沸腾，变成水蒸气。

《教与学》：水［名］water 一种没有颜色、没有味道，也没有气味的液体，是人类生存、发展所必需的物质。

《商务馆》对"水"的释义明显参照了《现代汉语》（第6版）的做法，着重突出科学性和百科性，但"沸腾""结冰""水蒸气"等释义用词的选取显然对学习者理解"水"的意义造成了困难（即学习者不理解这3个释义用词的可能性极大）。《教与学》的释义显然回避了《现代汉语》（第6版）的百科性做法，但"生存""发展""必须""物质"等释义用词的选取似乎对揭示"水"的意义作用不大。

《商务馆》《教与学》中的"沸腾""结冰""水蒸气""生存""发展""必须""物质"等释义用词一则离学习者的现实生活环境太远，二则并没有真正揭示出"水"的含义，即没有"列出被定义词汇单位的最重要的语义特征，即那些足以将它与别的词汇单位区别开来的特征"（Zgusta，1971），也不能有效引导词典用户准确理解"水"的意义。

解决词典用户的释义需求与释义难懂的矛盾，一是需要精心选择那些能够凸显词义"最重要的语义特征"和"区别特征"的词语进行释义，例如"水"的释义宜揭示"洗""喝"等特质；二是需要制定一个有效的释义用词词表，对词项的释义用词不能搞"大水漫灌"，要保证释义词项的每一个用词都出自释义用词词表。我们注意到，以《牛津高阶》和《朗文当代》为代表的5大英语学习词典已经在这两方面成功实践，基本解决了词典用户的释义需求与释义难懂之间的矛盾，而《商务馆》和《教与学》等对外汉语学习词典在这方面的实践目前还几乎是空白。

5.2 外向型英语学习词典的释义用词

以《牛津高阶》和《朗文当代》为代表的5大英语学习词典依据释义词表中的释义用词，重点揭示词语"最重要的语义特征"和"区别特征"，大大降

---

① 当然仅仅分析"水"的释义似乎并不能说明太多问题，此处仅举一例说明释义用词的选取及限定的重要性。

低了学习者遇到难词、不可识读词的概率，从而大大简化了释义并提高了释义质量。在英语学习词典领域，《牛津高阶》是最早采用释义用词进行释义的外向型英语学习词典，从最初用 1490 个常用词注释 2.4 万个词项，到后来用 3500 个常用词注释 6.3 万个词条，再到最新版用 3000 个释义用词注释 7 万个词条，运用释义用词进行词项释义逐渐成熟。后来，《朗文当代》《柯林斯合作英语词典》《剑桥国际英语词典》《麦克米伦高阶英语词典》等外向型英语学习词典均开始采用释义用词进行释义，《牛津高阶》的编者 Michael West 于 1953 年发表的《英语通用词表》（*A General Service List of English Words*）（2000 词）以及 2013 年 3 月出版的《新英语通用词表》（*New General Service List*）（2800 词）则成为 5 大英语学习词典选择释义用词的重要参照。5 大英语学习词典的收词数量及释义用词使用情况如下表。

表 37　5 大英语学习词典释义用词统计

词典名称	词条数量	释义用词量
牛津高阶	6.3 万个词条，6.5 万个释义	3500
朗文当代	8 万多个词和短语	2000
柯林斯合作	7.5 万个词条	2500
剑桥国际	5 万个词头，10 万个单词和短语	2000
麦克米伦	10 万个词条，3 万个短语及固定搭配	2500

和《商务馆》《教与学》等汉语学习词典相比，上述 5 大英语学习词典的释义用词被紧紧限定在 2000～3500 词汇之间。不妨仍以"水"（water）的释义为例：

《牛津高阶》：water noun 1 [U] a liquid withoutcolour, smell or taste that falls as rain, is in lakes, rivers and seas, and is used for drinking, washing, etc.

《朗文当代》：water n. [U] 1 the clear liquid withoutcolour, smell or taste that falls as rain and that is used for drinking, washing, etc.

除了表述的细微差别，《牛津高阶》和《朗文当代》所选取的释义用词几乎相同，这些释义用词均出自 3500 释义用词表和 2000 释义用词表。和《商务馆》《教与学》相比，两部英语学习词典增加了"（下）雨""湖""河""海""喝""洗"等释义用词，没有出现《商务馆》《教与学》中的"沸腾""结冰""水蒸气""生存""发展""必需""物质"等释义用词。这种释义操作在很大程度上吻合了 Zgusta（1971）关于词典释义应该"列出被定义词汇单位的最重要的语义特征，即那些足以将它与别的词汇单位区别开来的特征"的表述。对比《商务馆》和《教与学》，《牛津高阶》和《朗文当代》对"水"的释义选择了那些能凸显 water 的"最重要的语义特征"和"区别特征"的释义用词，同时保证这些释义用词完全出自既定释义用词词表。在释义用词的选取及词表研制方面，《牛津高阶》和《朗文当代》也在词典正文之后做了简单说明。

《牛津高阶》在正文后对释义用词做了如下说明：①3000 个释义用核心词是经过语言专家和资深教师精选出来的，词语的重要性和实用性是重要参选标准。③利用英国国家语料库和牛津语料库，将使用频率最高的词语列为释义用词。③将那些使用频率高但使用范围有限的词语（如报章或科技文中使用的高频词）排除在外。④某些使用频率不高，但大多数英语使用者很熟悉的词语，如表示身体部位的词汇、关于旅行的词汇以及那些对释义非常有用的词汇，也被收录在词表中。⑤释义用词词表中包括少量短语，所有释义用词均标注了词性。

《朗文当代》在正文后也附有对释义用词的说明：①词典使用 2000 个普通词汇来描写词典中的所有释义，为保证释义清晰且易于理解，选取的这些释义用词难度上应该比被释义词容易。这些释义用词应该常常被用户搜索和查找，以确保在朗文语料库网络（Longman Corpus Network）中的出现频率，同时能被用户正确使用。释义词表中只列出释义时的主要形式。②有些释义用词对词性进行了限制，词语释义只使用释义用词最普遍的意义。③除了词表中已有的动词短语，词项释义不再使用其他动词性短语（因为这些短语可以由释义用词表中的词生成）。④词表不包括前缀和后缀形式，除非某个词语增加后缀或前缀后意义普遍而且意义发生明显变化，此外词表中也不包括专名（如地名、人名、国籍、宗教等）。⑤对于某些词语有益于释义但并没有包括在释义词表里面的，有时用大写表示（有时在括号中进行解释），有时则是因为其意义可由上面的词条释义推出。⑥词语的配例允许使用释义词表之外的词语。

综上不难看出，以《牛津高阶》和《朗文当代》为代表的外向型英语学习词典对释义用词的操作思路基本上是一致的，其基本原则是：①必须考虑词语的使用频率，频率高是选择释义用词的首要标准。②所界定的释义用词意义必须稳定、中性、覆盖面广、具有普遍性等特征。③必须尽量保证释义用词的难度较被释义词易于理解。④释义用词在数量上远远少于被释义词，前者占被释词总量的 4%（根据表 40 释义用词总量和被释词语总量的比例得出）。两部词典对 water（"水"）的释义，足以说明选择并限定释义用词对词语释义的重要性。作为外向型汉语学习工具书，《商务馆》《教与学》《5000 词》等中高级语言学习词典应该充分借鉴5大英语学习词典在释义用词方面的经验，为词典用户提供简化、优化、易于理解的词语释义。

5.3　对外汉语学习词典的释义用词

词项释义的基本原则应该是"尽量做到以易释难，以简驭繁，以通用释冷僻""使用简单易懂的词进行释义"（黄建华，2001；李尔钢，2007）。不难发现，当前已出版的对外汉语学习词典在释义操作上均没有采取5大英语学习词典释义用词的做法，如前文提到的《商务馆》的释义词语"尽量用使用者学过的常用词"、《教与学》的释义词语"尽量使用本词典收录的词语"、《5000词》的释义词语"力争不超出词汇大纲规定的5000词"。3本外向型汉语学习词典虽不界定释义用词数量但均有简化释义的良好意愿，都将"不以词释词"、浅显易懂、用户能理解作为释义的重要目标，然而却始终没有对使用多少数量的词语对被释词语进行释义做出类似"五大"那样比较清楚的界定。一些具体实例显示，对释义用词的数量不加限制或使用过宽至少会导致两个严重的后果。

首先，将容易导致释义使用的词语在等级上超纲，造成释义所用词语的理解难度大于被释词语。例如《商务馆》对下列词语的释义。

表38　《商务馆》的词语释义与超纲释义用词

被释词语	释　义	超级或超纲释义用词
宴会（甲）	主人和客人一起喝酒吃饭的集会，比较隆重	集会（丁），隆重（丁）
比赛（甲）	在体育、生产、文艺等活动中经过竞争，显示水平的高低	竞争（丙），显示（丁）
表现（甲）	①显示出来 ②在生活、工作、学习中显示出来的才能、作风等	显示（丁），才能（丙），作风（丙）
逼（乙）	强迫，让人做不愿做的事	强迫（丙），愿（丙）
毕业（乙）	在学校学习结束，成绩合格，得到了证书	合格（丙），证书（丙）
超过（乙）	比某个标准高，过了某个界限	界限（丁）
洪水（丙）	急剧形成的、能造成灾害的巨大水流	急剧（丁）
摆脱（丙）	主动地离开、脱离（不好、不喜欢的人或处境、状况）	处境（丁）
抽样（丙）	从总体中任意抽出一部分作为样品	样品（丁）

续表

被释词语	释　义	超级或超纲释义用词
喉（素）	人的呼吸器官的一部分，在<u>咽头</u>下边，有通气和发音的功能	咽头（超纲）
彻底（乙）	一直到底，形容没有保留、没有<u>遗漏</u>，全部	遗漏（超纲）
看法（乙）	对某人或某物的<u>视点</u>	视点（超纲）

从上表可以看出，《商务馆》对甲级词"宴会""比赛""表现"、乙级词"逼""毕业""超过"、丙级词"洪水""摆脱""抽样"的释义都存在用难度等级较高的词释义难度等级较低的词的问题，例如用丁级词"集会""隆重"释义甲级词"宴会"，用丙级词"竞争"和丁级词"显示"释义甲级词"比赛"。另外，《商务馆》还用超纲词"咽头""遗漏""视点"来释义"喉""彻底""看法"，在词典中根本就找不到"咽头""遗漏""视点"的释义。

《5000词》对上述词语的释义也存在类似甚至更加严重的问题。例如，在3级词"比赛"的15个释义用词中有5个词的等级高于被释义词，其他词语的释义也都存在严重的等级超标问题。如下表所示：

表39　《5000词》的词语释义与超纲释义用词

被释词语	释　义	超级或超纲释义用词
宴会（5）	一种比较<u>隆重</u>的喝酒吃饭的<u>集会</u>	隆重（6），集会（超纲）
比赛（3）	在技艺、<u>本领</u>等方面进行<u>较量</u>，<u>以</u>定出<u>名次</u>先后或高低、<u>优劣</u>	本领（5），较量（6），以（4），名次（6），优劣（超纲）
表现（5）	①<u>显示</u>出来 ②故意<u>显示</u>自己 ③从生活、学习、工作中<u>反映</u>出来的行为、<u>作风</u>等	显示（5），反映（5），作风（6）
逼（未收）	—	—
毕业（4）	在学校<u>或</u>培训班学习期满，成绩<u>合格</u>，<u>获得</u><u>证书</u>	培训（5），合格（4），获得（4），证书（6）
超过（4）	①从某人或某物的后面赶到前面 ②（跟某个<u>标准</u>、<u>界限</u>或<u>范围</u>比）比……还高，在……之上	赶（4），标准（4），界限（6），范围（5）

续表

被释词语	释　义	超级或超纲释义用词
洪水（6）	因暴涨而造成灾害的巨大水流	暴涨（超纲）
摆脱（6）	想方设法脱离（不好、不喜欢的人或不利的处境）	脱离（6），不利（超纲），处境（6）
抽样（未收）	—	—
喉（未收）	—	—
彻底（5）	一直到底，形容毫无保留、没有遗漏	毫无（6），保留（5），遗漏（超纲）
看法（4）	对人或事物的认识，有时指否定的意见	否定（5），意见（4）

　　词汇等级（甲、乙、丙、丁四级或一、二、三、四、五、六级）是从频度统计、语言学、对外汉语教学、学生语言习得等 4 个角度对词语进行的等级划分，语言教学、教材编写、考试测验等一般都应该按照"甲→丁""1→6"的顺序安排词汇和词汇复现，而不是相反。我们认为，上述释义用词的选取就存在"丁→甲""6→1"的逆向操作，这无疑在客观上大大增加了学习者理解被释义词语意义的难度。例如，《商务馆》对乙级词"彻底"的释义用词中，"遗漏"属于超纲词，《汉语水平词汇与汉字等级大纲》和该词典中均没有收录，学习者也就无从查找其释义；而《5000 词》对"彻底"的释义则使用了六级词"毫无"和超纲词"遗漏"，也大大增加了词典用户对被释词语的意义理解。从这些实例的释义情况来看，两部词典对上述词语的释义并没有做到"以易释难，以简驭繁，以通用释冷僻""使用简单易懂的词进行释义"，而是在某种程度上走向了相反的方向。

　　其次，不界定释义用词数量将容易造成严重的以词释词、循环释义问题。例如，《商务馆》对"工作-职业""故意-有意""明确-确定""处罚-惩处""工具-器具""作用-影响""恰好-正好"等词语的释义就属于循环释义，《5000 词》则对上述部分词语（有些因为没有收录构不成循环释义）采取循环释义。

表40 《商务馆》与《5000词》中的循环释义现象

	《商务馆》	《5000词》
工作-职业	工作：②职业。	工作：②（个/份/种）职业。
	职业：个人所做的靠它生活的工作。	职业：个人在社会中所从事的作为主要谋生的工作。
故意-有意	故意：心里想这样做的，有意的。	故意：有意地，存心地。
	有意：心里本来就想（做某事），故意。	（未收）
明确-确定	明确：②使明白，确定。	明确：清楚明白而确定不移。
	确定：明确地决定，不再改变。	确定：明确而肯定的。使明确而肯定。
处罚-惩处	处罚：（对犯错误或犯罪的人）的人按照规定或法律进行惩罚。	（未收）
	惩罚：严厉惩治处罚（坏人或有错误的人）。	惩罚：处罚，惩治。
工具-器具	工具：用来进行生产活动的器具。	工具：进行生产活动时所使用的器具。
	器具：生活、劳动中使用的东西、工具。	（未收）
作用-影响	作用：对人或事物产生的某种影响或结果。	作用：对人或事物产生的影响、效果。
	影响：①对别人的想法或行为起作用。②所起的作用。	影响：对人或事物产生的作用。
恰好-正好	恰好：①不早不晚，正好。	（未收）
	正好：②恰好。	正好：②恰好，刚巧。

当然，除了不界定释义用词数量，语言中存在的大量意义相近的词语也是导致以词释词、循环释义的重要原因，上表中的7组词语基本上都是近义词。同义词和近义词的辨析本来就是汉语词汇教学的难题之一，对近义词进行以词释词、循环释义，无疑会给词典用户造成极大的麻烦。如果对两个以上的近义词语进行循环释义，还会形成连环释义。例如，《商务馆》对"恰巧""恰好"

"正好"的释义处理：

恰巧（丁）：恰好。

恰好（丙）：①不早不晚，正好。

正好（乙）：②恰好。

以及对"获取""获得""取得""得到"的释义处理：

获取（丁）：取得。

获得（乙）：得到（经验、成绩等抽象事物）

取得（甲）：得到。

得到（甲）：通过某种方式有了（某个东西）。

以及对"反抗""抵抗"的释义处理：

反抗（乙）：用行动强烈地反对和抵抗（某种行为或压迫）。

抵抗（丙）：用力量制止敌人等的进攻或侵略。

上述3组词语在释义上就是连环释义，学习者查找乙级词语"恰巧"的意义，得到的是丙级词语"恰好"，而被释词"恰好"又与释义用乙级词"正好"形成循环释义，其他两组也会形成这种不断递推的连环释义。不论是由于不界定释义用词数量，还是因为语言中存在大量意义相近的词语，上述这种释义怪圈都无疑将最终导致学习者查找词义的极大困惑。

针对上述释义存在的问题，我们可能很容易形成这样两点认识。①《商务馆》《5000词》等对"水"的释义在很大程度上参照《现代汉语词典》释义的科学性和百科性，释义科学准确，没有太大问题，因为词典释义必须体现科学性，因此是可以接受的。②对汉语单语学习词典来说，甲、乙级词（或一、二、三级词）的释义用词很难做到不超纲，即很难做到只用甲级词解释甲级词或只用甲、乙级词解释乙级词。我们认为基于个人主观意愿得出的这两点认识是非常片面的。首先，对外汉语学习词典在释义方面一定会有别于面向母语者的《现代汉语词典》等工具书，因为词典用户不同，"我们用一个词并不是严格地按照定义去用的，学汉语的人就不是这样。他们是严格地按照定义去理解运用一个词的，如果我们给的定义只接触到表面现象而没有揭露出本质，他们往往就会用错"（王还，1994），因此如何定义外向型汉语学习词典释义的科学性值得进一步研究，而不能套用《现代汉语词典》等内向型词典。其次，虽然使用级别较低词语释义级别较高词语或使用同级别词语释义同级别词语在操作上存在困难，抑或承认语言中客观存在着大量的近义词或同义词，但这绝不应该成为外向型汉语学习词典释义用词超纲（或难度等级相同）、以词释词、循环释义的理所应当的借口。因为无论是释义用词超纲（或难度等级相同），还是以词释词、循环释义，都违背了"以易释难，以简驭繁，以通用释冷僻""使用简单易懂的词进行释义"的基本释义原则，都将导致词典用户读不懂词义或对词义一知半解。而解决上述问题的关键途径就在于对词语释义用词进行科学界定和限定，用数量远远少于被释词总量的有限释义词语来描写和揭示词项的释义，并确保释义用词的难度等级低于（或偶尔等于或极少大于）被释词语的难度等级。

5.4　中高级对外汉语学习词典释义用词的界定

词语的释义是一种元语言表达，释义用词本质上属于词典释义元语言，鉴于词典的工具书属性，释义元语言在描述和分析词项时必须做到简明易懂。在词典释义中使用释义元语言，应该遵循词汇控制原则、系统性原则和避免循环释义原则等元语言运用规则，尽量选择那些"不可定义的""通用、高频、中性"的词汇来进行释义，已经成为词典释义的基本共识（Wierzbicka，1992；苏新春，2003；宋文辉，2011）。对外汉语学习词典在清醒认识本身业已存在释义问题的基础上，应该积极借鉴《牛津高阶》《朗文当代》等采取释义用词的操作方法，对释义使用的词语的性质、数量等进行科学厘定。

5.4.1　释义用词的界定与已有大纲的关系

释义用词的界定需要参考既有大纲，但必须明确释义用词不等于既有大纲中按照水平等级划分出来的词语。我们已有的一些词表，如《高等学校外国留学生汉语教学大纲（长期进修）》《汉语水平词汇与汉字等级大纲》《高等学校外国留学生汉语言专业教学大纲》《新汉语水平考试大纲 HSK 1—6 级》《汉语国际教育用音节汉字词汇等级划分》《国际汉语教学通用课程大纲》等大纲中的词表，都是按照学习者水平或等级来划分的。《商务馆》《教与学》《5000 词》的释义用词，"比较严格控制在本词典的使用对象所能理解的范围内""尽量使用本词典收录的词语""力争不超出词汇大纲规定的 5000 词"，显然是没有有意识区分释义使用的词和按照水平等级划分出来的词，按照这种释义表述，任何一个词原则上既是被释义词也有可能是释义用词，因此实际上对释义用词没有明确的界定和限定。① 释义用词和大纲等级词汇之间应该是被包含和包含的关

---

① 据安华林、曲维光（2004）的研究，《现代汉语词典》对"释义用词没有限量"造成了用 36000~43000 个释义用词去解释 69000 多个词条的现象，即用占总词量一半多的词语来解释所有词语。对于母语者使用的词典，我们不确定这种随机释义方式有没有问题，但作为外国人使用的学习词典，如果出现这种释义情况，肯定是有问题的（相较于"五大"英语学习词典 4%左右的释义用词量）。

系，前者在数量上应该远远低于后者，在"五大"英语学习词典中前者占后者的4%左右，在全民母语词典《现代汉语词典》中前者占后者的52%~62%，根据我们的初步考察，汉语学习词典的释义用词介于2500~3200个之间。

5.4.2 确立词频统计为主、人工干预为辅的筛选原则

词频统计和人工干预不但可以将那些使用频率高但使用范围有限的报章或科技文中使用的高频词排除在外，也可以将某些使用频率不高但大多数汉语使用者广为熟悉的表示身体部位、关于旅行以及对释义非常有用的词汇词语，收录进来，这是确保筛选出高频词，释义过程中"尽量做到以易释难，以简驭繁，以通用释冷僻""使用简单易懂的词进行释义"的基本前提。例如，《现代汉语频率词典》（北京语言学院语言教学研究所编）收录了频率最高的前8000个词语和使用度最高的前8000个词语，频率体现了词语的出现次数（词次）占全部语料总词次的百分比，使用度则体现了词语在语料中的使用程度和散布情况。使用度和词次越接近，说明词语的次数分布越均匀，使用面更广，根据这种使用度和频率统计，原则上可以将前2500~3200个词语划为释义用词。另外，这本频率词典还列出了报刊政论语体、科普语体、生活口语和文学作品中的前4000个高频词，这种统计在某种程度上也为人工干预提供了重要参照。遗憾的是，这本频率词典出版于1986年，距今已算年代久远，有很多词语在当代已算不上高频词或高使用度词语，如"同志"（使用度排86位，频率排83位）、"革命"（使用度排112位，频率排71位）、"主义"（使用度排54位，频率排37位）等。释义用词的筛选应该基于新的词频统计，而新的词频统计应该借助目前较有影响力的北京大学中国语言学研究中心CCL语料库、北京语言大学BCC语料库等，与时俱进，生成新的词表，一些意义明显过时的要及时淘汰，一些新的意义要及时加进来，重新计算词语的频率和使用度。

人工干预可以辅助词频统计定位词语的使用度和频率，同时也将那些难度等级较高和超出目前词汇等级的词语收入释义用词，特别是一些意义被普遍接受和使用的词语要及时加入或降低难度等级。例如，《牛津高阶》《朗文当代》《商务馆》《5000词》对"airport（机场）"做出了如下释义：

《牛津高阶》：airport　a place where planes land and take off and that has buildings for passengers to wait in

《朗文当代》：airport　a place where planes take off and land, with buildings for passengers to wait in

《商务馆》：机场　有一定设施，供飞机停放、起飞和降落的场所

《5000 词》：机场　供飞机停降、起飞等活动的场所

"机场"在汉语词汇大纲中属于甲级词，两本中文词典的释义用词出现了"供"（乙）、"设施"（丁）、"场所"（丁）、"降落"（丁）、"起飞"（丙）、"停放"（超）等难度等级较高的词语。两本英语词典使用的释义用词中都包括了《商务馆》《5000 词》没有使用的"建筑"和"乘客"，后者未使用的原因可能在于"乘客"（丁超）、"建筑"（丙5）的难度等级较高，但从释义的准确性来看，《牛津高阶》《朗文当代》的释义用词选取似乎更为可取，因为释义包含了"机场"必须有"有供乘客等待的建筑"这一属性。如果《商务馆》《5000 词》在现有释义基础上加入"有供乘客等待的建筑"这一属性，同样也会面临超级词的使用问题。这种情况下，我们不妨换一种思路，将"建筑""乘客"体现"机场"必有属性的词语加入释义用词清单，或干脆在词语等级设定上将这两个高频且使用度高的词语降级处理（如都设定成甲级词）。为避免这种操作过于主观性，释义用词的筛选以及词表的确立必须充分采纳来自语言研究专家、汉语一线教师等权威人士的意见和建议，词典编纂需要专业团队，释义用词的选取更需要来自专业权威人士的建议。

另外，人工干预也可以将那些使用频率高但使用范围有限的词语（如报章或科技文中使用的高频词）排除在外，同时将那些使用频率不高、但大多数汉语使用者很熟悉的词语（如表示身体部位的词汇、关于旅行的词汇以及那些对释义非常有用的词汇）收录在释义用词当中。

5.4.3　需要树立词典、本体、教材三位一体的攻略意识

汉语学习词典的编写不能是关起门来孤军奋战，而应该紧密联系汉语本体研究以及汉语教材编写，树立三位一体攻略意识。汉语学习词典的释义用词，一方面要与时俱进吸收汉语本体词汇研究的最新成果，如《现代汉语词典》对词语释义的更新应该成为汉语学习词典的重要参照，再如"给力""高铁""二维码""扫码""微信"等一些新词已有成为普通性词汇的趋势，汉语学习词典应该在编写过程中及时收录这些词语。另一方面，汉语教材是学生学习汉语的重要凭借，汉语教材的词汇收录既是参考既有词汇大纲的结果，更是一线有经验汉语教学专家经验判断的结果，汉语学习词典的编写应该着重参考汉语教材的词汇选择与等级设置。遗憾的是，我们目前还没有看到汉语学习词典编写与汉语教材编写的关联性研究。单纯从释义用词的角度看，汉语学习词典和汉语教材的编写其实是密切相关的，因为后者也涉及词语的释义问题。例如，对"实事求是（乙）""谴责（丁）"的释义：

实事求是①：从实际情况出发，按照客观事实对待和处理问题（《商务馆》）

实事求是②：从实际情况出发，不夸大，不缩小，正确对待和处理问题（《博雅汉语高级飞翔篇 III》）

谴责①：严厉地批判，责备（《商务馆》《当代汉语学习词典》）

谴责②：责备，严正申诉（《博雅汉语高级飞翔篇 III》）

二者对两个词的释义处理基本一致，差别在于"按照客观事实"＝"不夸大，不缩小"，"严厉地批判"＝"严正申诉"，前者的释义中出现了一个超级词"客观（丙）"，后者的释义中出现了超纲词"夸大""严正""申诉"和超级词"缩小（丙）"。比较来看，汉语教材对"实事求是（乙）""谴责（丁）"的释义难度比学习词典更大，这极有可能会给学习者的词义理解造成困难。我们认为，如何对"实事求是"进行准确释义，确保学习词典与汉语教材的释义保持一致，是一个非常值得思考的问题。汉语学习词典和汉语教材共同作为汉语学习者的重要凭借和工具，在释义方面应该有一个一致的系统，对同一个词如何释义、选取哪些释义用词应该保持基本一致。

5.5　释义改进个案展示

释义是工具书的灵魂，是词典编纂的一项大工程，以汉语学习者为阅读对象的对外汉语学习词典的释义更是关系到词典用户对词典的选择和认可。词典只有进入用户手中并为用户"解决难点，指明用法""在语词的……意义和正确运用方面寻找参考资料"才证明词典的编纂是成功的，而不是词典编纂完毕后被束之于研究者高阁。汉语学习者对释义的需求以及理解释义的困难促使我们考虑释义用词的界定及选取，这不仅是理论问题更是实践问题。我们坚信，一个科学使用释义用词的释义系统必能大大降低释义的难度，实现"以易释难，以简驭繁，以通用释冷僻""使用简单易懂的词进行释义"的目标追求。本着此精神，我们不妨对上文表 41 和表 42 的"宴会"（甲 5）、"比赛"（甲 3）、"毕业"（乙 4）、"超过"（乙 4）、"洪水"（丙 6）、"摆脱"（丙 6）等重新释义如下。

表 41　对《商务馆》《5000 词》基于释义用词的释义改进

被释词语	释　义	超级或超纲释义用词
宴会（甲 5）	主人和客人一起喝酒吃饭的聚会，很正式	聚会（丁4），正式（乙4）
比赛（甲 3）	用竞争的方法，比较水平的高低	竞争（丙4）

续表

被释词语	释　义	超级或超纲释义用词
毕业（乙4）	在学校学习结束，成绩合格，得到了证书	合格（丙4），证书（丙6）
超过（乙4）	比某一个标准或界限高	界限（丁6）
洪水（丙6）	由大雨形成的、能造成灾害的巨大水流	无
摆脱（丙6）	离开（不好或不喜欢的情况）	无

从上表不难看出，改进后的释义在语句长度、释义用词方面都比原来简洁易懂得多。从表中我们也不难发现，对于个别词语级别界定的差异，例如"宴会"在旧 HSK 词汇大纲中被界定为甲级词，而在新 HSK 词汇大纲中则被界定为五级词，差别很大。这也给我们提出了另一个问题，对词语的等级界定必须有一个科学的原则和标准，这是一个值得研究的大课题。对于某些此项的释义用词中如出现超级词或超纲词在客观上无法回避，则可考虑借鉴《牛津高阶》的做法将这些超级词或超纲词界定为释义用词，即"那些对释义非常有用的词汇"必须通过人工干预被确定为释义用词。

另外，关于循环释义，有些情况可能类似"鸡生蛋还是蛋生鸡"的问题，客观上是无法回避的。但正如 Wierzbicka（1992，根据苏新春，2003）所说：语言中有些词是不可定义的，这些词数量较少自成系统，是可以列举的，专门用来定义其他的词语，可视为"普遍词汇"。按照这种逻辑，我们界定出的 2500～3200 个词汇便是释义元语言词汇，这些释义元语言词汇自成系统、可以列举，是普遍词汇，它们之间是可以允许循环释义的。由于释义用词的范围被限定得很小，其间发生的循环释义在数量或规模上也是可以接受的。

第 5 章

教学方法与教学模式

教学有法而无定法，教学模式和教学方法之间往往具有相辅相成的关系。对于产生于 20 世纪 80 年代盛行于 90 年代的任务型教学法，既要看到其可取的一面，也要看到其不可取的一面，做到有选择地使用，将制定任务型教学大纲、开展任务型课堂教学、编写任务型教材与国际汉语教学相接轨。句法驱动的汉语模范句口语教学模式在很大程度上克服了交际法重意义功能轻句法结构、任务法重任务完成而轻表达得体的缺陷，可以大幅度提高口语教学的效率。汉语过程写作教学在很大程度上解决了当前汉语写作教学中的一些瓶颈问题，但从聚焦写作成品到聚焦写作过程同样背离了语言教学的根本目标，写作教学应综合运用各种理论方法，在控制法和过程法之间寻找一条中间道路。练习设计在教材编写和语言教学中的地位举足轻重但却越来越成为制约教学的瓶颈问题和薄弱环节，应该对传统模式练习进行改革创新，凸显交际性和任务性，形成基于"以用户为中心""用语言做事""用不同的方法训练不同的语言技能"的练习设计模式。在国际汉语教学中，方言教学、地方普通话教学、实况汉语教学等非普通话教学并不可行，在当前国际中文教育现实背景下，无论从哪一个角度和层面，都应该进一步加强普通话教学，而非以非标准语教学来影响或削弱普通话教学的核心地位。海外孔子学院宜深入草根，以更加温和的方式彰显中华文化的张力，以有所为有所不为、立足当代兼顾传统、注重双向交流、区分传播层次、注重传播方式方法、紧紧依托汉字、制定本土化文化大纲等策略推动中华文化海外传播。

第 1 节　句法驱动的汉语口语教学模式探索

1.1　句法驱动的汉语口语教学模式的由来

在对外汉语教学中我们常常发现，留学生在表达自己的思想时，总是在最基本的一些语法点上出现这样或那样的错误，或者讲的不是比较地道的汉语。有时，即使有些留学生已经掌握了比较丰富的词汇，但在口语表达上仍旧会出现大大小小的问题。我们知道，对外汉语教学必须"以培养汉语交际能力为目标"（刘珣，2000：21），离开这一目标，一切教学都将成为空话。因为留学生学习了汉语，如果其口头交际能力一塌糊涂或非常不理想，那么无论对教学者还是对学习者来说都将是一个很大的失败。面对上面的问题，我们是否可以考虑：对外汉语口语教学还存在着哪些问题？解决这些问题的出路在哪里？是不是应该重新考虑教学中所倡导的句法教学或词法教学？

汉语口语教学的根本不在于强化哪一种教学，而在于怎样使学生迅速掌握汉语的基本句型及其有效表达。任何一个语言单位离开了给它赋值的句子，都是一个空洞的实体；单纯的词汇教学或语法教学都会落入空洞，没有大量实际的操练和模仿，学生很难把这些要素组装起来，从而也就很难提高汉语口语表达能力。要想培养学生的这种组装能力，就必须找到一些句子，让学生操练或模仿这些句子之后能够说出与这些句子有相同（或相似）结构的其他句子。因此，我们的任务从某种程度上讲就在于找出这种可以用来操练模仿而又具有潜在生成能力的句子，这些句子必须具备该类型的所有句法表现特征，留学生只要掌握了这些句子的构造及其用法，就能自然而然地学会其他句子的构造与用法。

鉴于此，我们提出句法驱动的汉语口语教学模式。口语教学我们都很熟悉，但何为句法驱动（syntax-driven）？这种教学模式并不是要求大讲特讲句法（语法），而是主张用标准句型带动教学，把词汇、语法，甚至是语音教学都融于标准句型的教学中。这些标准句型是汉语里面最具有原型性特征的一些句子，是"真实语料中使用频率高、流行面广的原型性句子，这种句子代表了某一语法项目句法表现的基本特征"。（侯颖，2004：111）为了称呼方便，我们把这种可以带动教学的标准句子称为模范句（model sentence），① 把由模范句驱动的汉语口语教学称为句法驱动的汉语口语教学。

1.2 理论根据及模范句的基本特征

1.2.1 模范句与原型

模范句其实就是一种原型句（prototypical sentence）。原型（prototype）是认知语言学研究中的一个重要概念，指的是某范畴中最具有代表性的成员，该成员具有这一范畴中所有成员的最典型的特征，是"一种认知参照点"（张敏，1998：56）。例如，"鸟"范畴有一些重要的属性（attributes）：①有嘴，②生蛋，③有双翅和细而短的腿，④有羽毛，⑤会飞，⑥身体小而轻，⑦会叽叽喳喳地叫，等等。我们提到"鸟"时就会联想到上述这些属性，如果被问及"什么是鸟？"，那么最有可能的回答是"麻雀"或"燕子"，而不可能是"鸵鸟"或"天鹅"。原因就在于"麻雀"或"燕子"是"鸟"这一范畴的典型成员，即原型；而"鸵鸟"或"天鹅"不是"鸟"这一范畴的典型成员，不具有原型性，从而不可能成为认知的参照点。先认识了某范畴的原型成员，再认识那些边缘成员在认知上就会比较省力，而不是相反。

下面也是一个比较经典的例子（这是成人和孩子的一段对话，其中 A 为成人，B 为孩子）（Rosser，1994：138）：

A：Do you know what an animal is?

B：Yes. A dog is an animal.

A：How do you know?

B：Because…it has legs. Animals have legs.

A：Is a snake an animal?

B：Yes.

A：But a snake doesn't have legs. How can a snake be an animal if it doesn't have legs?

B：It's a kind of animal.

A：Since snakes and dogs are both animals，how are they alike?

B：（shrugs his shoulders）

A：Does a dog have a brain?

---

① 模范句的概念最初是由普林斯顿大学东亚系周质平教授在普林斯顿大学—北京师范大学暑期班（2001）上提出的，他把那些可以用来反复操练的句子称为模范句。

B：Yes.

A：Does a snake have a brain?

B：Oh，no！（quite emphatically）

A：If a dog is an animal and it has a brain，and a snake is an animal too，why doesn't a snake have a brain?

B：Because…a snake's head is too little…it would burst it！

从这个例子可以看出，孩子在认知"动物"这一范畴时，最先认识的是动物的原型成员"狗"，而不是非原型成员"蛇"。原型成员"狗"是孩子认知动物这一范畴的认知参照点。

因此，原型成员具有更多的普遍性特征，在认知上处于优先地位；非原型成员具有较少的普遍性特征，在认知上处于非优先地位。

认知语言学的这种原型理论可以延伸到汉语口语教学中来。根据不同的分类标准，汉语中有很多不同的范畴，如语义范畴（如比较、数量、被动、祈使等）、句法范畴（如"把"字句、"连"字句、"是……的"句、"被"字句）等。而每一个范畴，不论其大小，总会有一些基本的、大家公认的特征，而符合这些基本特征的句子就是原型句，即上文提到的模范句。

我们可以根据某句法结构原型性的强弱来安排我们的教学。教学中先教授原型性强的句子后教授原型性弱的句子，或只教授原型性强的句子而让学生内省原型性弱的句子，从而通过原型句的教学来带动其他非原型的句子的学习，这种思路在理论上是站得住脚的，在实践中也应该是切实可行的。

1.2.2 模范句的基本特征

如何判定哪些句子是模范句？根据认知语言学中原型理论对原型的界定，我们不妨把以下几点作为判定模范句的标准或条件。

（1）模范句必须是某句型中数量占优势的句子。试以"把"字句为例。如果把"把"字句记为"A 把 B — VP"的形式，那么就可以根据 VP 的表现对"把"字句进行分类：VP 是述补结构和 VP 是非述补结构。这两类中 VP 为述补结构的"把"字句在数量上占明显的优势，因此我们可以确定"把"字句的模范句式是 VP 为述补结构的句子。如果再细分，VP 为述补结构的句子中，表示趋向和结果的 VP 又占优势。因此，最后确定的"把"字句的模范句式是 VP 为趋向或结果述补结构的句子。

（2）模范句必须是非缺省的句子。有一些句法格式或句法实体在实际使用中往往有一些缺省的现象，如"连"字句中的"连"字，"是……的"句中的

"是"字,它们在使用中有时就是被缺省的,而缺省后实际的语义并没有发生太大的变化。模范句必须是那些非缺省的句子,即完整句,因为使用这样的句子永远不会犯错误。试以"是……的"句为例。"你(是)怎么来的?"——"我(是)坐飞机来的。"这个对话中的两个"是"都可以缺省不说,而表达的意思没有变化。但是如果换成别的例子,如"我是在回宿舍的路上认识玛丽的",其中的"是"好像就不能缺省。因此,选择非缺省的句子能保证教学的万无一失。

(3)模范句必须是使用频率高、流行面广的句子。这种句子在工作生活和学习中最具有代表性和实用性,能够拿来进行反复操练,教学中能够起到立竿见影的效果。

(4)模范句必须是能够反映某范畴基本特征的句子。例如比较句。汉语的比较范畴可以分为近似、等同、胜过、不及4个次范畴(赵金铭,2001:4),教学中要选择最能代表比较范畴特征的比较方式——"比"字句,"比"字句之中又要选择最基本的句式——"A比B……"。

(5)模范句必须是口语化的句子。既然是句法驱动的汉语口语教学,教学中当然不能选择那些书面语色彩很浓的句子。

确立了模范句的确定标准也就等于明确了模范句的基本特征。因此,我们所说的模范句是指那些使用频率高、流行面广的口语化的句子,这些句子在某类句法范畴中占明显的数量优势,代表了该类句法范畴的基本句法特征。

1.3 句法驱动的汉语口语教学的特征与个案设计

"在对外汉语教学中,不要大讲语法,特别是不要一条一条地大讲语法规则,而要善于点拨,这对一个汉语老师来讲,要求不是低了,而是高了。"(陆俭明,2000:7)陆俭明先生的这段话为我们的教学设想提供了一种支持,那就是不能大讲特讲语法规则,但这并不等于说句法教学不可行,相反这正是句法教学中应该坚持的基本原则。周质平教授(2004)在"新世纪对外汉语教学——海内外的互动与互补"学术演讲讨论会上曾经把汉语教师(他本人称"操练员")的教学境界分为3个层次:不知而言、知而言、知而不言,并进一步认为,对教师来说最高的教学境界是"知而不言"。诚然,这种看法未免有些偏激,但不妨把它作为一种重要的参照或指引。两位先生的看法虽有不同,但却体现了一个共同的原则,那就是在教学中不能大讲特讲语法规则,这种规则要通过"点拨"等方式告诉学生。我们提倡的"句法驱动的汉语口语教学"正是对这一根本原则的体现。

1.3.1 模范句口语教学的基本特征

对外汉语口语教学的基本目标是培养学生的口头表达能力，培养学生的话语组装能力，但这并不意味着要强化词语教学或词法教学，这种话语组装能力的培养只能通过强化句法教学来实现。因此，在句法驱动的汉语口语教学中要淡化词语教学或词法教学，强化句法教学，以句法教学带动词语教学或词法教学，把句法规则融入实际的教学过程中。融入的途径就是进行句法驱动的模范句口语教学。

进行模范句口语教学必须贯彻以下 4 个原则。

（1）反复操练的学习方法。接触到一个崭新的句子，对一个留学生来说，句子的语音语调、意义等都可能存在着问题，因此进行的第一步工作就是操练学生进行模仿，这是最基本的前提。可以采取教师模范领读、学生跟读的方法，也可以采用教师提示、学生补充的方法。学生的语音语调基本上没有错误并且比较流利时，便结束该句子的模仿和操练。

（2）有错可究的纠错原则。口语教学中的流利性和准确性一直是一对比较突出的矛盾，有时学生说得很流利，但语音语调存在明显的错误，而且语法上也有一些大大小小的问题。这种现象是教师没有及时纠错或者是学生自学没有老师指导造成的。虽然学习过程中有一些偏误很有规律性，难以克服，但如果有意识地进行改正，势必会大大减少这种偏误出现的几率。模范句口语教学不主张准确性向流利性让步，在学生出现上述错误时应及时予以改正，使表达的流利性建立在准确性的基础上，但这并不等于说有错必纠，那样会大大打击学生学习的积极性和自信心，让学生开不了口。至于什么样的错误该纠，什么样的错误不该纠，目前好像还没有一个统一的定论。

（3）一问一答的练习模式。总是反复于操练和模仿毕竟难免枯燥无味，为了进一步增加学生的开口机会，教学中要始终贯彻一问一答的原则。某一个句子操练过关（没有明显的语音语调错误）以后，就要进行提问，提问的目的是让学生独立说出完整的答案，而不仅仅限于模仿。教师不但要自己贯彻这一原则，同时也要让学生在一问一答中进行简单的对话。如果这一原则贯彻得好，无疑将会大大提高学生的开口率。

（4）情景与任务的有机结合。对外汉语教学中交际法和任务法是两种流行甚广的教学方法，模范句口语教学也应该吸收这两种教学路子的长处，把模范句的确定与操练模仿特别是一问一答的练习模式建立在一定的情景中，让学生根据这种情景使用练习过的句子，从而完成一个任务。因此，这种教学模式在很大程度上克服了交际法重意义和功能轻句法结构、任务法重任务完成而轻表达得体的缺陷。

1.3.2 模范句口语教学的两个个案设计

为了具体说明和演示句法驱动的汉语口语教学模式，我们拟定了以下两个语法项目的个案实践。

（1）"连"字句。

根据认知语言学的原型理论，"连"字句可以分为原型类和非原型类两种。（蔡永强，2004）按照模范句口语教学的基本模式，教学中首先要教授的应该是原型类"连"字句。以"当时，他连自行车都没有"为例。首先带领学生进行充分模仿、操练，并注意句子中每个字词的语音问题并兼顾整句话的语调，如果发现错误就及时进行纠正；其次进行一问一答的反复练习——"当时他怎么样？""当时他很穷，连……都没有？""这儿的夏天太热了，连……？"通过这种渐进的方式，学生就会在大脑中建立起关于"连"字句模范句式的印象。在此基础上，可以进一步引导学生学习那些非原型类的"连"字句。

（2）"是……的"结构句。

"是……的"结构也是汉语中非常重要的一种句法结构，有些已经掌握了大量汉字的学生也常常会在这里出错，原因就在于没有经过模范句的反复操练。进行"是……的"结构句的教学首先要针对不同的类进行操练，有些"是……的"结构表示的是过去时，如"玛丽是昨天来的"；有些结构表示的不是过去时，如"这个主意是约翰出的"。无论表示的是什么意义，在教学中都应该坚持教那些没有缺省"是"的句子，因为前文提到有些句子缺省了"是"以后就显得不是很合适。具体的教学步骤是：首先让学生模仿、操练，然后进行一问一答（可以是老师问学生，也可以是教师指导下的学生问学生）——"玛丽是什么时候来的？""玛丽是怎么来的？""你是怎么来的？""这个主意是谁出的？""这个主意是不是玛丽出的？""约翰是不是坐飞机来的？"……经过这种一定情景下的带有任务性质的反复模仿、操练、问答，学生基本上可以建立起该句法结构的模范句印象，而且能够较为熟练地使用。

模范句口语教学能够让学生在模仿和操练中牢牢掌握某种句法结构的特征和基本用法，贯彻了"培养汉语交际能力"这一教学目标，可以大幅度提高口语教学的效率，大大增加学生的开口率。此外，该教学模式对汉语教材的编写也具有重要的启示意义。教材编写过程中的语法项目的编排要注意体现它们的原型性等级，优先安排那些原型性强的句法结构，然后再考虑原型性较弱的项目，从而使语法项目的安排在接受难度上体现出科学的层次性。此外，教材中生词的安排也可以按照这种原则进行。目前存在的问题是，这种原型性强弱的研究还不够，很多句法结构原型性的强弱还难以确定。

因此，进行模范句口语教学也有一些亟待解决的问题：汉语中到底有哪些可以用来操练的语法项目，因为有些语法项目虽有名目，但不可以用来操练，即不具有可操练性。具有可操练性的句法结构，则要尽快根据原型性特征确定出模范句的原型性序列，以便汉语教师从中进行选择。所有这些问题都有待我们继续研究。

第 2 节　关于汉语过程写作教学的几点思考

培养学习者的汉语交际能力是对外汉语教学的基本目标（刘珣，2000：21），如何在汉语教学实践中全面培养并提高汉语学习者进行听说读写交际活动的能力是考量对外汉语教学效果的重要落脚点；当前汉语教学界以"综合课打头，按技能设课"的语言教学模式（杨惠元，2007：5）就是在这种认识的基础上形成的普遍共识之一。而在听说读写等所有技能训练当中，写作技能训练是大家公认的最难的一项。（罗青松，2002；邓淑兰，2006；杨惠元，2007）作为一种综合语言能力训练，写作课的主要目标在于有效引导学生进行语言输出，即在既有语言知识和语言能力的基础上训练学生遣词造句以及运用不同修辞手段布局谋篇的能力。当前盛行于英语教学界的过程写作（process writing）教学法就是专门针对写作"难"而进行的一种教学尝试。

2.1　当前汉语写作教学的瓶颈问题

相对于综合课，汉语写作课的课堂教学效果评估的科学性和可操作性显得不那么强，多数学生的写作能力普遍低于听说能力。目前，汉语写作教学遇到的问题主要有：

（1）学生不知道"写什么""怎么写"。汉语写作教材的内容设计范式一般是交代本课练习和写作的重点、给出参考范文、有针对性的语言练习（主要是语法、篇章连贯性练习）、布置作文参考题目等。这些环节按部就班、清楚明了，但并不能在引导学生"写什么""怎么写"等方面发挥更大的作用。汉语作为第二语言的写作教学遇到的这种尴尬场面与国内语文教学出现的问题极为相似。

（2）教学过程范式僵化。一个完整的写作教学过程被分隔为课堂讲练（主要是写作常识）、范文导读、倾向性语言项目练习、布置作文、作文批改与讲评等独立的几个环节。这些环节并不能充分调动学习者的隐性语言知识，本质上属于接受性写作，学生在很大程度上缺乏写作的自主性，课堂上学得的东西很快被遗忘。

（3）过于重视写作成品。在课堂讲练、范文导读、语言项目练习等准备性教学环节完成后，要求学生命题作文，学生能否在规定时间内写出一篇理想的作文成为评价学生写作能力的唯一标准。写作教师对学生作文的评价集中于写作成品，对学生作文的构思过程没有给予足够的重视。久而久之，学习者就会把写作当作一种单调的学习任务来完成，作文成品变成了教师和学生交流的唯一媒介，最后造成学习者语言能力没有充分发挥、写作水平没有大幅度提高的被动局面。

（4）语言输出产品的准确性、流畅性、得体性较差。在通过了倾向性的学习与练习后，学习者按照要求写作（有些是当堂完成，有些是课下完成），但写出的作文在语言的准确性、表达的流畅性和得体性方面均存在大量问题。教师按照母语标准修改作文（修改重点往往放在语法、词汇上，逐字圈改）后进行讲评，学生见到多处涂改过的作文，自信心无疑受到很大打击。即使教师在作文讲评环节上将学生作文中出现的问题都讲清楚，仍旧不能避免学生在下一轮写作中呈现同样或类似的问题。

（5）作为写作教学的重要媒介，写作教材的范文选材、所选话题等远离学习者生活现实，内容设置不能从方法上指导学生写作。

汉语写作教学中出现的上述问题很容易让学习者对写作产生焦虑感和畏惧心理，进而失去写作信心。当前过于重视写作成品的汉语写作教学理念如何更新、教学方法如何改革，已经成为写作教学研究的重要迫切课题。

由于"基于产品的写作过于以写作产品为最终鉴定写作的出发点，写作教学的重点是在句子阶段要保证学生的语法结构、词汇应用等表面结构没有错误"（Raimes，1987），因而不能从根本上促进学习者的写作水平。20 世纪 60 年代的第二语言过程写作教学法就是在这种背景下产生的。

2.2　汉语过程写作的名与实

过程写作是一个包括写前准备（pre‑writing）、写草稿（drafting）、修改（revising）和编辑定稿（editing）等阶段的动态写作过程，与基于成品的写作不同，过程写作强调写作的过程性与动态性，认为写作过程不是一个一次性的线性过程，而是一个循环往复的不断修改完善的互动过程。

从最初的控制写作教学法（the controlled approach）将教学焦点集中于学生的写作成品，到过程写作教学法（the process approach）将教学焦点集中于写作过程本身，可以说是写作教学理念的一场革命。控制法的理论基础是听说法，在学习方式上属于接受性学习（reception learning）；过程法的理论基础是交际法，在学习方式上属于自主学习。教学焦点集中于写作成品，在很大程度上将写作视为一种一蹴而就的能力，学习者在规定时间内完成写作任务，剩下的工作则依赖于教师的精心批改。教学焦点集中于写作过程本身，意味着将写作视为一种不断完善的动态过程，学习者的任务在于通过个人思考、同学间讨论等方式不断完善自己的思想表达，教师的角色在于引导学生形成一个可行性写作策略。我们可以从理论背景、学习方式、教学焦点、写作过程、教师角色、评判标准等 6 个方面列表对比控制写作法与过程写作法的不同。

表 42　控制法与过程法对比

教学法	对比项					
	理论背景	学习方式	教学焦点	写作过程	教师角色	评判标准
控制法	听说法	接受学习	作文成品	一次性	作为主导者，精心批改，指出句法、措辞等方面的问题	表达的准确性先于流畅性和得体性
过程法	交际法	自主学习	写作过程	动态反复过程	作为引导者，引导学生如何表达思想，主要着眼于内容和结构	表达的流畅性先于准确性和得体性

从上表可以看出，过程写作与控制写作有着完全不同的理念和操作程序。具体说来，过程写作教学的操作程序分为如下 4 个子过程（试以"网络对现代生活的影响"为例）。

（1）写前准备阶段。写前准备工作的关键是教师和学生通过协商，找到适合学生水平、学生感兴趣的写作任务。例如学生围绕"网络对现代生活的影响"这一话题，可以既选择网络对中学生的影响，也可以选择网络对汉语学习的影响；既可以选择好的影响，也可以选择不好的影响。总之，教师应该给学生一定的话题选择空间，彻底改变以往命题作文的僵化形式。写作任务确定后，教师要引导学生通过联想、讨论、提示等方式进行构思，学生在此基础上整理出自己的写作提纲，最后师生一起整理出一份关于写作任务的词汇清单。构思的过程也是形成写作提纲的过程。教师可以引导学生分析网络时代和非网络时代生活的变化，网络带给人们的便利和不良影响等，学生之间可以在独立构思的基础上再进行讨论，教师也可以适当给予必要的提示。在这一过程中，和话题"网络对现代生活的影响"有关的一些词汇会大量产生，教师可以板书这些词汇以便学生写作时参考。在这一阶段，教师还应根据教学需要并结合范文向学生讲解一些必要的写作常识或写作方法。

（2）写草稿阶段。写草稿的关键是要求学生用语言把自己的构思和写作提纲变成书面文字，不要给学生语言结构方面的限制。写草稿在很大程度上是学生自由写作，教师应该引导学生注意文章的整体结构、内容的充实性和表达的流畅性，不宜过于强调语言结构的准确运用。写草稿是过程写作的关键环节，要给学生充裕的时间和空间。例如对"网络对现代生活的影响"这一写作话题来说，学生可以在"网络、正面影响、负面影响、生活方式、上网、查资料、书信、电子邮件、回信、教育、未成年人、浪费时间、便利、沟通、交流、工具、判断能力、电脑游戏、先进、落后、上瘾、电脑病、病毒、安全性、现实世界、虚拟世界、网络教育、网上学习、视频电话、交友、聊天、自由、时间和空间限制……"这一词汇清单的基础上根据需要自由选择词汇，教师的角色主要是引导学生形成一篇结构完整（具备"开头—主体—结尾"）、内容丰富（充分说明网络对现代生活影响的各个方面）的文章，而不是做语言结构使用的监控者。

（3）修改草稿阶段。草稿完成并不意味着写作任务结束，写作成果的进一步完善有赖于草稿的修改。修改草稿可以在学生和学生之间进行，也可以在教师和学生之间进行，无论教师还是学生都以读者的身份出现，在平等民主的气氛中提出自己的建设性意见。每个学生在此基础上进一步修改自己的草稿，草稿的修改可以根据需要往复多次，直到写出内容充实、结构完整的作文。修改草稿应把注意力集中在文章结构和内容上，如文章的前后照应、主体部分的丰富性、表达方面的辩证表述（例如，"网络给现代生活带来了很大的便利，如电子邮件、视频电话等完全突破了非网络时代的时空限制，但现代网络也给我们带来了一系列负面影响。""发达的现代网络给我们的生活带来了很多不利影响，如中学生玩电脑游戏上瘾、电脑病等，但我们也应该看到网络带给我们的正面影响，网络彻底改变了现代人的生活方式。"）等，不宜过分强调语言结构的准确性。

（4）编辑定稿阶段。草稿修改完毕后，教师应该对学生的作文成品进行批改、写出评语，并把评改意见反馈给学生。教师最后对学生作文成品的批改不应囿于语言结构的准确性，而应在作文结构和内容上给予学生更多的肯定。学生在此基础上进一步整理自己的作文，最后编辑定稿，写作任务完成。

过程写作的4个子过程体现了任务型教学法的基本理念，是任务型教学法在写作教学领域的具体体现。写前准备（任务前）、写草稿（任务中）和修改草稿（任务中）、编辑定稿（任务后）等4个子过程构成了任务型教学法的3个基本环节——任务前、任务中、任务后。在整个写作过程中，意义的建构始终是核心内容，不强制学生使用某些语言结构，充分调动学生的自主性和创新性，体现了自主学习的基本特征。

2.3 汉语过程写作的不足

作为控制法的对立物，过程写作在很大程度上解决了当前汉语写作教学中存在的一些瓶颈问题，但过程写作也有其本身难以克服的一些局限性。

第一，过程写作把教学焦点从学生作文成品彻底转向写作过程，等于从一个极端走向了另一个极端。语言教学的根本目标在于全面提高学习者基于听说读写的交际能力，这种交际能力必须均衡考虑表达的准确性（correctness）、流畅性（fluentness）和得体性（appropriateness）。

国家汉办《高等学校外国留学生汉语教学大纲》（长期进修）对写作教学的目标有清晰的表述——"使学习者在原有基础上不同程度地进一步提高汉语交际能力"，在初级阶段"能比较准确地发出单个字、词的音""能根据汉语拼音比较准确地读出汉字的读音""能用汉语拼音比较准确地写出听到的普通话音节"；在中等阶段"具有初步的成段表达能力，语调基本正确，语速基本正常，表达比较清楚、准确、恰当"，在高等阶段"能在两个小时内写出800字以上的命题作文……汉字书写规范熟练，标点符号运用正确，用词恰当，语句通顺……"。因此，表达的准确性应该是写作教学的第一目标。过程写作重内容轻形式、重意义轻结构、重流畅性轻准确性的理念从根本上讲是对这种写作目标的背离。

控制法在写作教学中严格控制语言结构，强调词法、句法等形式方面的准确性，是听说法的直接产物。这种把语言结构的准确性要求推到极端的做法显然不利于学习者的思想表达，当前写作教学遇到的瓶颈问题与此有着莫大的关系。过程写作教学法作为控制法的对立物出现，认识到控制法不利于学生写作水平的提高，但却又在语言结构的准确性要求上走向了另一个极端，即过于强调表达的流畅性、忽视了表达的准确性和得体性，这种做法容易造成错误语言规则的化石化（fossilization）。因此，从学习效果来看，"有错必纠"与"有错不纠"都是不可采取的极端做法，这在很大程度上偏离了语言教学的根本目标。例如（试以韩国留学生洪性贤的作文《生活在人大》① 第一段为例）。

> "已经都过了一年半的时间。去年一月的这里，我第一次来人民大学的时候的回忆还在我的脑子里清楚地留着。刮寒风的冬天，因为校园里灰色教学楼，更荒凉的感觉的学校，到处挂着的红色的帷幕，跟学校的名声一样，像尖子理性的气氛的学校充分压倒我的一切了。现在，学校给我跟我家一样安定的感觉，可是中国学生对学习的热情不让我放松紧张。我对在这学校过得很满意。"

按照过程写作的基本理念，这段作文在思想表达的流畅性方面不存在什么问题，但在语言结构的准确性以及表达的得体性方面问题较多，这些问题主要表现在副词错用、句式混杂、表达冗余等方面。按照控制法的基本理念，这段作文应该在语言结构方面做较大规模的修改，以使文通字顺。

> "已经来人民大学一年半了。去年的一月，我第一次来人民大学时的情形还清楚地留在我的脑海里。刮寒风的冬天，学校里灰色教学楼的校园，给人更荒凉的感觉。到处挂着红色的帷幕，跟学校的名声一样，学校这种高等学府的气氛在理性上压倒了我。现在，学校给我家一样安定的感觉，可是中国学生对学习的热情不让我放松。我对学校的生活很满意／我在学校里过得很满意。"

但这种各执一端的做法都不利于写作教学目标的实现，过程法重思想表达流畅性的"有错不纠"让学习者的语言问题积存了下来，而控制法重语言结构准确性的"有错必纠"则在很大程度上限制了学生的自由表达空间。

第二，过程写作的根本目的在于培养学习者用目的语方式进行思维，从语言习得的角度来说，这种意图只能是一种理想化的期望，因为学习者不可能在短期内将学到的东西转化为自己的隐性语言知识。对于第二语言学习者来说，第二语言的表达在长期内都处在一个不断监控的过程中，语法结构、词汇选择、篇章组织是必然考虑在内的主要因素。在汉语水平相对比较低的状态下，学习者很难用汉语表达自己的思想；学习者表达思想的基本途径是先在脑海中呈现

---

① 文章片段取自中国人民大学对外语言文化学院留学生"动态跟踪作文语料库"（汉语言专业本科，一年级第二学期）。

母语的说法，然后再翻译成目的语的说法。这一语言转换过程中，目的语的表达明显会受到母语的影响，过程写作教学却在很大程度上忽略甚至淡化了这种母语负迁移带来的不利影响。例如（试以日本留学生池上雅子的作文《第一次到北京》① 片段为例）：

"我第一次到北京的时候，我受惊了。

我看见汽车和自行车和人和马一起走，我受惊了很多。同学们也都大受惊。我们一起不能过马路了，因为是红灯的时候，中国人热烈过马路，可是等开绿色灯的时候，我过马路刚刚，左面的汽车开我，右面的汽车开我也。我们路中间的站了，动的非常胆子小。此刻的时间，孔老师来保我们过路了。孔老师说不要看红灯和绿灯，要看中国人的走。我不能明白。孔老师的说，一定"千真万确"的，沈老师的话，孔老师最相信他的人。孔老师一个拉河野，一个拉我。孔老师热的手，我冷的手，心胸跃起了，终于到达了马路。沈老师笑着哈哈，白色的牙齿。

……

下午上课的开头，孔老师写上黑板：友好容易理解难。我想，我一定学习汉语好，理解中国好。

我第一次到北京的时候，我受惊了。"

按照过程写作的基本理念，这是一篇结构完整、内容相对充实的作文（虽然存在较多的语言问题），学生自由表达出了自己第一次来北京的切身感受。但文中的一些语言结构问题明显是受学生母语——日语的负迁移造成的，例如：

"我们路中间的站了"明显受到日语表达方式 watashitachiha dou ro no mannakade tachidamatta 的影响；"要看中国人的走"明显受到日语表达方式 chuugokujin no aruki wo minakerebaikenai 的影响；"孔老师的说"明显受到日语表达方式 kou shensei ga iuniha 的影响；"我一定学习汉语好，理解中国好"明显受到日语表达方式 watashiha kitto chuugokugo wo yoku benkyo sura, chuugoku wo yoku rikai shitai 的影响。

这些母语负迁移造成的错误表达在汉语中只有使用介词结构"我们站在路（的）中间"、疑问结构"要看中国人怎么/什么时候走"、主谓结构"孔老师说"，以及述补结构"我一定学好汉语，理解好中国"等来表达才符合汉族人语感。这种由于母语负迁移造成的语言问题如果得不到及时的纠正，会在语言学

---

① 此篇作文，系芬兰赫尔辛基大学孔子学院任教的我的同事傅由老师提供。

习者的中介语系统中存在很长时间，不利于培养学习者"活用目标语言"、运用目的语进行思维的能力。

第三，过程写作教学在某些环节上往往难以控制。例如过程写作教学坚持通过师生有意义的协商确定写作任务，但由于不同学生个体的兴趣、背景等差异，最后往往很难确定一个大家都同意的话题。再如，学生在修改草稿阶段，讨论的内容常常与作文的内容、结构关系不大，不能站在读者的角度提出有效的修改建议。另外，学生在小组讨论时常常使用母语，或在拟写写作提纲时使用母语然后再翻译成汉语。这就要求写作教师在课堂教学环境中要加强对学生的引导和监督，以完成"任务"为基点把每个环节的具体任务落到实处，并保证各个任务环节之间的有效链接。

第四，从学习者水平差异的角度来看，过程写作的使用范围有限。过程写作比较适用于中高级汉语水平的学习者，而汉语水平比较低的初级班学生就不宜使用这种教学方法。

总之，汉语过程写作教学法把教学焦点集中于写作过程本身，有利于激发学生的自主创作欲望，培养学生的写作信心。过程写作一改传统僵化的教学模式，在很大程度上解决了"怎么写"和"写什么"的问题。但另一方面，汉语过程写作教学又在准确性、流畅性和得体性的关系处理方面走向了另一个极端。其实，课堂教学本身往往要受到很多固有因素和临时因素的制约和影响，具体教学中教师应该根据学习者的学习阶段、训练内容、教学对象、教学环节等方面综合运用各种理论方法（罗青松，2002：58-64），在控制法和过程法之间找到一条中间道路，平衡好准确性、流畅性和得体性三者之间的关系，坚持"有错可究"，在培养学习者汉语自主学习能力的前提下全面提高汉语学习者的写作水平。

第 3 节　任务型教学法——理论与实践

教学方法和教学模式一直是对外汉语教学领域关心的话题，近年来兴起并引起广泛关注的任务型教学法①不妨说是对教学方法或教学模式进行探索的一

---

① 严格说来教学方法（method）、教学途径或路子（approach）和教学模式（model）是有区别的，但在某些方面又有重叠的部分。目前的著述中也同时兼有"任务型教学法"和"任务型教学模式"的说法，本节不打算在这些术语上做更多的纠缠，但这并不意味着这几个术语没有区别。

种新尝试。

目前这种教学法已经被美国、加拿大、新加坡、中国香港等许多国家或地区采用，无独有偶，最近这种教学法又在我国英语教学界引起了很大的波澜，备受关注。《普通高中英语课程标准（实验稿）》（2003）指出，过去的英语教学过分重视语法和词汇知识的讲解，而忽视对学生语言运用能力的培养，因此强调英语课程应该"从学生的学习兴趣、生活经验和认知水平出发，倡导体验、实践、参与、合作与交流的学习方式和任务型的教学途径，发展学生的综合语言运用能力，使语言学习的过程成为学生形成积极的情感态度、主动思维和大胆实践、提高跨文化意识和形成自主学习能力的过程"。该《标准》在第四部分实施建议中又进一步明确指出，"本《标准》以学生'能做某事'的描述方式设定各级目标要求。教师应该避免单纯传授语言知识的教学方法，尽量采用'任务型'的教学途径"。新标准对英语课程进行改革的实质就在于要彻底转变传统教学中重知识传授轻语言运用能力的倾向。

然而令人遗憾的是，任务型教学法在对外汉语教学领域所引起的影响或冲击并不是那么明显，所见到的专门讨论任务型对外汉语教学的文章不太多。任务型教学法没有在对外汉语教学和研究领域得到重视和推广，原因之一在于我们对这种方法的理论和体系还不甚了解，对这种方法的具体实施和操作还不甚清楚。

本节打算比较系统地介绍任务型教学法的基本理论，并对该教学法的具体实施提出实践策略，以便让这种方法更好地服务于对外汉语教学。

3.1 教学法的历史嬗变与任务型教学法

3.1.1 教学法的历史嬗变

不同的历史时期会产生以不同的语言学、心理学、教育学、社会学、人类学等理论为支撑或基础的教学法，从某种程度上讲，教学法的历史发展也同时映射了某学科教学史的发展，因为任何一种教学法的诞生都体现了某种教学理念、教学思想以及由此形成的教学程序。历史上产生的第一种教学法是17—18世纪的语法翻译法（Grammar-translation Method），该教学法注重书面语教学，强调以语法知识为主要教学内容，对欧洲的外语教学产生了深远的影响。19世纪末产生的直接法（Direct Method）在理论和实践上是语法翻译法的对立物，是对语法翻译法的否定，强调以口语教学为基础，不用翻译。20世纪初产生的情景法（Situational Language Teaching）强调通过有意义的情景进行语言结构操练，强调教学中运用情景比直接法先进一步。20 世纪 30 年代产生于苏联的自觉对比法（Conscious-comparative Method）主张母语与目的语的对比，强调学习者的自觉性，在语法翻译法的基础上既有坚持又有发展。听说法（Audio-lingual Approach）产生于 20 世纪 40 年代的美国，该方法注重语言结构的反复操练，听说领先、口语领先、排斥母语。视听法（Audio-Visual Approach）产生于 20 世纪 50 年代的法国，以视觉和听觉的双向结合为主要特征，广泛使用现代化的媒体设备。认知法（Cognitive Approach）产生于 20 世纪 60 年代的美国，提倡有意义的练习，注重挖掘学生的智力等个体因素。另外还有产生于 20 世纪 60—70 年代的自觉实践法（Conscious-practical Method）、团体语言学习法（Community Language Learning）、沉默法（The Silent Way）、全身反应法（Total Physical Response）、暗示法（Suggestopedia）、自然法（Natural Approach），以及影响深远的交际法（Communicative Approach）①。由于受结构主义语言学和转换生成语法理论的影响，上述大部分教学法都比较注重语言结构规则，强调学习者对语言结构的掌握；而后来产生的自然法、自觉实践法，特别是交际法，由于受功能语言学的影响则比较重视语言的功能和意义。

3.1.2 任务型教学法本质上属于交际法

在上述教学法的历史嬗变过程中，交际法出现得最晚——产生于 20 世纪 70 年代初。交际法之前的教学法大都强调以语言结构为纲，而交际法则提出以功能意念为纲，强调"用语言做事②，完成一定的交际行为"（刘珣，2000），这和以往任何一种教学法的主张都大相径庭。交际法主张语言学习应该是一个从意义到形式、从功能意念到表达的过程；以培养学生创造性运用语言的能力为根本目标，力图实现课堂教学过程的交际化。因此交际法关心的主要是学习主体以及学习主体的学习活动，强调以学生为中心；学生在课堂教学过程中能否通过创造性使用语言完成一个交际活动成为衡量该课堂教学效果的主要标尺。交际法在具体实施过程中体现出的 3 个基本原则（Richards & Rodgers，2001；

---

① 交际法又称功能法（Functional Approach）、意念法（Notional Approach）、功能意念法（Functional-Notional Approach）。

② 这里的"用语言做事"与 J. Austin 言语行为理论（Speech Act Theory）中的"做事"不是一个概念。

魏永红，2004）——交际原则、任务原则、意义原则①——为任务型教学法的进一步发展奠定了基础。

交际法在产生之初给人一种耳目一新之感，如何实现课堂教学的交际化一时成为广大教学、研究工作者追求的目标。但后来的研究者在如何看待教学和交际的关系上发生了分歧，形成了强式交际法（Strong Version）和弱式交际法（Weak Version）两个版本；前者坚持直接通过交际活动来学习英语（use English to learn it），后者则坚持为了交际要学会英语（learn to use English）。（Howatt，1984；魏永红，2004）强式交际法的典型代表是 Prabhu，他在印度班加罗尔主持 The Bangalore Communicational Teaching Project（班加罗尔交际教学项目）的过程中强调让学生"在用中学"，课堂教学活动以"任务"的方式呈现。在这一教学项目研究的基础上，Prabhu 形成了关于班加罗尔交际教学项目的报告，并最终于 1983 年提出任务型教学法（Task-based Approach）。

因此任务型教学法是一种强式交际法，是交际法的一种发展形态，本质上仍旧属于交际法的范畴。我们至少可以发现二者在以下几点上存在着显著的共通性。

· 二者都反对某种句型的反复机械操练，提倡以功能意念为纲，先意义后形式，先功能后结构，强调有意义的练习。

· 二者都把完成任务作为教学的根本目标。

· 二者都提倡通过现实的交际活动促进学生主体学习语言。

· 二者都主张让学生主体创造性地使用语言。

· 在通过交际活动完成任务的过程中，表达的流畅性让位于表达的准确性。

· 二者的理论基础大同小异。二者有着共同的语言学基础（交际能力理论、功能主义语言学）、心理学基础（人本主义心理学）和学习理论基础（建构主义学习理论）。

任务型教学法较之交际法一个最大的不同在于前者把"任务"二字发挥到了极致，把任务看成课堂教学的基本组织单位，不顾对语言知识和结构的学习和掌握，而重视学生主体的学习过程。因此，在任务型教学法中，"任务"贯穿教学过程的始终，有没有完成任务成为考量教学成败的关键；正因为如此，对

---

① 交际原则指的是学生主体通过包含现实且有意义的交际活动来学习语言；任务原则指的是要求学生主体运用语言去完成交际性任务，以此来促进学习；意义原则指的是整个课堂教学过程体现的是一种有意义的、现实的操练，而非某种语言结构的反复机械操练。

教学过程中任务的理解、设置安排成为任务型教学法实施的重点和难点。

值得注意的是，任务教学法的产生，除了交际法的促进以外，第二语言习得领域的研究成果也发挥了推动作用。20 世纪 80 年代，Krashen（1985）提出输入假设理论（Input Hypothesis），认为只要学习者拥有足够的可理解的输入就能学会这门语言。但后来有学者发现只有足够的可理解的输入还不能保证学习者学会一门语言，因为学习者的输出也很重要（程晓堂，2004：9）。任务型教学法为这种兼顾输入和输出的教学提供了一种有效的参照（Richards & Rodgers，2001）。后来 Long（1985）又发现，即使输入和输出同时具备仍旧不能保证学习者成功习得一种语言，因为其中起关键作用的应该是学习者相互之间的意义协商（meaning negotiation）过程，而学习者完成任务的互动过程非常有利于这种意义协商，于是完成"任务"（Tasks）渐渐成为研究者关心的话题。

有学者认为（程晓堂，2004）交际法的发展和第二语言习得研究领域的研究成果是任务型教学法的两个理论来源。

3.1.3　任务型语言教学

Prabhu1983 年提出任务型教学法，作为对长期以来以语言结构为中心的教学方法的反动，这种教学法引起了极大的反响。由于交际法长期在教学中占据统治地位，任务型教学法从诞生之日起就遭到来自不同方向的批评和指责，如有人批评任务与以前的意念功能没有什么本质的区别等。但 20 世纪 80 年代末以来，任务型教学法的再度兴起和流行，充分证明了这种教学法的生命力。

虽然任务型教学法当初是 Prabhu 针对班加罗尔交际教学项目提出来的，但这种方法除了运用于语言教学外，还可以应用于其他教学。例如，根据教育部的教改计划，目前我国九年制初中义务教育以"信息技术"课程取代了原有的"电脑"课程，而且在教学理念上有一个很大的突破，即由过去讲解知识为主转变成让学生通过动手完成任务为主，这种任务驱动式教学就是运用任务型教学法的一个典型例子。目前学术界讨论的任务型教学法主要是指在语言教学领域中使用的任务型教学法，称为任务型语言教学法（Task-based language teaching，TBLT），简称任务型教学法。①

---

① TBLT 有很多不同的翻译法，除了任务型语言教学法、任务型教学法外，还有任务驱动式教学、以任务为基础的语言教学（法）等。

3.2 任务型教学法中的任务与任务设置

3.2.1 什么是任务

如何理解"任务"是了解并实施任务型教学法的第一步。按照现代汉语的解释，任务是指"指定担任的工作，指定担负的责任"（《现代汉语词典·第5版》1151页），换句话说就是一切要完成或担负的事情。对于任务型教学法中的"任务"，不同学者给出的定义有所不同。

Long M.（1985）较早地给出了关于"任务"的定义，任务是我们"生活、工作、娱乐等过程中所做的一切事情"。按照这个定义，人们生活中做的各种各样的事情都可以称为任务（包括不是用语言来完成的任务）。

此外，Nunan（1988）、Skehan（1996）、Richards（2001）等学者也给出了不同的定义。① 下面我们重点介绍一下任务型教学法的先驱 Prabhu（1987）和 Ellis（2003）对任务的界定。

Prabhu（1987：19）对"任务"的定义"是一种需要学习者经过某些思考过程，在已给信息的基础上得出某种结果的活动。学习者可以对这些思考过程进行控制和调整"（…is an activity whichrequires learners to arrive at an outcome from given information through some process of thought, and which allows learners to control and regulate that process.）。在这个定义中，Prabhu 强调了两点，一是任务的完成需要学习者的思考过程，二是学习者必须得出某种结果才算完成任务。

Ellis（2003）对第二语言习得领域中的任务型语言教学进行了系统的梳理和总结，认为"任务是一些主要以意义为核心的运用语言的活动"（Tasks are activities that call for primary meaning-focused language use.）。这个定义简洁精练，点出了任务的本质，即任务是一种运用语言的活动，是语言任务。

综合上述学者对任务的定义，我们可以把任务型语言教学中的任务定义为：任务是一种通过创造性运用语言、以解决某个现实交际问题为目标的交际活动，它既是语言任务也是交际任务。学习者在完成任务的过程中关注的不是语言结构，而是运用语言来解决问题。这种交际任务与传统语言教学中的练习（exercise）有着本质的区别。

---

① 吴中伟："任务"的性质和特点——任务教学法研究之一 ［A］//中国人民大学对外语言文化学院. 汉语研究与应用（第三辑）. 北京：中国社会科学出版社，2005：200-211.

表 43　任务与练习的区别（程晓堂，2004：33）

	任　务	练　习
活动的目的	·达到交际目的 ·传递信息 ·解决问题	·检查知识的掌握情况 ·复习和巩固语言知识 ·操练语言形式
活动的内容	·有语境的、相对完整的、真实的语言材料 ·需要综合运用多项语言知识和技能	·脱离语境的语言材料，如单个的句子 ·往往涉及单项语言知识和技能
活动的形式	·分析、讨论、协商等 ·通常有做事情的过程 ·通常需要小组合作完成	·填空、改写、翻译等 ·通常由学生独立完成 ·核对或检查答案
活动的结果	·语言形式或非语言形式的结果 ·各小组的结果不要求完全一致	·一般只有语言形式的结果 ·结果都是一致的（即往往只有一种正确答案）

表 44　任务与练习的区别（魏永红，2004：26）

	练　习	任　务
侧重点	形式（form）	意义（meaning）
交际愿望与交际目的	无	有
现实生活情景	无	有
评估方面	语言形式是否准确	任务完成与否
语言控制	严格控制	自由
教师纠错	立即纠错	观察、分析原因、纠正
信息流向	单向	双向或多向

表 46 和表 47 明确区分了任务和练习的本质区别，同时也向我们展示了任务型语言教学法的一些基本特点。

一个完整的任务，一般由以下 6 个要素组成：目标、输入、活动、教师角色、学习者角色、实施环境，如下图（Nunan，1989；转引自周淑清，2004：354）：

根据这个任务框架图，我们可以分析课堂教学中的学习任务，也可以针对具体教学设置任务。

（目标）Goals ——————＼　　　　　　／—————— Teacher role（教师角色）

（输入）Input ——————◆Tasks◆—————— Learner role（学习者角色）

（活动）Activities ——————／　　　　　　＼—————— Settings 　（实施环境）

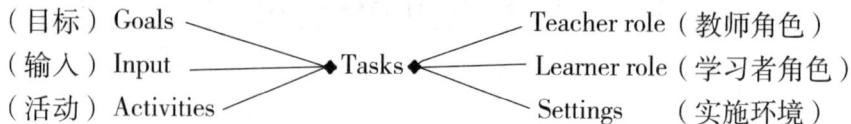

图 20　任务的 6 个基本要素

3.2.2　如何设置任务

既然任务贯穿任务型语言教学的始终，那么在教学中如何设置任务自然成了实施任务型教学法的关键。设置任务一般要考虑以下 6 个基本原则。

3.2.2.1　趣味性原则

兴趣是最好的老师。趣味性原则在课堂教学、教材编写等领域都是非常重要的一个原则。如果任务的设置枯燥无味，不能激起学生的学习兴趣和积极主动性，那么将很难保证教学的效果，布置的任务也会很难完成。趣味性在某种程度上和实用性有着密切的联系，"内容有趣有用便能'抓住学生'，特别是让学习者感到内容'学了有用'，才能使他们产生真正的持久的兴趣"（李泉，2004：182）。例如具有准中级水平的学生往往对问路很感兴趣，因为问路在他们的生活中具有很强的实用性，教师如果能给学生一幅平面图，让学生通过分组协商讨论找到某个处所，然后以问答的形式汇报讨论结果（也可以让学生以对话的形式把讨论结果写下来），势必会收到事半功倍的效果。对于具有更高水平的学习者，甚至可以让他们通过分组协商画出一幅平面图，然后标出要寻找的目标。

3.2.2.2　交际性与互动性原则

交际性和互动性原则是由任务型教学法的本质特征决定的，分组合作完成一个语言任务意味着合作者之间的交际性和互动性。"互动性是交际的全部……在对语言教学进行了几十年的研究之后，我们发现互动途径本身是学会交际的最有效方法。互动性指两人或两人以上相互交流思想、情感或想法的活动，其结果是交流的各方从中受益。交际能力理论强调了互动作为人类在不同语言环境中使用语言'协商'意义的重要性……"（Brown，1994；转引自魏永红，2004：28）。这种交际式的互动不仅是学生之间的，师生之间也要互动。互动过程中要处理好教师角色和学习者角色之间的关系，要给学生充足的自主性和自由度，教师是组织者同时也是参与者。任务的设置要能保证让每个学生参加进来，因此，设置的任务不能太简单，要注意设置成复合型任务，这样才能保证学生之间的交际性和互动性。

Prabhu（1987）曾经区别 3 种不同的活动任务：信息差任务（Information‐gap Tasks）、观点差任务（Opinion‐gap Tasks）和推理差任务（Reasoning‐gap Tasks）。获得的信息不同、观点看法不一样、推理结果的差别都需要学生之间、师生之间的相互交流和沟通，从而保证学习者在交际、互动的原则下完成任务。

3.2.2.3　层次性与系统性原则

设置任务要适当考虑学生的实际水平，设置的任务要难易合理，同时也要兼顾任务设置的系统性，做到层次性和系统性的统一。做到层次性要考虑两个方面，一是不同班级之间的层次性，二是同一班级内部的层次性。班级在某种程度上反映了学习者水平之间的差异，因此不同班级之间的任务设置其难度也应该有差异，班级综合水平较高的要适当提高难度，班级综合水平较低的要适当降低难度。同一班级内部，不同学生个体之间也存在着水平的差异，因此在设置任务时要兼顾到不同的学生，使设置的任务难易兼有，循序渐进。设置任务注意层次性并不意味着贬抑系统性，不同学生个体之间、不同班级之间体现出的任务的层次性在总体上要注意与系统性协调，任务的设置过程中先出现什么后出现什么、任务的难易如何搭配等因素都要考虑到，这样才能在做到层次性的同时不失系统性。

3.2.2.4　引进现实中的真实文本原则

与传统教学相比，任务型语言教学的优势之一就在于把现实任务引进教学中。在传统教学过程中，学习者往往为操练某一句型或句法结构而操练，没有注意到语境和情景等因素，因此本质上属于没有意义的操练，很容易让学生感到乏味，难以保证教学效果。而任务型教学法则充分考虑情景等因素，让学生完成的任务都是一些真实的文本，学生完成的任务即使不是现实中发生的，但肯定是现实的影子，因此都是真实场景、有意义的操练。这种真实的场景能够让学生在轻松自然的状态下理解并运用语言，充分发挥真实场景的线索作用。

3.2.2.5　可操作性与可拓展性原则

任务设置的可操作性的强弱取决于难度的大小，任务太难或太容易都不能引起学生的兴趣，因此在设置任务之前全面了解学生的学习水平很关键。语言教学必须以培养学生的交际能力（包括听说读写）为目标，任务太难不能保证学生在完成任务的过程中运用目的语，任务太简单容易让学生感到没有成就感。任务设置的可操作性还要考虑可拓展性：一方面学习者的不同水平差异要求任务具有可拓展性，这样可以保证学习水平较低的学生顺利完成任务，也可以保证学习水平较高的学生在完成基本任务后不会无所事事（因为任务可以拓展，还有继续发挥的余地）；另一方面，任务的拓展性可以在某种程度上培养学生的自主学习能力，给学习者留下更多自由发挥的空间。

3.2.2.6　创造性使用语言原则

任务型语言教学的目标是让学生使用目的语完成一个交际任务，学生在完成任务的过程中会使用到各种各样的语言形式。因此，在设置任务时不能把学生限制在语言形式上，应该给学生表达的自由，允许学生创造性使用语言，让学生在做中学、在用中学。另外，创造性使用语言还必须建立在可理解输入的基础上，任务设置者要根据课堂教学的目标向学生明示任务的内容和要求，学生完成任务的过程也是创造性使用语言的过程。

3.3　任务型教学法的局限性

作为对传统教学法的改进，任务型教学法在很多方面都颇具启发性，如提倡学生在做中学在用中学、强调以学生主体为中心、主张学生通过互动交际式的意义协商来完成交际任务、坚持把现实真实文本引入教学等，但我们同时也要注意到任务型教学法的不足和局限，以便在具体实施和运用时设法克服这些不足和局限。

3.3.1　对语言结构的控制难以把握

任务型教学法中的"任务"与以往传统教学法中的"练习"的一个很大不同在于前者允许学习者自由使用语言形式，这种开放的自由可以留给学生更多的表达空间，但我们也要考虑到，这种自由的语言形式发挥在很大程度上存在着相当的不合理性。

一方面，任何一种教学法都必须以学生学会语言并能够运用这种语言灵活交际为目标，因此让学习者学习并掌握一些规范得体的表达是必要的，而任务型教学法在教学过程中对学生的语言表达形式不做限制，这和传统教学中的"练习"对语言形式做严格限制相比，显然又走向了另一个极端。

另一方面，语言教学作为一个学科，教学内容本身存在着知识的系统性。提倡学生在完成任务的过程中自由表达，不对语言形式做限制将难以保证这种内在的系统性。传统教学法中的"练习"严格限制语言形式，但在保证知识的系统性方面无疑是值得借鉴的。

3.3.2　任务以及任务类型难以界定

任务型教学法的突出之处在于"任务"二字，但到底什么是"任务"？什么是教学过程中的"任务"？"任务"的范围到底要界定多宽？不同的学者对此仁者见仁、智者见智。任务的类型到底有多少，也值得我们继续深入研究。交际法提倡以意念功能为纲，任务型教学法中的"任务"和交际法中的"意念/功能"有什么本质不同？所有这些问题目前还没有一个统一的说法。

3.3.3 难以建立一个科学、可操作的评估体系

以往的传统教学法的评估方法是直接检查学生是否已经掌握了规定好的语言项目，可以通过考试等手段检测，可操作性很强。任务型教学法以学生是否完成了任务作为检查教学效果的根本指标，如果姑且不论科学性，在可操作性这个方面就很值得怀疑。有些简单任务可能比较好操作，检测起来也比较容易；但如果是一个复杂任务，检测的标准是什么？假设学生通过合作性意义协商完成了任务，但使用的语言形式存在诸多问题，那么算不算顺利完成了任务，任务完成得好坏怎么界定？让学生分组合作，如何评价其中每个个体的表现？即使任务完成的结果可以评估，任务完成过程中的诸多方面也是很难监控和测评的。因此，建立一个科学、可操作性强的评估方法和体系，是摆在任务型教学法研究者面前的一项重要任务。

3.3.4 适用范围有限

任务型教学法中的任务不但是语言任务，也是交际任务。这种方法对中高级学习者可能比较适用，但对初级水平的学生来说可操作性不强，因为学习者的水平对任务的理解和完成都是不可克服的障碍。就目前各大高校留学生教育开设的课型来说，一些课型如果采用任务型教学法可能效果难以保证、教学任务也难以完成。例如，对口语课、写作课来说，任务型教学法就很适用，学生之间可以通过互动交流，在完成任务的过程中学习语言，但精读课、听力课等课型就很难使用这种方法，至少目前还难以操作。适用范围的限制，要求我们在教学中应该有选择地利用任务型教学法，不能一概照搬。

3.4 任务型教学法与对外汉语教学

对外汉语教学必须"以培养汉语交际能力为目标"（刘珣，2000：21），全面培养学生听说读写的综合能力，已经成为广大学者的共识。但如何培养这种能力，我们目前做得怎么样也是一个很值得思考的问题。面对"怎样在尽可能短的时间里让外国学生尽快学好汉语"这个根本问题，我们应该进一步研究并改进教学方法（陆俭明，1999）；目前，我们对个人教学经验的积累和多年形成的习惯做法进行教学实验、反复验证还不够（赵金铭，2001）；在教材方面，雷同和粗制滥造现象严重，在教学法的改革探索方面下的功夫不够，教材品种单

一、路子单一化，缺乏创新（刘珣，2000：331-333；李泉，2004：155）；很多课堂教学输入大于输出，变成教师一人唱"独角戏"（李忆民，1993），学生难以参与。面临的诸多问题，无一不与教学法有关。"百年外语教学史就是一部'方法'史，是一部新方法不断涌现又不断更新的历史"（魏永红，2004：1），对外汉语教学史其实就是一部教学方法史。对外汉语教学法在整个教学过程中起着举足轻重的作用，任务型语言教学在对外汉语教学领域的实施至少要考虑如下四个方面的因素。

3.4.1　选择性使用

任何一种教学法都不是完美无缺的，我们既要看到其可取的一面，也要看到其不可取的一面，做到有选择地使用。学生的目的语水平、课程课型的安排、学生的个体因素（如兴趣、学习动机等）、课堂教学的目标、教师的教学理念和经验、教材的内容安排与设置等因素都可能影响教学方法的选择和使用。任务型教学法不同于以往传统教学法的方面，有些是优点，很值得我们借鉴；但对某些缺点和不足，如语言形式难以控制、评估体系与策略不健全等，我们在使用过程中也要设法克服或改造。

3.4.2　制定任务型教学大纲

教学大纲"是根据教学计划、以纲要形式制定的，对具体课程的教学目的、教学内容、教学进度和教学方法进行规范的指导性文件"（刘珣，2000：301），"其主要任务是对教学内容进行选择、编排、组织、分级"（魏永红，2004：88）。作为课堂教学的依据，任务型大纲是实施任务型课堂教学的第一步。如果以任务型教学法为分界点，可以把教学大纲分为两个大类：产品式大纲（Product-oriented Syllabus）和过程式大纲（Process-oriented Syllabus）（Nunan，1988）。任务型教学大纲产生之前的大纲，如结构、功能、意念大纲等，均属于产品式大纲。下面我们列表说明两种大纲的不同点。

表 45　产品式大纲和过程式大纲的区别

	产品式大纲	过程式大纲
取　向	关注教学的最终结果	关注教学过程本身
组织单位	语法结构、功能项目	任务
基本理念	教学内容由权威决定	教学内容充分考虑学生需要
教学内容	真实性差、远离生活	真实性很强、贴近生活
举　例	结构、意念或功能大纲	程序型、过程型、任务型大纲

按照产生时间的早晚，过程式大纲可分为程序型大纲、过程型大纲和任务型大纲 3 种，因为每种大纲都关注任务、重视完成任务的过程，所以 3 种大纲又可以合称为任务型大纲。制定任务型教学大纲需要考虑可理解的语言输入、课堂教学的目标、学生的需求分析、活动情景的设置、师生角色的分配、任务的选择、任务难度等级的确定等几个因素。

3.4.3　开展任务型课堂教学

课堂教学是对外汉语教学的中心环节。[①] "培养和训练学生的交际意识和交际能力是课堂教学的核心任务""课堂上教师要有通过听、说、读、写、问、答等多种方式使课堂变成一种交际场所的意识。否则课堂就可能成为教师唱'独角戏'的场所，偏离了语言教学的根本方向。"（李泉，2005：88）树立课堂教学的交际意识，实现课堂教学的交际化，一直是对外汉语课堂教学追求的目标，但由于种种原因，这一目标始终没有得到彻底的实现。任务型语言教学为这一目标的实现提供了一个崭新的平台。开展任务型课堂教学首先要求教师转变观念，把教学注意的焦点由通过反复操练掌握语言结构和功能项目转移到通过完成任务学习语言上来。教师要充分考虑学生的需求，为学生设置一些贴近生活的现实性任务，真正做到以学习者为中心，让学生在做中学、在用中学。其次，师生之间要完成角色的转变，教师不但是指挥者，同时也是参与者；学生是完成任务的主角，同时也是被监督者。再次，要注意把握课堂教学过程的几个阶段：任务前、任务中、任务后，注意 3 个阶段之间的衔接。最后，为了收到较好的教学效果，还要考虑任务设置的难易、层次等重要因素。

3.4.4　编写任务型教材

教材是联系学生和教师的中介，是课堂教学的重要凭借。传统教材的编写思路一般是以结构为纲、以结构—功能为纲或以功能（或功能—意念）为纲，这种思路能保证知识的系统性，但很难保证趣味性和实用性，教材在形式上往往成为众多语言结构项目、意念功能项目的罗列表。任务型教学法的出现为新型教材编写展示了一种新的思路，编写任务型教材好像更能保证很多学者提倡的教材编写原则（刘珣，2000；李泉，2005 等）。任务型教材的主要特点是在真实文本材料的基础上，以任务为纲组织教材的各个部分，教材在形式上不再是语言结构或语言功能等罗列的清单，能在很大程度上保证趣味性和实用性。为了详细说明任务型教材与传统型教材的区别，我们转引程晓堂（2004：59）的

---

① 　总体设计、教材编写、课堂教学和测试一般被看作对外汉语教学的 4 个基本环节。

对比结果。

表46 任务型教材与传统型教材的对比

	任务型语言教学的教材	传统的教材
编排顺序	· 以话题为主线安排教材的内容和结构；知识体系只以暗线的形式贯穿在教材之中 · 根据任务难度确定编排顺序	· 根据语言知识体系安排教材的内容和结构 · 根据语言项目难度确定编排顺序
知识处理	· 根据任务的需要引入语言知识 · 不直接呈现语言知识 · 不采用暗示（explicit）的方式复习和巩固知识 · 根据需要对重点语言项目进行分析	· 把语言知识直截了当地呈现给学习者 · 根据语言知识体系有系统地引入语言知识 · 采用明示的方式操练和巩固语言知识
教材内容	· 教材安排各种各样的任务 · 有一些以语言为焦点的练习	· 提供课文和对话 · 教材提供大量的书面练习
输入材料	· 向学生提供可能需要使用的材料（input）	· 主要提供课文（短文、对话） · 可供模仿的范例
材料类型	· 教材中有大量的图表等非文字材料 · 有些材料需要学习者自己去获得（如通过调查获得信息）	· 主要是文字材料，也配有一些装饰性的插图 · 向学习者提供所有材料
版面设计	· 教材中有大量空白处供学生完成任务时使用	· 空白处较少，一般在填空类的练习题里出现
活动形式	· 有大量的小组活动 · 学习者有较多的自由发挥的空间	· 多数活动由学习者独立完成 · 自由发挥的空间有限

　　任务型语言教学在对外汉语教学领域的实施目前还停留在理论阶段，很多具体的实践性工作还没有展开，如目前还没有对外汉语任务型教学大纲、任务型教材，任务型课堂教学的具体实施细节也还没有搞清楚。就这一点来说，我们好像应该更多地借鉴英语教学领域的一些经验和做法。

　　本节比较系统地介绍了任务型教学法的基本理念，并根据英语教学界和对外汉语教学领域已有的研究成果提出了任务型对外汉语教学法的具体实施意见和建议。理论的陈述与建议的说明可能挂一漏万,但我们希望本研究能够起到抛砖引玉的作用,引起广大对外汉语教学工作者对任务型语言教学法更深入的研究。

第 4 节　汉语国际推广背景下的普通话教学

从内涵方面看,汉语国际推广至少包含让人知道或了解、大众化或通俗化、普及性或范围性等三层语义元素(蔡永强,2009),即着眼于"面"的推广和扩大,让"汉语加快走向世界"。而从外延方面看,汉语国际推广必须以汉语教学为重点(郑定欧,2008),这种教学至少包括国内汉语作为第二语言教学、国外汉语作为外语教学、面向华人的华文教学等 3 个领域,① 即着眼于汉语的全方位"教学",让越来越多的人接触、学习和使用汉语,进而达到促进文化交流的目的。在这种国际化背景下,语言教学就成了汉语国际推广的核心任务,因为文化的传播与交流必须建立在语言传播的基础之上,语言障碍不解决,文化传播与交流无疑是缘木求鱼。

自我国开展对外汉语教学 60 年以来,我们对外族人的汉语教学一直坚持标准汉语——即普通话教学,汉语教师以普通话为教学语言,汉语学习者以普通话为学习语言,汉语教材以普通话为规范语言,总之,普通话在汉语教学中一直处于核心地位。然而,随着汉语教学规模的进一步扩大和相关研究的不断深入,在继续坚持普通话教学之外出现了一些不同的声音,即汉语教学不应只局限于普通话教学,也应该涉及一些非标准语(如方言、地方普通话、实况汉语

---

① "汉语国际推广"标志着对外汉语教学的六个转变,即发展战略从对外汉语教学向全方位的汉语国际推广转变,工作重心从将外国人"请进来"学汉语向汉语加快"走出去"转变,推广理念从专业汉语教学向大众化、普及型、应用型转变,推广机制从教育系统内推进向系统内外、政府民间、国内国外共同推进转变,推广模式从政府行政主导为主向政府推动的市场运作转变,教学方法从纸质教材面授为主向充分利用现代信息技术、多媒体网络教学为主转变。这种转变并不意味着对国内汉语作为第二语言教学的贬低,而是国家在新时期采取的一项与时俱进的旨在加强国家软实力建设的语言政策。这种推广是全方位的,立体化的,是在既有汉语教学的基础上进行的。如果将"汉语国际推广"狭隘地理解为国外汉语作为外语教学(特别是孔子学院的汉语教学),这是对"六个转变"的曲解,也势必会影响汉语国际推广的进程和实效。

等）教学。

著者认为，在当前汉语国际推广这种大背景下谈方言教学、地方普通话教学、实况汉语教学等非标准语教学的做法在理论和实践上都值得进一步商榷，普通话教学的核心地位只能继续加强，不能削弱，如何在汉语国际推广中继续加强普通话教学应成为一项重要和迫切的研究课题。

4.1　关于非标准语教学

实际上，关于普通话之外的非标准语教学的呼声由来已久，而且近来似有进一步加强的趋势。下面我们列举一些比较有代表性的观点。

4.1.1　马路汉语

马路汉语是相对于"校园汉语"而言，指留学生在课堂教学之外的一些公共场合学到的汉语。有人举例说，一个外国人在北京的新街口、马甸、太平庄地界待一年，没有老师教，最后也能学会汉语。（谭震、赵丽，2006）持这种观点的人否定正规课堂教学在语言学习中的关键作用，否定语言规范的汉语教材在教学中的纽带作用，认为汉语不是在课堂上教会的而是在课堂之外学会的；虽然这种条件下学到的汉语在语言上（包括发音、词汇、语法等方面）缺乏规范性，学习者也不能掌握关于汉语的一些规律性知识。因此，马路汉语实质上不是标准的普通话，而是某种方言土语。

4.1.2　汉语方言教学

这种观点认为，汉语普通话与方言之间具有千丝万缕的联系，让学习者了解一些汉语的分歧性，了解一定的方言知识并掌握一些汉语方言，将有助于扩大学习者的交际范围和目的语环境适应能力。但坚持或同意在汉语教学中引进方言教学这种观点的研究者之间看法并非完全一致，简言之，这种观点具有强式和弱式之分。方言教学的强式观点认为，需要在对外汉语教学中安排一定量的汉语"方言"和"关于方言"的内容，前者体现为技能的学习，后者体现为知识的了解。因此，这种强式观点不但要求学习者学习汉语方言知识，而且主张开展汉语方言的技能训练（贺巍，1991；丁启阵，2003）。而方言教学的弱式观点则认为，在中高级汉语教学中应该适当引入一些汉语方言的知识，但并不把这种引入内容纳入技能训练的范围。（张宁，1990；李泉、关蕾，2009）

4.1.3　汉语实况教学

实况教学的目的在于通过选取真实、自然、新颖的语言材料，展示给学生当今的中国社会，让学习者了解普普通通老百姓生活的方方面面。（孟国，

2008）实况教学中的真实、自然语料一方面来源于在商场、车站、饭店等公共场所采集到的录音材料（有些是经过改动的），还有一部分语料则来源于在电视台、电台等媒体上捕捉到的材料。这些材料的初始形式是声音材料，有的语速过快，有的南腔北调，有的不够规范，有的有口误或语病。这种有别于标准"校园汉语"的语言材料的教学被称为实况教学。实况教学将普通话之外的分布于公共场合的非标准语材料搬进课堂，在课堂教学中利用这些材料进行技能训练，这种做法迥异于我们一贯坚持的汉语普通话教学，让人耳目一新。

4.1.4 地方普通话教学

这种观点表现为两个方面：一是，中国真正使用标准普通话的人只是极少数，大部分中国人使用的普通话都带有一定的或严重的方音，即带有方言影子的地方普通话；因此，单纯进行标准普通话教学实效性不大，因为说标准普通话的人在数量上远远少于说地方普通话的人。因此有些汉语教师的普通话水平本身就不高，言外之意，让这些汉语教师去教授标准的普通话是赶鸭子上架。二是，汉语学习者学习了标准普通话以后，到了别的地方仍旧听不懂那个地方的汉语，不能实地交际，因此教学中应该教授带有一定方言特点的地方普通话。鉴于这种现实状况，有学者提出"适当训练他们听一些带方言的、比较标准或不太标准的地方普通话，以便更好地适应他们当前学习、生活和未来利用汉语进行交际的需要"。但同时也意识到"这不是一项长久之计，而是考虑到现实所采取的一种变通的办法"。（张宁，1990；卞觉非，1992；李泉，2009）。简言之，这种观点认为汉语教学者的普通话可能是地方普通话，汉语学习者学了普通话以后到别的地方由于不能适应地方普通话而不能交际，因此采取一种权宜之计，即降级的普通话教学。

4.2 非标准语教学缺乏理论支撑和可操作性

仔细分析不难发现，上述关于非标准语教学的种种观点不仅缺乏有效的理论支撑，在实践环节上也往往缺乏可操作性。

4.2.1 混淆四个层次教学

从宏观角度来看，持非标准语教学观点者混淆了四个不同的层次。第一，混淆了语言教学和语言教育这两个不同程度的层次。语言教学视语言为工具，其主旨在于教会学习者运用语言的技能，进而达到理解中国文化的目的，如对外族人的汉语教学当属于这个范畴；语言教育则直接将语言视为文化，其主旨在于授予学习者文化,① 例如对本族人的语文教学。在语言教学这个层次上进行方言教学当然无可厚非，而且为了传承所谓的地域文化，保持多样性，这种方言教学是必不可少的。第二，混淆了汉语学习与汉语研究这两个不同目标的层次。汉语学习的基本目标是学会用目的语进行包括听说读写等技能的交际，这种交际要具有普适性，即交际双方都能听懂对方的语言，如果将带有不同地域方言特征的地方普通话加入进来，对交际技能的掌握将是一个巨大的障碍。汉语研究则不同，研究者本人可能并不会说汉语或说得很不地道，但可以对汉语的方方面面进行研究，包括汉语的同一性和分歧性，汉语有 7 大方言区，这时方言的研究则成了必须研究的话题。第三，混淆了技能教学与知识教学这两个不同属性的层次。对外族人的汉语教学首先是技能教学，让学习者尽快学会用汉语进行交际，在这个层次当然不能引进方言教学（包括知识和技能）。但知识教学也是对外汉语教学的必有内容，在知识教学这个层次上可以引进方言的内容，但这种内容不是让学习者练习说方言，也不是有意让学习者听某些方言，而是在必要的时候插入性介绍一些距离普通话比较近的方言词汇。② 这一方面让学习者学到了一些不是标准普通话的词汇，另一方面也让学习者了解到普通话不是独立的语言系统，而是和方言有着某种联系的语言。第四，混淆了非学历教育和学历教育这两个不同教育体系的层次。非学历教育和学历教育之间在教学目标、课程设置等方面有着本质的区别，前者凸显技能教学，后者则凸显技能教学基础上的知识性教学。对于非学历教育，当然不能进行方言教学，而对学历教育中的个别专业（如，汉语言专业）如果是出于专业要求则可以考虑进行适当的方言知识教学。③

综上所述，从语言教学、汉语学习、技能教学和非学历教学 4 个角度来看，非标准语教学缺乏理论支撑和实践基础，而方言等非标准语在语言教育、汉语研究、知识教学和学历教育等层次上则具有不同程度的适用性。

---

① 参见蔡永良. 美国的语言教育与语言政策［M］. 上海：上海三联书店，2007：1-8.

② 这种词汇到底属于某地域方言还是普通话有时很难界定，但"已经或将会成为普通话中某同义词群中的有用的一员"，例如"老鼠、耗子"，"孩子、娃娃、小嘎儿、儿童、小孩儿"，"搞、弄"等。（参见黄伯荣，廖序东. 现代汉语［M］. 北京：高等教育出版社，2007：274-275.）

③ 例如，就 2008 年来华留学生的结构来说，学历生仅占 35.8%，而且其专业大都集中在医学、经济、管理、工科、法学、教育、理科和历史，这些专业根本不必开设方言课程。因此，可能需要开设方言课程的汉语言专业学生的比例非常低。我们认为即使是出于专业需要，也应该将方言课程设为选修课，当然对于某些具有特殊学习目的的学习者（如，学习汉语的目的就是为了了解中国的方言）则另当别论。

4.2.2 曲解普通话教学

有学者认为，方言负载了某种地域文化，是"文化传承+生活语言"；普通话是一种作为技能的"交际性语言"，不是一种文化语言。因此在语言教育中应该加强方言教育，以便传承文化。现代教育应该是一种包含方言教育在内的多语教育（裴钰，2009）。与这种观点不谋而合的是对国内汉语作为第二语言教学（即对外汉语教学）的一种曲解，即不恰切地将对外汉语教学理解为"纯粹作为语言技能的汉语标准语即普通话的教学"（贺巍，1991；丁启阵，2003），"最终目标是使学习者的汉语标准语水平达到相当于汉语水平考试（HSK）9级的程度"，或包含方言教学在内的"以培养其汉语标准语的能力为主的包含文学、文化等方面内容的较为系统的教学体系，类似于给一母语非汉语的学生开设的中国语言文学系的预科"（丁启阵，2003）①。但这种观点也许忽略了这样一个鲜明的事实，汉语普通话从来就不是一个独立的语言系统，它是在受政治、经济、文化以及人口条件制约下的某种基础方言的基础上形成的民族共同语，中国春秋时期的"雅言"、汉代的"通语"、明代的"官话"、近代的"国语"都是不同历史时期在某种基础方言的基础上形成的民族共同语。因此作为民族共同语的普通话和方言有着密切的联系，这种语言系统负载着深厚的中国文化、习俗、历史、文学等信息。由此看来，国内汉语作为第二语言教学以普通话教学为主要内容，并非将汉语教学狭隘地局限于技能的操练，语音教学、词汇教学、语法教学、汉字教学、文化教学等都是面向对外汉语教学的普通话教学的重要内容。

《宪法》规定："国际推广全国通用的普通话。"既然是"推广"，就需要一个过程。当前虽然普通话已经成为民族通用语言，通行范围越来越大，但大多数人说的仍是一种带有方言口音的非标准普通话，或称地方普通话，在不少地区方言可能仍然是主要的交际工具。但这种现状并不能成为降级的普通话教学的理据，既然承认适当采取方言教学、带有一定方音的普通话教学是权宜之计，那么就不如采取一步到位的普通话教学。"取法乎上，仅得其中"。汉语普通话

---

① 我们认为，对"对外汉语教学"的这种理解存在偏颇。对外汉语教学以培养汉语学习者的汉语综合交际能力为目标已经成为业内共识，而不是进行所谓纯粹语言技能的会说普通话教学，教学的最终目标也并非与HSK 9级挂钩。认为"对外汉语教学"类似于预科，同样也是一种狭隘的理解，因为对外汉语教学包括不同水平等级的语言生教学、进修生教学、预科生教学和学历生教学等各个层次。另外，让留学生学习中国文学或中国文化，也未必非得通过方言教学这一途径，普通话教学完全能够更好地完成这个任务。

教学的高标准、严要求绝不能因为地方普通话的存在而降低，课堂教学中也绝不能引入降级的普通话内容。

4.2.3 马路汉语不能代表学习者的交际水平

学习者脱离课堂教学，在商店、车站、街道等公共场所学到的"马路语言"，是经不住推敲的，因为这样的汉语要么语法混乱，要么词不达意。（李忆民，1982）表面上，学习者学到了一定数量的方言土语，但他们的整体语言水平并不是很高。（孟国，2003）因此，马路汉语并不能代表学习者的交际水平。对学习汉语的外国人来说，不在课堂上学习规范的标准汉语，不接触一些规范的语言材料，不掌握一定的汉语规律，不在汉语教师指导下进行有针对性的训练，其汉语交际能力不能得到有效提高。而且用"马路汉语"只能进行简单的交际，不能进一步表达复杂的思想，更不能进行高级的语言交际活动。

另有一种值得我们注意的观点认为，"外国人来了，在教他的时候，必须要板正，不能在语法上有错误，说出来的话必须优美，必须让人感觉从说话人的身上就能看出中国的语言真美"的教学方式属于教学的"精英道路"，如果这样教，"人家就会被难住了，吓退了，汉语没法学"（谭震、赵丽，2006）。这种看法可能是拍拍头脑想出来的。教外国人汉语当然要"板正"，语法上当然不能有错误，一名称职的汉语教师当然不能对学习者"我把饺子吃在五道口"这样的语言睁一只眼闭一只眼。因此，汉语教学中的"板正""不能在语法上有错误"并非什么"精英道路"，而是语言教学的一种基本内在要求。如果不这样做，我们的课堂教学将变成"马路汉语"的训练场。另外，让汉语学习者说出来的话"优美""让人感觉从说话人的身上就能看出中国的语言真美"也和所谓"精英道路"无关，而是我们进行汉语教学追求的最高目标。①

4.2.4 实况汉语缺乏可操作性，不能解决交际问题

汉语实况教学将一些在商场、饭店、理发店、车站等公共场所采集到的实况录音搬到课堂上，追求所谓让学习者学习"当今社会上语言的真实、自然的状态，以及当今中国社会的方方面面"的实况汉语（孟国，2008），这实质上是马路汉语教学的一种变体。一则这种语言材料采集于商场、车站等不同公共场所，二则这种语言材料有的语速太快，有的南腔北调，有的语言不够规范，有的是病句，即"地方普通话"。这种"带有一定方言特点的普通话"的教学效

---

① 设想如果没有这种高目标、严要求，而是让学习者随便说，到处是洋腔洋调，到处是语法错误，那么我们的汉语教学无论在国内还是在国外都将失去应有的意义。

果肯定不及"校园汉语",相反,我们认为当前教材中选定的内容具有普适性、语速适中、没有南腔北调、语言规范、没有语病的语言材料恰恰应该成为教学的主流。汉语实况教学的一个重要出发点是,学生在课堂上学习的语言和社会上某些公共场所存在的语言有差别。我们认为,这种针对学习者问题而采取的办法只能作为一种尝试,而非一种新的教学模式。一方面,这种实况教学应用范围有限,基本上只能应用于中高级汉语听力教学。另一方面,"教学模式是指具有典型意义的、标准化的教学或学习范式",(赵金铭,2006)是在教学理论和教学思想指导下由教学诸要素组成的稳固的教学程序,是课程的设计方式和教学的基本方法。(周淑清,2004);崔永华,1999)而实况汉语教学只是教学的一个侧面。

另外,汉语实况教学在某些细节上也缺乏可操作性,而且并不能有效解决学生离开课堂就听不懂汉语的问题。首先,地方普通话其实"既非标准普通话又非地方方言",而是"指学习普通话的人在普通话输入的基础上形成的一种与标准普通话有不同程度的差距的语言系统""是学习普通话过程中产生的偏误"。(陈亚川,1991)既然地方普通话是学习普通话过程中产生的偏误现象,那么我们当然不能将这种语言系统拿到汉语教学当中。其次,中国语言目前被划分为七大方言区,每个方言区下面还可以划分出次方言区,方言区之间以及次方言区之间在语音、词汇、语法等方面都存在着不同程度的差别。在这种情况下,我们应该如何理解"地方普通话"?是教授学生南方的"地方普通话"还是北方的"地方普通话"?是教授东北三省的"地方普通话"还是教授广东或上海的"地方普通话"?这个问题恐怕很难操作。另外,即便选取了不同方言点(例如,昆明—上海—重庆—杭州—北京—大连)进行实况汉语采集,但学习者学习了这个地区的"地方普通话",到了另一个地区恐怕还是听不懂;而且不同方言区之间往往语音差别巨大,选择这样的语言材料进行课堂教学势必会加重汉语学习者的"洋腔洋调"问题。

4.2.5 国外汉语作为外语教学不需要非标准语教学

"汉语国际推广"是中国综合国力和国际话语权的提升而采取的加快汉语走向世界、迅速提升国家软实力的一项具有战略意义的语言政策,其重要目标之一是满足国外汉语学习的巨大需求。现实因素决定了这种推广必须以汉语教学为核心,必须全面体现让人知道或了解、大众化或通俗化、普及性或范围性等关键词。国外汉语作为外语教学的重要基地是孔子学院,孔子学院的职责是"致力于适应世界各国(地区)人民对汉语学习的需要",具体来说包括"①开展汉语教学；②培训汉语教师，提供汉语教学资源；③开展汉语考试和汉语教师资格认证；④提供中国教育、文化等信息咨询；⑤开展中外语言文化交流活动。"① 因此，海外孔子学院的主旨是汉语教学，通过汉语教学这一渠道促进中外文化的交流。在非目的语环境下学习汉语，地理上比较方便，但学习效果有时很难保证，大部分学习者可能只是想学一门技能或借助学习汉语这门语言了解中国的文化。在这种情况下，我们只能进行标准的普通话教学，如果再将"带有一定方言特点的地方普通话"甚至是方言纳入课堂，教学效果可想而知。因此《孔子学院章程》第十条明确规定："孔子学院的汉语教学采用普通话和规范汉字。"

4.2.6　普通话在华文教学中占有核心地位

面向海外华人的华文教学同样不进行非标准语教学，因为华文教学本质上属于"华人共同语的标准语的语文教学"（郭熙，2007：5），这种教学必须以普通话为核心，否则同样会面临教何种地方普通话的尴尬。据统计，当前全球学习汉语的人已达4000万，但在这众多的汉语学习者中，华人、华侨、华裔学习者竟占到了70%。（赵金铭，2007）虽然由于教学对象的不同，② 华文教学有着区别于其他汉语教学的特殊性，但学习者数量上的优势决定了面向华人的汉语教学更需要以普通话教学为核心。③

综上所述，无论在知识层面还是技能层面，汉语国际推广需要的都是标准语，而不是具有一定方言特点的地方普通话以及具有一定方音的实况汉语，更不是方言。普通话教学在汉语国际推广中应该占有核心地位，普通话应该成为汉语教学之唯一的教学语言、学习语言和规范语言。在汉语国际推广这一大背景下，我们只能不断加强普通话教学的核心地位，"一百年不动摇"（李泉、关蕾，2009）。

4.3　如何在汉语国际推广中继续加强普通话教学

我们认为，持非标准语教学观点者提出的一些问题或看法还是比较具有代表性的，例如普通话和方言之间有着千丝万缕的联系、学习者在课堂上学的汉

① 参阅《孔子学院章程》（国家汉办，孔子学院总部第一届理事会第一次会议通过，2007年12月12日）。

② 例如，华文学习者一般还保留着民族归属意识和中华文化底蕴，因此这一学习群体既不同于中国本土学生，也有别于其他外国汉语学习者。

③ 限于篇幅，关于普通话在华文教学中的核心地位问题，我们将另文进行论证。

语实际生活中用不上、学习者离开课堂也能学会一些简单的汉语、大部分中国人实际说出的是带有一定方言特点的地方普通话、采集于公共场合的实况汉语更接近于社会生活等。但这些原因都不足以成为在普通话教学之外进行地方普通话甚至是方言教学的充分理据，恰恰相反，我们认为解决这些问题只能从问题本身着手，只能采取一些更强有力的措施进一步加强普通话教学。下面谈谈我们的一些粗浅看法。

4.3.1 继续加大汉语师资的培训特别是普通话的培训力度

作为课堂教学的引导者，对外汉语教师的综合能力首先表现为语言表达能力（把话说清楚）。（崔希亮，2007：360）实际上，教育部和国家汉办等官方教育文件一直都非常注重对外汉语教师的普通话水平要求。从对外汉语教师"能讲普通话，口齿清楚，适量掌握《汉语拼音方案》，能辨别和纠正错误的语音语调"，[①] 到申请中级、高级证书的汉语教师"普通话水平须达到中国国家语言文字工作委员会规定的二级甲等以上"，[②] 再到国际汉语教师"应具备良好的汉语口头表达能力""能用较为纯正的普通话以正常语速进行口头交际""能准确、流利、清晰、简洁、符合逻辑地用汉语表达自己的意图，阐述自己的观点，评说他人的看法""能对汉语拼音的难音有一定的了解并具备一定的辨音和正音能力"，[③] 种种陈述无不表明，汉语国际推广对汉语教师的普通话水平一直都有着比较严格的要求。

随着汉语国际推广规模的不断扩大，师资短缺已经成为一大瓶颈问题，而目前高校专业师资有限输出、中小学教师有效参与、汉语国际教育硕士培养、汉语志愿者外派等多渠道汉语教师输出已经从很大程度上缓解了这一现状。与以往国内汉语作为第二语言教学情况不同，这种多方参与形成的教师队伍大部分没有经过专门的汉语教学培训，特别是专门针对汉语学习者的普通话教学训练，因此更需要对普通话水平进行严要求、高要求。我们认为，对汉语教师的普通话培训应该常抓不懈，形成机制，并将普通话水平作为考查汉语教师基本功的重要环节，从而为使普通话成为教学语言奠定坚实的基础。

4.3.2 进一步加强课堂教学的实用性和趣味性，让普通话成为学习语言

课堂教学是汉语教学的核心环节，加强课堂教学特别是口语课堂教学的实

---

① 参阅《对外汉语教师资格审定办法》（中华人民共和国国家教委第 12 号令，1990 年 6 月 23 日）。

② 参阅《汉语作为外语教学能力认定办法》（中华人民共和国教育部第 19 号令，2004 年 8 月 23 日）。

③ 参阅国家汉办. 国际汉语教师标准［M］. 北京：外语教学与研究出版社，2007：38.

用性和趣味性无疑是增加学习者开口率的有效手段。作为一种输出类技能课，口语教学需要师生之间、学生之间不断互动，用汉语陈述已有观点、表达自己的看法、评价他人看法。作为汉语教师，应该对学习者的输出语言进行有效监控，在最大程度保证流利的基础上，不断加强表达的准确性和得体性。另外，口语课堂教学还应该注意不断引入真实文本，增强教学的实用性和趣味性，以此引导学习者的语言输出。让普通话成为学习者的学习语言并不意味着"有错必纠"，而应在"有错必纠"和"有错不纠"之间探求一条"有错可纠"的中间道路；虽然以英语等印欧语为母语者的汉语初学者出现的"洋腔洋调"可能是一个必经阶段，但我们应该以标准的普通话教学让学习者尽快摆脱这一阶段。

4.3.3 进一步加强汉语教材的实用性，让普通话语言材料更具有可学性

孟国（2008：24）指出，现在的听力教材"编的对话往往缺少口语的特点，人们只是把一些具有口语特点的语词生硬地编织进人为的情景对话中，和实际的言语交际有着相当的距离。"其实，这段话比较准确地点出了当前汉语教材普遍存在的一个问题，即缺乏实用性。我们不妨举几个口语教材中的例子。

表 47　口语教材中缺乏实用性的 3 段对话

例 1①	例 2②	例 3③
王兰：你好吗？ 刘京：很好。你好吗？ 王兰：我也很好。	保　罗：您好，老师！我叫保罗，是英国留学生。 刘老师：你好，保罗！欢迎你来中国人民大学学习。 保　罗：老师，您贵姓？ 刘老师：免贵，姓刘。	林娜：你好，力波！ 力波：林娜，你好！ 林娜：你好吗？ 力波：我很好，你呢？ 林娜：也很好！

我们认为，上述 3 例中的对话设置具有明显的"人为的情景对话"和"语词生硬地编织"的倾向。一是这种对话"和实际的言语交际有着相当的距离"，现实生活中或许根本就没有这样的对话场景或对话内容，从而导致这样的对话学习者学了以后根本就用不上；二是学习者如果学会了这样的对话并实际运用，汉语母语者会觉得比较别扭。

这就要求我们在汉语教材编写过程中要注重加强实用性。实用性首先体现

---

① 康玉华，来思平. 汉语会话 301 句［M］. 北京：北京语言大学出版社，1999：1-3.
② 陈晨. 发展汉语·初级汉语口语（上）［M］. 北京：北京语言大学出版社，2004：1-4.
③ 刘珣. 新实用汉语课（第一册）［M］. 北京：北京语言大学出版社，2002：1-2.

在选材上，教材中选定的材料应该源自典型生活，应该是真实文本。其次，选材中应注重凸显生活中的常用词汇，比如《国际汉语教师标准》中统计得出的1500个高频词应该反复出现在教材中。最后，场景的设置要典型，具有真实性，不能是语词的生硬编织。总之应从各个角度凸显实用性，让普通话语言材料真正具有可学性。

4.3.4 进一步加大对所有媒体及出版物的语言规范监督力度，让普通话成为规范语言

电视、报纸、网络等媒体以及汉语教材等出版物都可以成为普通话学习的范本，上面的语言文字规范与否，无疑会对普通话的普及和学习造成影响。为此，国家相关部门应该加大对电视、报纸、网络等媒体语言的规范监管力度，[①]教材编写者以及出版机构应该进一步提高对汉语教材等出版物的规范要求，让普通话真正成为规范语言。

本节通过分析非标准语教学的主要观点及其不可行性，从侧面证明了进一步加强普通话教学的必要性。如何进一步加强汉语国际推广背景下的普通话教学应该成为一个重要的研究课题，限于篇幅，本节的分析挂一漏万，对非标准语教学的分析较多，对具体解决策略谈得较少，至于更具体的解决策略将有待于以后更深入的研究。

在谈到从对外汉语教学到汉语国际推广的转变时，赵金铭先生（2006）曾经有一句很到位的话——汉语国际推广"首先需要的是'下里巴人'，而不是'阳春白雪'"。我们认为在当前汉语国际推广的现实背景下，无论从哪一个层面或角度，都不应该以地方普通话或方言教学来影响普通话教学的核心地位，普通话教学的核心地位只能加强，不能削弱。

---

① 如某些带有方言性质的电视剧，网络上为求新而出现的新词流行语，都有必要进行规范。

第 5 节 问题与思路——华语文教材之练习设计的多维考量

5.1 练习是教材的薄弱环节

课文、生词、注释和练习等是构成一部华语文教材的 4 个重要环节，其中课文、生词和注释属于语言输入环节，练习则属于语言输出环节。关于输入与输出之关系，学界已经总结出"输入大于输出""精讲多练"等华语文教学经典教学名言，即可理解的"输入"与"精讲"必须为有效"输出"服务。然而悉数教学界对此问题的研究，我们正面临这样一种尴尬的境况——对"输入""精讲"环节的研究多有侧重，而对"输出""多练"环节的讨论存在缺失。例如，从外语教学界最初的语法翻译法到最近的任务型教学，教学法和教学理念不断推陈出新，对"如何教"的探讨不断深入，而对学习者的学习效果即输出质量的关注却甚是缺乏。综观目前已出版的华语文教材，亦有过于强调选文和注释的倾向，而对具体练习设计多数粗糙的"急就章"。华语文教学的根本目标在于提高学习者的包括听说读写译等技能在内的交际能力，而非准确掌握注释等精准内容，因此语言教学中语言输出的质量应该成为检验教学效果最重要的标准和参照。著者认为，无论是语言教学还是教材编写，偏爱语言输入而忽视语言输出都是本末倒置的表现，这种做法对实现华语文教学的根本目标无益。

不少学者就当前教材之练习设计存在的问题进行研究，发现"教材的练习不是数量太少，就是练习的内容和方式与教学目的不一致"（吕必松，1998），"练习种类单调，数量不足"（赵金铭，1998），"练习比较少，而且不少有'硬凑'的痕迹。每一种练习要多少个就凑个数。在课文、语法、注释方面花的功夫多，练习下的功夫不够"（胡明扬，1999），"练习编写及其研究是对外汉语教学中的薄弱环节"（刘颂浩，2009）。因此，在种种批判声中，练习设计已经成为评估教材的一项重要指标。一部华语文教材好用与否，除了有趣实用的选文和精炼的注释外，练习设计亦当成为关键标准之一。练习是检查学习者语言输出的重要媒介，华语文教材是练习的重要载体，因此如何在华语文教材中设计有效实用、能够引导学习者最大限度输出语言产品的练习当成为华语文教材设计与编写的重要一环。

总之，练习设计在教材编写和语言教学中的地位举足轻重，当前对练习编写及其研究已成为华语文教学的薄弱环节，必须引起我们足够的重视。本节在分析数部较有影响华语文教材的基础上，旨在对当前练习设计进行一种多维考查：首先，指出以往练习研究及其设计之问题与不足；其次，提出基于任务型教学理念的华语文教材之练习设计模式；最后，在 4 条宏观设计原则的基础上，对某些练习设计之个案进行改革创新。我们期待本节提出的华语文教材之练习设计的任务型视角，能够给充满批评之声的练习设计思路些许启发与建议。

5.2　练习研究与练习设计的主要问题

当前华语文教材练习之问题表现于两个层面：一是理论层面上的练习研究，二是实践层面上的练习设计。综观学界之研究及华语文教材之练习设计，理论研究有过于偏重形式与热衷厘清宏观原则与理论概念、对练习设计之内容等微观细节缺乏重视的倾向，练习设计则总体上缺乏语境支撑、远离目的语真实语言环境、实用性不强。

5.2.1　研究中的练习设计

当前华语文教材之练习设计研究大都集中于宏观理论方面，研究者热衷于树立宏观原则及阐释理论概念，而鲜有对练习设计内容等微观层面的关注。

5.2.1.1　练习编排与设计原则

树立练习设计的宏观原则。李杨（1994）认为，练习编排应遵循 6 大基本原则：科学的定性与定量目标，既有语言知识、又遵循语用规则，体现课型特点，体现阶段性差异，重视文化含量，符合学习规律。杨惠元（1997）坚持练习编写应遵循练习为学生服务、练习为教师服务、练习为课堂教学服务、练习为技能训练服务等 4 项原则。肖菲（2002）将华语文教材练习编写原则凝缩为科学性、针对性、适用性、趣味性等 4 条原则。周健、唐玲（2004）强调，具有目的性、针对性和有效性的练习设计应建立在交际原则、任务原则和意义原则的基础之上。刘颂浩（2009）最近更是提出文字上整齐划一的练习设计五原则：目的明确、形式灵活，简洁直接、实用有效，编排有序、彼此配合，主次分明、种类适中，布局合理、文练平衡。

理论概念的阐释。李泉、杨瑞（1999）指出，"输入类练习应先于和多于输出类练习"。李绍林（2001）则认为，客观性练习的设计应该坚持泛化和分化相结合的原则。

上述对练习设计或编排的原则研究基本上都是宏观理论层面上的，这些原则在某种程度上对具体练习设计具有指导性意义，如练习设计要"为学生服务"、要"实用有效"、要讲究"适用性"等，但这些原则的制定在很大程度上缺乏可操作性，如什么叫"科学的定性与定量目标"？如何做到"科学性"？等等。因此这些原则在更大程度上给人一种空洞的感觉，难以在具体层面上把握和操控。

5.2.1.2 指出练习设计之不足与弊端

除了我们在上文指出的练习设计倾向于宏观原则研究外，当前练习之设计也被不少研究者广为诟病，这种诟病主要表现为 4 个方面的不足与弊端：一是教材编写者对练习设计重视不够，练习编写及其研究已成薄弱环节（李泉、杨瑞，1999；李绍林，2001；郑蕊，2001；肖菲，2002；赵延风，2006；刘颂浩，2009）；二是教材中的练习数量太少，种类单调，题型不丰富（吕必松，1998；赵金铭，1998；胡明扬，1999；李泉、杨瑞，1999；程相文，2001）；三是教材中某些练习的设计具有明显的随意性倾向，造成内容和方式与教学目的不一致（吕必松，1998；赵延风，2006）；四是对练习的交际意识凸显不够（邓恩明，1998）。

业界学者认为虽然练习设计与编排已经成为当前华语文教材中的薄弱环节，但对如何改进却"鲜有建树"。著者认为，当前教材中的练习设计之所以遭人指摘，当归咎于教材编写者主观上没有将练习设计重视起来，即主观上认为练习编排与设计是"编教材中最容易的事"（李泉、杨瑞，1999），随意设计一些练习就足以应付留学生了，教材编写者应该将更多的精力集于课文打磨、注释精准等输入性环节。这种主观意志与学界对练习的重视程度形成了巨大的反差和矛盾，一方面强调练习如何如何重要，而另一方面却在教材编写过程中偷工减料，以为编写完课文和词汇语法注释就万事大吉了，至于练习则随机设计。因此，拿起一本华语文教材，我们看到的多半是一些力求准确的注释，而缺乏丰富的具有针对性的练习。

5.2.1.3 对练习设计提出要求或建议

业界学者在针砭当前练习设计的同时，也对当前华语文教材之练习设计提出了一些要求或建议。例如：

赵金铭（1997）在探讨教材创新与教材评估时强调，教材练习的编排要覆盖全部教学内容、具有层次性、兼顾各项语言技能、注重表达具有启发性、各项练习间具有内在联系、练习编排遵循"有控制－较少控制－无控制"原则、练习类型多样、量足够大。

郑蕊（2001）指出，练习设计需考虑学习环境和课堂教学的实际情况，教材练习应该以语言点为主，重视词语、句式以及结构的练习。

周健（2001，2004）强调，应该将真实交际和接近真实的交际引入课堂，练习设计需要增加交际性练习。

李绍林（2003）主张，练习样式的总类应该相对固定。

刘颂浩（2009）研究指出，当前对练习设计已经形成一些"相当一致的意见"，如练习应该有明确的目的、练习应该有效、区分主要题型和次要题型、区分课内练习和课外练习、练习编排要讲究顺序、练习量不是越大越好，等。并根据前人研究成果，进一步将练习的目的归纳为复习强化、归纳总结、拓展提高、诊断检查、意识培养、放松调节、增强动机、应试培训、欣赏领略、开发智力、减负降压等 11 种。①

然而这些要求或建议并不能从具体层面上为教材编写者提供可操作的行动菜单。与其说这些要求是"相当一致的意见"，不如说是练习设计的一些常识。另外，练习目的如此之多，让人眼花缭乱；让编写者们不知如何下手，抑或以何种方式何以体现。

综上所述，学界已经对——练习设计与编排存在弊端，已成为华语文教学中的薄弱环节——这一问题达成基本共识，但对问题的批评与分析多于对问题的解决与回答，一些原则和建议的提出虽在某种程度上对练习设计具有指导意义，但却缺乏微观层面的操作引导价值。换言之，我们对练习设计与编排的研究太偏重于形式方面，太热衷于厘清大的宏观原则与理论概念，而对练习设计之内容的微观细节缺乏重视。

5.2.2　教材中的练习设计

吕必松（1990）和李杨（1993）曾提出，华语文教学宜"用不同的方法训练不同的语言技能"，当今语言教学形成的"综合课打头，按技能设课"（杨惠元，2007）的教学模式正是这种教学理念的充分体现。按照这种教学设课模式，当前华语文教材的主体基本上以综合教材（又称精读教材）、听力教材、口语教材、阅读教材，以及写作教材等名目呈现。依照这一思路，我们对近年来出版的 19 种海内外华语文教材之练习设计进行了穷尽式调查统计，并按照 Christina

---

① 11 种目的只是作者根据前人研究所作的总结，并不一定代表作者本人的观点。

B. Paulston（1976）关于机械性练习、有意义的练习和交际性练习的三分模式①
对其进行了类型划分。统计及分类结果如表48。

表48 已出版的华语文教材练习设计调查及类型归属

教材类型	练习种类		
	机械性练习	有意义的练习	交际性练习
综合教材	①语音训练，②扩展/替换练习，③辨字组词、语素组词，④写出反义词/近义词/同音字/同音词，⑤词语搭配练习，⑥汉字练习，⑦填图/表	⑧填空，⑨释词，⑩关联词语练习，⑪改病句，⑫选择正确答案，⑬造句，⑭改写句子，⑮完成句子或对话，⑯问答，⑰看图回答，⑱熟悉课文，⑲阅读理解	⑳看图说话，㉑语篇练习，㉒修辞格练习，㉓猜谜语，㉔写作，㉕交际训练
听力教材	①语音练习，②跟读，③听写，④听句子标出停顿位置，⑤说出每组句子的共同点	⑥填空，⑦选择正确答案，⑧听后多项选择，⑨判断正误，⑩填表，⑪听后联机，⑫回答问题，⑬复述	⑭交际训练
口语教材	①语音训练，②词语替换/扩展，③词语搭配，④背诵	⑤词语释义，⑥功能项目练习，⑦填表，⑧句子练习，⑨造句，⑩完成句子或对话，⑪表达训练，⑫问答，⑬语段表达	⑭看图说话，⑮交际训练，⑯课堂表演，⑰讨论/辩论，⑱游戏，⑲语言实践
阅读教材	①写出反义词/同义词/量词……	②填空，③填表，④联机，⑤词语释义，⑥句子释义，⑦判断正误，⑧选择正确答案（单项选择），⑨选择正确答案（多项选择），⑩将短文补充完整，⑪排序，⑫回答问题，⑬说出段落大意或全文大意	⑭讨论，⑮写一写

---

① 美国应用语言学家 Christina B. Paulston 提到的 3 类练习方式分别是机械性练习（mechanical drills）、有意义的练习（meaningful drills）和交际性练习（communicative drills）。机械性练习的答案完全由教师掌控，目的在于使学习者掌握某种语法结构，学习者可以不理解意义，但结构必须正确。有意义的练习必须建立在已掌握语言结构的基础上，内容以教材为基础，答案虽然由教师掌控，但学习者必须理解意义。交际性练习接近于真实交际，教师只掌控答案的类型，学习者可以根据实际情况回答，表达的内容基本不受控制。

续表

教材类型	练习种类		
	机械性练习	有意义的练习	交际性练习
写作教材	①词法或句法搭配，②词语练习，③语法练习	④句子练习，⑤语段练习，⑥语篇练习，⑦阅读与表达，⑧写作训练	⑨作文，⑩任务型写作

从表 48 练习的归类中，我们可以大致发现当前已出版的华语文教材中练习设计存在的某些缺陷或不足，这主要表现为以下 4 点。

5.2.2.1 过于凸显课文内容和语法结构

由于受以结构为纲这一教材编写理念的影响，练习设计亦显示出严重的以语言结构为纲的倾向，从而导致练习的类型在比例上失调。例如综合类教材中的练习设计竟然有 80% 在操练语言结构，或重复学习教材内容；口语类教材中也有 80% 多的练习集中于语言结构和课文内容，真正交际性训练的比例不足 20%。这种练习设计要么缺乏语境支撑，进行枯燥的干巴巴的语言结构操练；要么在内容上缺乏创新和适当延伸，几乎完全以课文内容为中心，缺乏社会实用性，① 在短短 90 分钟的课堂中容易过早引起学生的学习疲劳。

5.2.2.2 练习设计缺乏目标意识，交际性凸显不够

作为输出环节，练习在语言教学中的地位举足轻重。一切练习的设计均需考虑实用性，考虑练习设计的动机或欲达到之目标，不能为学语言而学语言。练习设计的形式与内容应尽量与交际性挂钩，特别是练习的内容必须在最大程度上接近学习者的目的语生活环境，从而最大程度保证练习的实战性。但就目前情况来看，练习设计距离这个目标还有很大的距离。目前已有的少数几个交际性环节，设计突兀，在整体上和其他练习的衔接不够，这种设计造成两种极端的局面：一是对语言结构的练习过于枯燥，缺乏语境支撑；二是对交际性练习的把握缺乏具体的目标，缺乏与已学内容的必然联系。②

---

① 练习设计太依赖于课文，内容大部分以课文为中心，这就需要教材的课文选材具有很高的实用性。而我们的调查显示，目前教材的选文并不十分令人满意，校园汉语倾向和为学语言而学语言的倾向十分明显。这种选文本来就缺乏实用性，而练习恰恰又以此作为依据，其效果可想而知。关于华语文教材的选文问题，我们将另文论述。

② 例如，根据情景对话这种练习往往放得太开，如何掌控？

5.2.2.3 练习设计的随意性比较突出

表 49 随意性较高之练习设计举隅

1. 在前响复韵母下面画"___"	2. 朗读下列各句,并画出句重音
3. 造主谓结构作谓语的句子	4. 在下面的句子中加上"所"字
5. 去商店买你要买的东西	6. 把下列形容词变成重叠式,并造句
7. 请写出一些食物的名称	8. 把下面的词语连接成句子
9. 去银行换钱	10. 阅读长句,划出句子的主干
11. 口头作文	12. 下面的对话你能说得简单点儿吗
13. 背诵	14. 找出课文中所有"把"字句填入表格中
15. 将词语扩展成一个句子	16. 含多项定语的句子用一组连贯的单句表达

表 49 是我们在统计过程中发现的设计比较随意的题型,明显带有"硬凑"的痕迹(胡明扬,1999)和随意性倾向。这些练习在实际运用中将很难操作,或是艰难操作完成后,学习者的大脑中依然一片空白。练习编写的目的固然可以包含复习巩固已学知识,但更大程度上应该帮助学习者培养语感,使其能够熟练运用目的语进行交际。从上述 1-16 的练习设计中,我们很难发现设计者的这种设计动机。尽管设计者可能存在操练某个语言项目的意图(例如,让学习者把握重音位置不同而造成的意义差别,让学习者了解汉语句子的基本结构,等),但这种意图很难通过这种形式得以实现。

5.2.2.4 写作练习明显带有母语教学的痕迹

当前写作练习与范文展示、写作操练形成两张皮,写作的练习一方面集中于词语、阅读和句子操练(从某种程度上讲这是综合教材练习的重复),一方面在最后一个环节要求学习者命题或半命题作文。这种重复造成的后果是练习设计的环节之间没有必然的联系和因果关系,有些内容纯粹在练习词汇和语法。从词语、语法练习,直接一下子过渡到写作环节,太突兀,学生不知道怎么写、写什么,练习设计不能有效引导学习者完成最终写作任务。因此,当前写作教材中的练习在很大程度上似乎更接近综合教材的重复,练习设计者对写作的基本目标认识不够。

但我们在注意上述不足的同时,也发现了一些令人欣喜的进步,那就是当前比较盛行的任务型教学理念在练习设计中已露端倪。例如,写作教材中的任务型写作,一改传统写作模式的僵化方式,将焦点集中于写作过程本身。这种设计有利于激发学生的自主创作欲望,培养学生的写作信心,在很大程度上解决了"怎么写"和"写什么"的问题,(蔡永强,2009)。再如,口语教材中的

"语言实践"环节也明显带有任务型教学理念,有利于引导学习者接触社会语言真实文本,具有较高的实用性,但这种先进理念的利用范围还非常有限,也可以说没有得到应有的推广和重视。

综上所述,虽然业界学者已经意识到教材中练习设计的重要性,认为练习"绝不是附属或点缀,在某种程度上说,练习可以成为教材的主体部分"(赵金铭,1997),"新一代的教材应该是一部精心编排的练习集"(杨惠元,1997)。但由于练习设计的一些主客观因素的影响,新型教学理念没有得到应用和推广,当前的练习总体上缺乏语境支撑,与"真实语言环境""工作环境下的语言内容"相去甚远,缺乏实用性。

5.2.3 理论与实践之关系

悉数研究中的练习设计与教材中的练习设计两个层面的问题,可以得出这样一个结论:理论研究与实践设计脱节。在理论研究层面上,学者对练习设计原则的确定种类不乏其多,这些原则不能说对教材编写过程中的练习设计毫无意义,但当我们真正开始编写一本教材时会发现这些原则很难派上用场。例如,"为学生服务""实用有效""适用性"等编写原则实际上更像是一种常识,即是一些不言自明的约定:练习当然要"为学生服务",练习的效果当然要最大程度保证"实用有效",练习编写过程中当然要考虑"适用性"问题。换言之,练习设计的理论研究太拘泥于宏观表述,而缺乏切实具有借鉴意义的实用性研究,因此这种研究结果对练习编排实践的指导意义非常有限。在实践设计层面上,教材中的练习缺乏灵活性,要么束缚于课文,要么拘泥于"假交际",① 要么盲目模仿母语教学的一些做法。以这种方法编写出的练习当然不能博得学习者的满意,因为学习者经过这些练习之后,大脑中往往一片空白,根本没有达到活用目标语言的目的。例如,让学生给一些句子加"所/被/把"等练习,纯粹是一种无聊的语言游戏。即便学生做对了这种练习,对其语言交际能力的提高几乎毫无益处。而一旦教材编写者在这种情况下欲寻求理论研究的协助,才

---

① 例如,如果要学生学习"难道"类反问句,可以有两种方式。一是教师呈现(例句:难道你真的不想参加这个派对吗?),然后给出引导性词句(参观故宫),最后让学生表达(答案:难道你真的不想参观故宫吗?)。另一种方式则是将主动权完全交给学生,首先是教师呈现(例句:难道你真的不想参加这个派对吗?),然后让学生根据"难道……吗"这一结构自行设置语境,最后学生通过讨论形成表达(A:这个周末去故宫,别忘了带相机。B:可我不想去。A:你说什么?B:我说我不想去。A:好不容易来一趟,难道你真的不想去吗?……)。两种方式都在教学生学习"难道"类反问句,我们明显感到第二种方式充满活力,是真实的交际;而第一种方式虽然学生也说出了正确的句子,但相对于第二种方式来说,缺乏表达欲望和表达目的,属于"假交际"。

发现根本没有可资借鉴的成果。

著者认为，造成二者脱节的根源在于研究者与教材编写者都没有将"用户"放在首要位置，即我们的理论研究、我们的练习设计是给谁看的和给谁用的，换言之我们的定位没有搞清楚。

5.3　练习设计的 3 个基本原则

著者认为，解决当前练习研究与设计中存在的问题宜坚持 3 个基本原则："以用户为中心"原则、"用语言做事"原则、"用不同的方法训练不同的语言技能"原则，以增强练习设计的实用性、针对性和趣味性。

5.3.1　"以用户为中心"原则

华语文教材之练习研究与设计的终极目标在于为学习者服务，① 坚持"以用户为中心"是解决当前练习研究与练习设计中存在问题的首要原则。以用户为中心，要求练习研究者特别是练习设计者必须时时将学习者的需求放在首位，将如何把练习内容与现实生活有机结合放在首位，将如何加大学习者的有效输出放在首位。

5.3.1.1　关于引进语块教学

现存教材中的一些练习，过于偏重语言结构，明显缺乏对用户的需求考虑。例如，"把下面的词语连接成句子"类练习。

(a) 我　累　了　差一点儿　今天　死　了　去　爬山
(b) 人家　见过　有两下子　都　没　说　到底　你　怎么样　我们

著者认为，类似（a）（b）类连接句子的练习，即使华文教师也未必能在第一时间完成，尤其是（b）。这种练习就没有为用户考虑，编者考虑的可能只是用词组成短语后再组成句子，而对练习内容及其展示形式严重忽略。这类练习与其说是练习，不如说是一种文字游戏，因为它纯粹是一种基于语法结构的内容枯燥的机械性操练。然而，如果我们采用语块教学（周健，2007；吴勇毅等，2009）的思路对这种练习进行重新设计，以语块的形式呈现，则可以在很大程度上避免文字游戏的倾向。

---

① 虽然练习研究面向的是教学者或研究者，但最终的目标还是对练习设计提出建议或参考，为引导学习者增加有效输出提供有效的参照。

> （a）我　累死了　差一点儿　今天　去爬山了
> （b）人家　都见过　有两下子　没说　到底怎么样　你　我们①

将词语变成语块后，难度明显降低了，我们认为这种变化便是"以用户为中心"原则的一个体现。这种语块练习不但有利于培养汉语语感，最大限度克服中介语偏误，而且有利于培养学习者的语用能力。

5.3.1.2　关于问答式练习

再如，当前教材中有一些"回答问题"类练习，目的是让学习者通过归纳或演绎回答提出的问题。这种练习的难度不是太大，因为学习者一般都能根据给定材料找到答案。然而，著者认为这种练习严重缺失了问答的另一面——"如何问"。问答模式是组织篇章的一个重要手段，先行练习只练习"答"而少练习"问"，实在是不利于学习者交际能力的培养。在某种程度上讲，让学习者掌握"问"的技巧比掌握"答"的技巧更为实用，因为在交际活动中，参与交际者能够听懂并提问是进一步交际的前提，不能提问则让学习者明显出于被动地位，而现实生活中我们也发现即使达到高级水平的华语学习者，其"问"的能力也是相当欠缺的。② 因此，这种练习的设计也是缺乏用户友好的体现。

鉴于此，"以用户为中心"原则宜作为练习设计的首要原则，只有坚持用户至上，我们才可能设计出更为实用有效的练习。

5.3.2　"用语言做事"原则

用语言做事是任务型教学法③的一个重要理念。任务型教学强调以语言任务为核心的3个基本原则：交际原则、任务原则、意义原则，④ 反对某种句型的反复机械操练，提倡以功能意念为纲，先意义后形式，先功能后结构，强调有意义的练习。在具体操作中把完成语言任务作为教学的根本目标，提倡通过现

---

① 这一练习著者尝试多次才勉强连接成句子，对学习者的难度可想而知。以用户为中心的练习设计首先不能是文字游戏，而是鼓励学生开口表达，引导学习者尽量输出。练习的设计应该让教学主导者（教师）一下子就能知道答案，如果连教师都要颇费周折的练习，肯定是没有充分考虑我们的"用户"。

② 关于华语教学中的问答模式问题，我们将另文专门讨论。

③ 该教学法产生于 20 世纪 80 年代，盛行于 90 年代。

④ 交际原则指的是学生主体通过包含现实且有意义的交际活动来学习语言；任务原则指的是要求学生主体运用语言去完成交际性任务，以此来促进学习；意义原则指的是整个课堂教学过程体现的是一种有意义的、现实的操练，而非某种语言结构的反复机械操练。

实的交际活动促进学生主体学习语言，主张学生主体创造性地使用语言。其根本宗旨在于要求学习者"用语言做事""在做中学"。根据这种理念，我们将任务型练习设计与传统模式练习设计对比如下。

表 50　任务型练习与传统模式练习设计之比较

比较参数	练习类型	
	任务型练习设计	传统模式练习设计
练习角度	侧重语言意义	侧重语言形式
练习目的	通过互动交际、信息交流，解决交际问题，完成语言任务	通过语言形式的反复操练，巩固语言知识，掌握语言结构
练习内容	有语境支撑的社会真实语言文本，强调现实生活场景	非真实语言文本的语言知识或材料，缺乏现实生活场景
练习形式	互动讨论，小组合作，强调过程	单独完成，核对答案，强调结果
练习要求	流畅性先于准确性	准确性先于流畅性
练习评估	语言任务是否完成	语言结构是否正确

根据任务型练习与传统模式练习设计之比较，我们将基于"用语言做事"原则的练习设计理念归纳为以下 3 点。

5.3.2.1　有利于活用目标语言

华语文教学的根本目标在于培养学习者的语言交际能力，培养语言交际能力，必须在"精讲多练"的基础上以可理解的语言输入保证最大化的有效语言输出，因此必须加强作为语言输出环节的练习设计。

引导学习者活用目标语言的练习设计，首先必须彻底根除以语言结构为核心训练内容的机械性练习，将这些所谓"对于熟练掌握语言的结构形式是不可缺少的"的练习内容从方式上进行全面革新，从干巴巴的语言结构转换成有现实语境支撑的语言任务。其次，练习设计不能过分依赖课文内容，针对课文内容的重复性的有意义的练习应该大比例减少，或进行本质的改造，将其转换成信息差任务或观点差任务的练习。最后，必须加大交际性练习的数量，增加问答式互动协商环节。交际性是活用目标语言的结果，问答则是保证交际顺畅有效的最佳途径。练习设计必须为教师和学生提供足够的问答空间，通过一问一答交换信息，推动交际的不断前进。问答式交际练习不应以重复课文内容为表演而表演，而应建立在社会真实语言文本的基础上。

5.3.2.2　有利于自主性学习

基于"用语言做事"的练习设计应该发挥支架式作用，为学习者搭建脚手架，引导学习者自主学习，从而达到活用目标语言的目的。练习设计的目标要与课堂教学的总体目标相符，并在此基础上做适当有必要的延伸，而非课文内容的简单重复。练习的设计要在实用性基础上突出趣味性，在内容上力求接近学习者的思想和习惯，而不能脱离现实生活太远。

练习设计宜于学习者自主学习的一个基本前提是答案的开放性。传统模式下的练习之所以不宜于自主学习，在很大程度上是由教师严格掌控练习答案造成的。而任务型练习常常将答案设置成开放式，只要是学习者根据实际情况得出的结果即算有效。这种开放答案式练习一方面有利于学习者创造性使用语言，不必像传统模式下的练习那样可能需要猜测答案；另一方面，也非常有利于增强学习者的自信心和成就感。

练习之宜于自主性学习在很大程度上保证了练习的可操作性。例如，传统练习中的"去商店买你要买的东西""造主谓结构作谓语的句子""说出下列句子使用的语境""背诵"等形式，操作性太差，显然违背了学习者自主学习的原则。任务型练习不强调答案的唯一性，而是主张通过小组合作这种互动讨论，在呈现过程中完成语言任务。例如，"飞机不能正常起飞，请设计一个通知"，"目前中学生的学习压力巨大，请设计一个问卷调查表，并进行实地调查"等有语境支撑的任务型练习就具有很强的可操作性，宜于学习者自主性学习。

5.3.2.3　引进真实文本原则

传统模式练习设计也强调情境的重要性，练习中往往要求学习者模拟现实情境对话或进行角色表演，这种练习形式有点儿强人所难，实际效果也不是十分理想。究其原因，在于没有引进社会真实语言文本，内容没有真正贴近学习者的目的语现实生活环境。

引进真实文本，是要彻底改变教材中严重的"校园汉语"倾向。一些教材从课文内容到练习设计将大部分精力集中于校园生活环境，这种做法当然在很大程度上解决了学习者对目的语学校环境的陌生问题，但这种汉语在实用性上是经不起考验的，即学习者一旦走出校园步入社会，就会发现所学的校园汉语成了死汉语，基本上没有什么用武之地。因此，校园汉语的实用性仅仅局限在校园之内，学习者走出校园仍然不能进行有效交际。校园汉语的另一个表现是练习设计的内容完全为操练服务，造成为练习而练习、为学语言而学语言的被动局面，学习者被教师牵引着进行操练，操练的内容缺乏实用性；由于操练缺乏语境支撑，和现实生活联系不大，操练结果很快就被忘记。任务型练习设计必须改变这种被动局面，将活生生的真实文本引入练习当中，增强练习的实效性。

二是要彻底改变当前将练习与考试挂钩的倾向。练习的目的在于引导学习者活用目标语言，培养学习者的语言交际能力，而考试则以评估教学、选拔人才、促进相关研究等为目的。目前比较流行的考试是汉语水平考试，有研究者认为练习设计应该跟汉语水平考试接轨（胡明扬，1999），并将之定为"练习不可推卸的责任"（郑蕊，2001）。这种将练习设计与考试直接挂钩的做法严重影响了学习者实际语言交际能力的培养，学习者为了汉语水平考试所学的汉语基本上都是应试汉语，内容远离现实生活环境，考试的成绩远远不能代表真实语言水平，即"高分低能"。

三是引进真实文本的方式宜多元化。引进真实文本并不意味着只引进文字内容，将一些图片、照片、流程图等内容纳入进来也是引进真实文本的方式。例如，传统模式下练习中的语言结构练习，如果配以实用性插图等信息，就有了语境支撑。因此，将现实生活中的汽车站牌、购物小票、各种门票、饭馆菜单、手机短信等实物图片，以及招聘现场会话、电话录音、机场广播等现场音像引入练习，都是引进真实文本的有效方式，都将在很大程度上增强练习的实用性和趣味性。

5.3.3 "用不同的方法训练不同的语言技能"原则

"综合课打头，按技能设课"的基本出发点是用不同的方法训练不同的语言技能，其基本目标在于全面培养学习者的汉语交际能力。因此，不同技能针对性的教材对3种练习形式的要求可能有所不同。具体说来，综合课教材之练习须以有意义的练习为主、交际性练习为辅，同时尽量避免机械性练习；听力教材之练习须以有意义的练习为主、机械性练习为辅，同时尽量避免交际性练习；口语教材之练习须以交际性练习为主、有意义的练习为辅，同时尽量避免机械性练习；阅读教材之练习须以有意义的练习为主、机械性练习为辅，同时尽量避免交际性练习；写作教材之练习须以交际性（书面）练习为主、有意义的练习为辅，同时尽量避免机械性练习。

值得注意的是，我们在5.3.2中提到的以意义为中心、贴近真实生活环境的任务型练习注重引导学习者用语言做事，强调在做中学，在操作层面上具有很强的互动性和交际性。这种练习形式以一个个具体的语言任务作为呈现方式，以是否完成既定语言任务为考核目标。然而针对不同技能的教材练习，对强调

"用语言做事"的任务型理念适用范围存在差异,简单说来,阅读教材与听力教材之练习设计对任务型理念适用度有限。

鉴于综合教材与其他不同技能教材的内部差异,同时也为了加强练习环节与课文、生词、注释等环节的关系,练习的设计必须注意综合性与层次性的有机结合。

首先,应打破传统的练习编排模式,即在课文、生词、注释等环节均展示完成后再展示练习。这种练习模式在某种程度上割裂了与其他环节的必然联系,使二者不能有效衔接,不能有效贯彻"精讲多练"这一教学基本原则。比较可行的办法是将传统模式下的综合练习打碎处理,即在课文、生词、注释等每个环节后设计任务型练习,然后再设计综合练习。这种编排方式既注重层次性又注重综合性,操作起来实用有效,学习者在短时间内即可学得既定目标,又可依靠最后的综合练习对这种已学得的语言目标进行一次测验式核查。目前已有教材进行这种尝试。

其次,虽然"用不同的方法训练不同的语言技能"是根据不同技能教材设计练习的根本原则,但技能一体化练习值得有限尝试。有研究者指出,"用不同的方法训练不同的语言技能"这一结论可能有待进一步论证(刘颂浩,2009)。著者认为,这一结论总体上并没有错,但对不同的技能可以考虑结合起来练习,比如听的技能和说的技能,二者是不能截然分开的,听和说之间存在某种必然联系,于是有人建议开听说课。再如,有人建议将阅读和写作的教材放在一起编写,变成读写教材;阅读课和写作课放在一起上,变成读写课。这种技能之间的联合不是没有道理,但不能以此证明"用不同的方法训练不同的语言技能"这一结论就是错的,听力课上不断地进行听力练习,当然训练更多的是听的技能;口语课上不断进行口头表达训练,当然说的技能就会不断提高;阅读和写作亦如是。目前已出版的教材中已有一些读写教材和听说教材,这种技能一体化尝试对语言技能的训练可能更为有利,而这些教材中练习设计的综合性也势必会进一步增强,因为这些练习糅合了不同层次的语言技能训练。

总之,"以用户为中心""用语言做事""用不同的方法训练不同的语言技能"等三原则从宏观和微观两个层面为华语文教材之练习设计指出了可参考的一种方案,对校正当前练习研究以及现存教材之练习设计的不足与缺陷具有现实借鉴意义。

针对以往练习研究重形式的倾向,本节着重分析了当前华语文教材中练习设计存在的缺陷和不足,并从内容和意义的角度提出了我们的思路。在"以用户为中心""用语言做事""用不同的方法训练不同的语言技能"等三原则下,我们可以对传统模式下的练习设计从内容到形式进行全面改革创新，让练习内容在学习者的目的语生活环境中呈现，以真实文本引导学习者活用目标语言，培养语言交际能力。

值得注意的是，任务型教学理念具有天然的局限性（侯颖，2008），对听力教材和阅读教材之练习设计适用度有限，但对于综合教材、口语教材和写作教材之练习设计则可完全放开。因此，针对不同技能的练习设计应坚持一种动态观，任务型练习设计对听力教材适用性不强，而对听说一体化教材可能会有比较高的适用性。但无论如何，我们都应该摒弃传统模式下的教材练习设计范式，大胆尝试基于三原则的练习设计思路，不断开展理论和实践研究，努力设计切实以学习者为中心的实用性练习，为引导学习者活用目标语言铺设好道路。

很多时候找到了问题即找到了思路。本节旨在谈问题找思路，但谈问题多于找思路。我们着重分析了现行华语文教材之练习研究与练习设计存在的缺陷与不足，然后提出基于三原则的问题解决思路，而对三原则下的新型练习形式没有一一涉及。

附录一：能够进入"是……的"结构的动词词表

单音节动词（260）

爱　挨　熬　拔　摆　扮　抱　逼　搬　办　帮　编　变　捕　采　唱
抄　炒　吃　冲　冲　出　锄　穿　串　传　闯　吹　搭　打　呆　代
带　带　戴　当　挡　倒　捣　到　导　盗　得　递　调　叮　钉　定
订　掉　堆　剁　发　罚　访　分　搞　搞　改　赶　敢　干　割　隔
给　给　给　管　惯　灌　跪　滚　害　喝　喝　呼　滑　画　回　毁
还　环　换　混　挤　记　寄　加　捡　见　建　讲　交　教　教　叫
接　借　进　卷　开　砍　看　烤　刻　刻　哭　拉　来　来　晾　烙
炼　流　录　闷　买　卖　默　闹　捏　弄　弄　派　派　派　盘　泡
陪　碰　骗　飘　扑　气　切　请　求　取　取　去　劝　嚷　让　认
扔　杀　杀　捎　烧　设　射　伸　升　生　湿　受　熟　梳　说　死
送　送　锁　逃　疼　踢　提　挑　调　跳　停　偷　推　脱　围　喂
想　写　选　学　腌　养　赢　赢　用　拥　邮　游　运　栽　造　凿

眨 炸 摘 站 找 罩 照 挣 治 煮 住 铸 抓 装 撞 追
斫 租 钻 作 坐 做 做 做

摆（架子）　保（释）　奔（向）　编（造）　猜（得到）　蹭（出来）
出（钱）　出（出土）　打（牌）　打（官司）　打（电话）　打（底子）
当（作家）　定（规定）　飞（来）　分（离）分（配）　搞（来）
过（日子）　轰（出去）　加（上去）　进（学校）　开（玩笑）
开（车）　看（门）　连（在一起）　拿（给）　拿（出来）
跑（出花样来）　上（化肥）　上（来）　上（船）　提（意见）
提（调）　挑（起矛盾）　判（决）　守（遵守）　有……　想（办法）
许（诺）　装（瓶）　走（过来）　做（手脚）

双音节动词（332）

安放	安排	摆弄	拜访	拜托	扮演	帮忙	保护	报仇	逼死	编写
表示	剥削	搏斗	补铸	布置	采办	采访	参加	参选	残留	操办
操练	吃饭	插手	拆台	查账	产生	成功	充任	冲动	重修	崇拜
冲着	筹备	出厂	出发	出家	出来	出马	出气	出土	传播	传达
传给	创建	创立	创造	创制	从事	答应	达到	打扮	打动	打开
打死	打听	打印	当作	代劳	带进	带路	逮捕	耽误	道歉	递交
雕印	得到	得名	得罪	登基	懂得	动身	夺走	饿死	发表	发出
发达	发动	发明	发胖	发送	发现	发泄	发行	反映	放下	分析
风流	腐蚀	附会	改编	改装	盖章	告发	告密	告诉	公开	公认
攻击	购买	灌醉	过夜	害死	糊弄	画画	缓解	回话	回来	回头
汇报	汇总	活着	积疾	激发	计划	记得	计算	寄存	继续	继承
加工	见面	建议	建筑	交代	交待	交涉	缴获	教训	结成	结仇
结婚	解放	介绍	借用	进入	进货	进行	浸透	举行	决定	开会
开始	看病	看到	看看	看望	考查	可能	可以	空投	拉扯	来到
来电	勒死	离开	离婚	联接	联络	联系	了解	领会	留下	流入
落泪	落下	卖身	卖脱	卖艺	闷熟	迷上	摸索	难受	闹腾	能够
粘结	徘徊	培训	培养	培育	配制	批准	骑车	起家	起誓	请教
欠过	强占	抢拍	敲打	撬开	签发	切碎	求情	求贤	取得	取名
嚷嚷	让给	认定	认识	认为	认罪	任命	杀死	商定	设计	设置
伸长	盛行	失约	失踪	实现	试探	梳理	睡着	说服	说媒	收购

首创	首肯	受罚	送给	送药	缩短	谈判	淘换	特制	提出	提供
提交	提炼	体贴	替换	天生	添置	填写	听到	听见	听来	通知
同意	统一	推举	推销	忘记	忘却	委托	慰劳	维持	问世	希望
吸引	牺牲	习惯	下令	相信	降服	享受	想到	想念	消磨	写成
写作	兴起	学习	驯熟	压榨	研究	演变	演化	衍生	养成	养活
遗传	议论	译出	引爆	引起	应该	影响	应召	友好	预备	预习
约好	赞成	赞同	赞助	造成	赠送	战胜	战死	长大	掌握	找到
找着	照顾	知道	知情	知晓	指使	织造	指挥	指使	中止	主持
主张	嘱咐	注定	铸造	抓差	抓走	转变	转化	转交	转让	撰著
装饰	追肥	追求	追述	准备	自称	走出	走进	走私	祖传	琢磨
遵从	遵循									

多音节动词（5）

当回事儿　来者不拒　离家出走　冒名顶替　自杀身亡

附录二　本节所参考的 19 种华语文教材

[1] 杨寄洲，等，1999. 对外汉语本科系列教材［M］. 北京：北京语言大学出版社.

[2] 周小兵，张世涛，1999 中级汉语阅读教程［M］. 北京：北京大学出版社.

[3] 陈灼，2000. 桥梁·实用汉语中级教程［M］. 北京：北京语言大学出版社.

[4] 刘珣，2002. 新实用汉语课本［M］. 北京：北京语言大学出版社.

[5] 鲁健骥，2003. 初级汉语课本［M］. 北京：北京语言大学出版社.

[6] 李晓琪，2004. 博雅汉语［M］. 北京：北京大学出版社.

[7] 戴桂芙，等，2004. 汉语口语［M］. 北京：北京大学出版社.

[8] 中国人民大学对外语言文化学院，2005. 发展汉语［M］. 北京：北京语言大学出版社.

[9] 蔡永强，侯颖，2005. 汉语阶梯快速阅读（第四级［M］. 北京：北京语言大学出版社.

［10］Tao-chung Yao and Yuehua Liu, 2005. *Integrated Chinese*（Traditional Character Edition）（Second Edition），中文听说读写［M］. Boston：Cheng & Tsui Company.

［11］陈作宏，2006. 体验汉语·写作教程［M］. 北京：高等教育出版社.

［12］陈贤纯，2007 这样阅读（*Read This Way*）［M］. 北京：北京语言大学出版社.

［13］杨寄洲，贾永芬，2007. 汉语口语教程［M］. 北京：北京大学出版社.

［14］陈作宏，2008. 汉语交际口语［M］. 北京：高等教育出版社.

［15］邓守信，2009. *Advanced A Plus Chinese*［M］. 台北：联经出版事业股份有限公司.

［16］么书君，2009. 汉语高级听力教程［M］. 北京：北京大学出版社.

［17］邱军，2009. 成功之路［M］. 北京：北京语言大学出版社.

［18］杨俐，2009. 汉语快速阅读训练教程［M］. 北京：华语教学出版社.

［19］李泉，2011. 发展汉语（修订版）［M］. 北京：北京语言大学出版社.

附录三 不同技能教材之练习题型统计与归类

综合课教材练习

（1）语音训练（声韵调）

（2）扩展/替换练习（字→词→短语→句子）

（3）辨字组词、语素组词

（4）写出反义词/近义词/同音字/同音词

（5）词语搭配练习

联机搭配

搭配主谓宾定状补、名动形数量代等。

（6）汉字练习

写汉字

用部件组合汉字

根据偏旁写汉字

找出汉字相同的部分

改错别字

(7) 填图/表

朗读句子并根据句子内容填图（注：方位练习）

(8) 填空

选择词语填空

用趋向补语填空

根据课文内容填空

(9) 释词

解释词语

解释句子中画线词语的意思（选择、直接解释）

朗读各句，注意句中"得"的不同用法

(10) 关联词语练习

(11) 改病句

(12) 选择正确答案

选择句子的正确意思

(13) 造句

模仿造句

直接造句

(14) 改写句子（模仿例句改写，用指定词语、语言点改写）

(15) 完成句子或对话（注：根据上下文，或使用给定的结构）

(16) 问答

用指定词语（疑问词）提问

就画线部分提问

回答问题

根据现实场景回答问题

(17) 看图回答（如读出号码/钱数/时间/温度、填出方位词、填量词等）

(18) 熟悉课文

根据课文内容填表

判断正误

回答问题

用指定词语进行语段练习

复述课文

看日历完成对话

　　　　读后练习会话

（19）阅读理解

（20）看图说话

（21）语篇练习

　　　　完形填空（给一段话填写动词）

　　　　仿照例子，加上省略的关联词

　　　　整理句子（将一组句子组织成短文）

　　　　把下面短文中不通顺的地方改过来、修改短文

　　　　将几个句子填入文中空白处（语篇练习）

　　　　用设问句填空（篇章练习）

（22）修辞格练习

（23）猜谜语

（24）写作

　　　　阅读与写作

　　　　口头作文

　　　　写作

　　　　模仿所给文章结构写作

　　　　根据柱形图写作

（25）交际训练

　　　　模仿例子编写对话、模拟会话

　　　　自由表达（分组）

　　　　交际训练（给话题、给定词语或结构）

　　　　讨论或辩论

　　　　写一写（写自己的实际情况，根据情景编写对话）

听力教材练习

（1）语音练习

　　　听后写出画线词语的声调

（2）跟读

　　　听下列句子并跟读，注意语调并体会句子的意思

　　　听对话并跟读

（3）听写

　　　听录音填成语

在横线上写出听到的句子

(4) 听句子，标出停顿位置

(5) 说出每组句子的共同点

(6) 填空

选词填空

听录音填空

用指定词语填空，然后听录音

找出文中与下列意思对应的词，并填在句子中

在图的相应位置上标出地名

(7) 选择正确答案

听句子选择正确的解释

(8) 听后多项选择

(9) 判断正误

(10) 填表

(11) 联机

(12) 回答问题

根据录音内容回答问题

快速回答

用自己的话回答问题

听句子，用学过的知识回答问题

下面的叙述和听到的课文内容是否一样

说出下面的叙述与课文不同的地方

(13) 复述

听录音复述句子，并用自己的话说说句子的意思

用自己的话复述听到的故事

给故事加一个结尾

(14) 交际训练

模仿课文练习会话

两人一组表演

讨论、谈一谈

说一说

小调查

口语教材练习

(1) 语音训练

发音练习

辨音练习

声调练习

找出错误的声调并改正

读下面的句子，注意/找出重音

用正确的声调和语调读下面的句子

用正确的语调读下面的句子，并注意重音

听与读

读一读，说一说，下列每组句子的语调、重音不同时，句子含义的区别

(2) 词语替换/扩展

替换练习

扩大词汇量

联机搭配，然后说一句话

(3) 词语搭配

填写宾语、量词……

选词填空

(4) 背诵

(5) 词语释义

读下面的句子，说说各句中"就"的意思

读一读，想一想，体会下列句子中"没"的位置不同时，句子含义的区别

说说句子中画线部分的意思（读一读下面的句子，体会句子中画线词的意思）

解释词语的文化含义

(6) 功能项目练习

(7) 填表

根据自己的实际情况填表（在中国留学的日常开支表）

(8) 句子练习

改写句子

组词成句

模仿例句，改写句子

修改病句

说说下面句子的意思

将书面语句子用口语表达出来

下面的对话你能说得简单点儿吗

说出下列句子使用的语境

(9) 造句

体会画线部分的意思和用法，并模仿造句

体会两组词的不同用法，然后造句

用下列词语或短语结构造句

模仿造句

用指定词语说出句子的意思

(10) 完成句子或对话

根据自己的情况，完成对话

用指定的词语完成句子

(11) 表达训练

准确而快速地读出下面的词语和句子

模仿表达（给定结构）

填空并熟读这段话，然后模仿这种表达方式说一段话

找出课文中的反问句，模仿表达

复述课文内容、阐述

根据课文内容判断，并用指定词语和句式进行表达

(12) 问答

根据答句提问

选出合适的应答句

根据课文内容，用自己的话回答问题

根据课文内容，学生进行连环式提问和回答

就课文内容提问

根据课文内容，用指定词语进行介绍

用所给词语回答问题

(13) 语段表达

找出文章中主持人转换话题的语句

复述

根据实际情况谈一谈

根据提供的情景对话/说一段话

根据提供的情景，尽可能用指定词语对话/说一段话

用指定的词语和句式完成练习

讲述

根据所给信息，模拟现场对话（火车票和订票单上的信息）

根据情景，设计会话

房子户型图

运用夸张手法谈一谈

(14) 看图说话

模仿例句，看图说话

(15) 交际训练

参照范句做对话练习

参照文中句型，介绍自己

根据提示，完成会话练习

两人一组，做对话练习

阅读主课文后，谈谈你的想法

自由表达

辩护

选择一个话题，谈一谈

说一说

(16) 课堂表演

角色表演

根据课文内容分角色表演

电影配音表演

演讲

(17) 讨论/辩论

使用练习中的表达方式进行讨论

使用本课的表达方式进行讨论

用交际策略进行讨论

(18) 游戏

贴鼻子、推销某种商品

（19）语言实践

　　　　做一个问卷调查

　　　　分组调查，然后做介绍

　　　　设计一个通知（飞机不能正常起飞）

　　　　学一首中文歌

阅读教材练习

（1）写出反义词、同义词、量词……

（2）填空

　　　　根据文章内容填空

　　　　读后概要重述

　　　　完形填空

（3）填表

（4）联机

（5）词语释义

　　　　选择词语正确释义

　　　　选择划线词语的正确解释

　　　　解释句中划线词语

　　　　解释词语

（6）句子释义

　　　　选择句子的正确理解

　　　　说说句子的意思

　　　　解释句子的意思

（7）判断正误

　　　　　根据短文，判断正误。（正确的划"√"，错误的划"×"）

　　　　　根据短文，判断正误。（正确的划"√"，文中没有提到的划"○"，错误的划"×"）

（8）选择正确答案（单项选择）

　　　　猜字/词练习

　　　　难句长句理解

　　　　抓主要观点

　　　　给语段选择一个合适的小标题

　　　　选择某一段的大意

　　抓细节

　　文章结构

　　评读

　　预测

　　读后概要重述

（9）选择正确答案（多项选择）

　　从给出的选项中选择所有正确答案（如，六个或以上选项，选出其中的四个或五个）

　　根据短文内容完成句子。（从 A B C D E F 中为每个句子选择一个最佳答案）

　　请为第_____段各选择一个最佳的大意概括。

　　请为每一段选择一个最佳小标题。

（10）将短文补充完整

（11）排序

　　排序（关于文章内容、写作顺序、结构整理等）

　　排序（一篇顺序打乱的文章，整理句子前后顺序，还原原文，训练语义连贯能力）

（12）回答问题

（13）说出段落大意、全文大意

（14）讨论

（15）写一写

写作教材练习

（1）词法或句法搭配

　　状语与中心词搭配

　　状语填空

　　联机组成词组

（2）词语练习

　　找出书面词语

　　词语释义

　　选词填空

　　改正错别字

（3）语法练习

在下列句子合适的位置填入"了""着""过"

(4) 句子练习

造句（模仿范例造句）

根据要求写句子

修改错句

句子简洁化处理

词语推敲

丰富化表达

关联词语用得对吗？如何修改？

用关联词完成句子

写出拟人句子

改写句子

整理句子

联机组句

填表（说说自己最近的感受）

(5) 语段练习

补充词语，组成复句

省略及其作用

按照顺序连接语段

模仿范例，说明原因、写一段话

(6) 语篇练习

填空后，提炼文章的主要观点

将段落排成短文

将句子填在文中的横线处

将统计图形成文字

(7) 阅读与表达

用有限字数概括文章大意

阅读文章，分段

阅读并口述

根据文章，设计表格

概述故事主要内容

(8) 写作训练

加标点符号

　　修改文章格式与错误标点

　　给短文加题目

　　人物描写

　　概括文章开头的方法

　　为每个题目写一段文章的开头

　　阅读文章开头，拟一个题目

　　列出写作提纲（根据短文/题目，列提纲）

　　纠正习作的语病和标点错误，并对写法提出建议

　　小组活动（讨论）

（9）作文

　　缩写

　　续写

　　模仿写作

　　口头作文

　　选择话题写作

（10）任务型写作

　　　教学目标

　　　任务前阶段

　　　任务阶段

　　　任务后阶段

第6节　孔子学院的文化张力与中华文化海外传播策略

　　历史语言学的既有研究表明，在语言接触过程中政治和经济比较发达地区的语言对政治和经济相对落后地区的语言具有强大的辐射力和影响力，语言的兴盛与衰落反映了国家的兴盛与衰落，其国际地位与话语权直接映射国家"硬实力"，英语成为世界通用语言和近年来方兴未艾的"汉语热"就是典型的例证。"民族的语言即民族的精神，民族的精神即民族的语言"，世界各大国在天时地利人和之际无不尽己所能成立语言文化推广机构将自己的语言文化推向世界，这些语言文化推广机构（如法语联盟、歌德学院、英国文化协会、塞万提

斯学院等）都不遗余力地将语言推广与文化传播作为首要目标，并借此提升国家软实力，扩充文化势力范围。从国家对外汉语教学领导小组办公室（简称国家汉办）到孔子学院总部，再到中外语言交流合作中心（简称语言合作中心），汉语教育事业主管部门名称的更迭体现了国家对国际中文教育的重视，更体现了国际中文教育事业在内涵及外延方面的发展变化。

6.1 国际汉语教学发展趋势及文化张力

我国对外汉语教学在 2005 年世界汉语大会召开后迎来了新的发展契机——在国内对外汉语教学稳步发展的基础上，海外孔子学院如雨后春笋般呈蓬勃发展之势。截至目前，共有来自 196 个国家和地区的 49 万多名各类外国留学人员在全国 31 个省（区、市）的 1004 所高等院校学习，① 全球 158 个国家（地区）共设立了 535 所孔子学院和 1134 个孔子课堂［亚洲 36 国（地区），孔子学院127 所，孔子课堂 113 个；非洲 46 国，孔子学院 61 所，孔子课堂 44 个；欧洲43 国（地区），孔子学院 184 所，孔子课堂 323 个；美洲 26 国，孔子学院 143所，孔子课堂 558 个；大洋洲 7 国，孔子学院 20 所，孔子课堂 96 个］，② 注册学员超过 230 万人。如果再加上其他机构组织或个人学习者，据说全球学习汉语的人数已经达到 1 亿。③ 在中国经济发展持续向好、国家硬实力基础不断增强的基础上，我们有必要采取更加积极有效的策略或措施推动汉语走向世界，加快汉语成为强势语言的步伐，进一步加大中华文化的辐射圈和影响力。

汉语属于中国也属于世界。中华文化海外传播的重要平台是孔子学院，最重要的传播媒介就是汉语。自诞生之日起，孔子学院便以汉语教学为主要工作，以文化传播为根本任务，以语言教学为主体媒介传播中华文化，这种润物细无声的有效方式完全不同于文化输入的硬着陆，以语言教学为主要凭借的文化传播让中华文化更具有张力。新时期，如何以孔子学院为工作平台，采取多种手段增强孔子学院的文化张力应该成为中华文化海外传播最重要的策略。

张力，本来是一个物理学概念，是指"受到拉力作用时，物体内部任一截

---

① 参见教育部官方网站 http：//www. moe. gov. cn / jyb_ xwfb / gzdt_ gzdt / s5987 / 201904 / t20190412_ 377692. html。

② 参见原国家汉办官网 http：//www. hanban. org / confuciousinstitutes / node_ 10961. htm。

③ 杜吹剑. 汉语学习者达 1 亿人 全球汉语热昭示了什么？［N］. 人民日报，2015-09-30（05）.

面两侧存在的相互牵引力"。① 孔子学院的文化张力，是指中华文化本身借助孔子学院形成的魅力扩张以及由此产生的影响力所带来的其他发展。孔子学院的文化张力来源于语言教学及其衍生活动所演绎的生活故事，这些生活故事大大增强了文化影响的范围和强度，让借助于孔子学院这一平台的中华文化散发出可持续发展的强大生命力。

6.2 孔子学院的文化张力

《孔子学院章程》明确规定孔子学院的业务范围为①开展汉语教学；②培训汉语教师，提供汉语教学资源；③开展汉语考试和汉语教师资格认证；④提供中国教育、文化等信息咨询；⑤开展中外语言文化交流活动。孔子学院的语言文化活动主要在以下 4 个维度上体现出文化张力。

6.2.1 持续不断的语言文化教学

在所有业务当中，开展语言文化教学是最基本的工作。为了支持海外孔子学院的语言文化教学，每年均有规模不等的经过严格专业培训的汉语教师及汉语教师志愿者队伍被派出，经过十几年的发展，以教师、教材、教法为标志的"三荒"问题已得到有效缓解。专业教师团队以《新实用汉语课本》《当代中文》《快乐汉语》《发展汉语》《长城汉语》《HSK 标准教程》等汉语通教材为教学工具，从语音、词汇、汉字、语法等汉语元素入手，将教学材料中包含风俗礼仪、问候招呼、历史文学、音乐舞蹈绘画、气候地理、饮食物产、教育及当代中国等中华文化元素的内容传递给学生。这种面对面的信息传递一方面会促使学习者在本土进一步了解中华文化，同时也会促使学习者在本土与外来的对比中加深对中华文化的印象。汉语学习者将在课堂上学得的"愚公移山""孔融让梨""庄周梦蝶"等故事讲给家人或朋友听，就是面对面语言文化教学的成功体现。

6.2.2 以汉语桥为代表的各类语言文化交流活动

除了语言文化教学，孔子学院举办的汉语桥比赛为汉语学习者深入了解和学习中国文化打开了另一扇窗户。汉语桥选手的汉语演讲，古筝、太极、中文歌曲等才艺展示，举手投足间都体现了域外学习者对中华文化的浓厚兴趣，充满竞争力的演出也深深感染了前来观摩比赛的选手们的家人及朋友。除了汉语

---

① 参见中国社会科学院语言编辑室：《现代汉语词典》（第 7 版）［M］北京：商务印书馆，2017：1649.

桥比赛，孔子学院组织的其他一切日常文化活动，如中华美食节、书法比赛、课堂剪纸等，也从不同侧面展示了中华文化的当代魅力。

6.2.3 以"三巡"为代表的各类文艺巡演项目

为进一步加大文化传播的力度，孔子学院每年都会组织巡演、巡讲、巡展等"三巡"活动，充满民族风情及中国文化元素的文艺演出、国内知名学者的学术演讲、中国绘画书法茶艺展示等活动在世界范围内展示中国文化，在很大程度上加深了域外各阶层普通民众对中华文化的了解，拉近了不同民族间的心理距离。

6.2.4 基于孔子学院的各类语言信息服务与合作

除了正常教学活动，孔子学院也开展汉语教师培训及资格认证、各类汉语考试，以及与当地使领馆合作提供中国教育和文化等信息咨询服务，这些服务项目的开展一方面为中华文化当地传播储备了充足的师资力量，同时极大程度激发了当地汉语学习者进一步学习汉语言文化的动机。

语言文化教学、语言文化交流活动、三巡、各类语言信息服务等4个维度让孔子学院成为中华文化域外传播的强有力平台，自挂牌运营十多年来，孔子学院以其独有的方式将自己建设成了一张靓丽的中国名片，已经成为中国语言文化的代名词。虽然在发展过程中，孔子学院也曾遭到域外势力的质疑和破坏，也曾被冠以"中国威胁""文化侵略"的帽子，但纵观世界范围内孔子学院的发展，孔子学院已经得到绝大多数国家的理解和认可，正在以自己独有的方式融入当地的草根阶层。

6.3 中华文化海外传播的策略

新时期国家提出建设"文化强国"的宏伟目标，加快"推动中华文化走向世界"。在当前世界两大经济体中美贸易摩擦显著加剧、国家实力竞争态势日趋明朗的背景下，孔子学院的运营发展更应该提质增效、深入草根，以一种更加温和的方式将中华文化展示在世界面前，以一种更易于域外普通民众理解的方式彰显中华文化的张力。

6.3.1 传播中华文化必须有所为有所不为

中华文化特别是传统文化博大精深，是民族凝聚力增强的基础，也是文化交往和文化输出的闪光点，传统文化中的和谐世界理念是其软实力价值的重要体现。文化传播有所为，就是要传播那些优秀的、能切实体现文化软实力的中华传统文化，如基于"厚德载物""仁民"的"德""仁"方面的文化，基于

"天行健，君子以自强不息"的自强不息精神，基于"和为贵""天下大同"的和谐理念与精神，以及基于"仁者以天地万物为一体"的天人合一精神等，都是中华文化的精髓所在，孔子学院的文化传播应该在这些方面多下功夫。文化传播有所不为，就是要把那些文化糟粕排除在外，如以牺牲女性生存发展为代价的"男尊女卑"思想伦理，体现森严等级制度的"三纲五常"思想等，均已远离当今现实生活不符合现代与时俱进的精神，孔子学院当然不宜再传播这些文化。文化传播的有所为和有所不为就像一张纸的两面，二者虽然都是文化的重要组成内容，但文化传播不是无所不为，只有做到有所不为才能更好地有所为。文化在某种程度上就是现实生活的一面镜子，文化传播的有所为是保证这面镜子准确反映现实生活的基本前提。

6.3.2　传播中华文化必须立足当代兼顾传统，注重让事实说话

当前文化传播特别是其载体——汉语教材存在严重的"重古轻今""一说中国，就回到从前、回顾历史""一提中国文化，就讲昨日辉煌、过去习俗"的倾向。域外人士学习汉语言文化，说白了主要是想了解当今的中国而非过去的中国，因此文化传播应该立足当代兼顾过去，兼顾古是为了立足今。那些在教材编写或课堂教学中大谈如"对偶婚、抢婚、童养婚、冥婚、入赘婚、转房婚""墓地之变迁、葬法与葬式、葬具与随葬品、光怪陆离的坟墓、奇特的陪葬习俗、惨绝人寰的人殉、墓碑与墓志、厚葬与薄葬"等奇风异俗的做法不仅远远偏离了现实生活的需要，而且容易给域外人士留下关于中国形象的负面印象。相反，那些在教材编写或课堂教学中涉及"饺子与汉堡包""大枣、百合、枸杞、红薯与维生素""茶与咖啡""黄酒与葡萄酒""茶的内涵""中国人怎样喝酒""酸味论""吃的学问""筷子与 AA 制""厕所文化"等现实生活内容就是当代最接地气的文化。再如谈及当代中国的改革开放，让学习者亲述从不知道"中国制造"到看见"中国制造"再到购买使用"中国制造"的过程，这种文化解读方式也是立足当代兼顾过去，更是用事实说话。这些文化内容都在很大程度上凸显当代视角和当代内涵，满足了学习者对中国文化的实用性需求，有利于展示一个开放包容、文化多元的当代中国形象。立足当代兼顾传统、注重让事实说话，也是当前国际中文教育大背景下讲好中国故事的基本策略，"中国故事"是关于中国道路、中国发展、中华民族伟大复兴和中华优秀文化的故事，事关中国发展和中国形象。讲好中国道路的故事、中国梦的故事、中华优秀文化的故事、中国和平发展的故事，就是要用事实说话，既要照顾传统更要立足当代。

6.3.3 传播中华文化必须注重双向交流

在阐述中华文化的同时，也必须让学习者用汉语演绎自己国家自己身边的故事。孔子学院的文化传播本质上是汉语教师和学习者面对面的文化交流，是汉语教师依据汉语教材或既定教学材料向学习者讲述"中国故事"、让汉语学习者学习并理解"中国故事"的过程。域外人士学习理解并能讲述这些包含中华文化元素的"中国故事"当然是文化传播成功的重要标志，但让学习者运用汉语讲述自己的"国家故事"及"身边故事"也应视为文化传播的重要环节。文化传播既要立足自我，也应注重对比式"礼尚往来"，在传播阐释自己优秀文化内容的同时，仔细倾听学习理解对方的文化，从而在无形的对比中形成文化传播的双向交流。著者在都柏林大学孔子学院任职期间，曾经让学生用汉语书写"爱尔兰故事"，收到了意想不到的效果，这种做法让我们发现，"中国故事"和"爱尔兰故事"其实都是世界故事，都是世界文化不可分割的组成部分。习近平主席在 2019 年亚洲文明对话大会开幕式上指出，"文明因多样而交流，因交流而互鉴，因互鉴而发展""人类只有肤色语言之别，文明只有姹紫嫣红之别，但绝无高低优劣之分""我们既要让本国文明充满勃勃生机，又要为其他国家文明发展创造条件""任何一种文明都要与时偕行，不断吸纳时代精华""交流互鉴是文明发展的本质要求"。海外孔子学院的中华文化传播绝不单纯是文化输出，应该在更大范围内将这种传播界定为"因交流而互鉴"，并以此促进中华文化乃至世界范围内文化的共同发展。

6.3.4 文化传播应该注意区分 3 个层次

文化传播并不意味着对方完全接受我们的文化，中华文化传播应该有 3 个层次，即了解或知道、理解或认可、化解并接受。友好容易理解难，世界各地核心文化价值往往存在巨大差异，求同存异、互相理解、互相尊重是文化交流的重要原则。中华文化不间断上下绵延五千年，内容博大精深内涵十分丰富，充分理解中华文化的精髓实质对于外国人来说绝非易事。对于一般学习者而言，对于中华文化或许只能停留在了解或知道层面；对于具有较强跨文化交际能力的学习者而言，或许能达到理解或认可的层次；只有跨文化交际意识和能力极强的学习者，才能领会并接受中华文化。因此在对外文化传播过程中，不应该强迫所有学习者完全接受我们的文化，而应该区别不同的层次。对于大量草根阶层来说，即使能达到对中华文化的了解或知道层次，也已经意味着文化交流的成功。追求文化传播的了解或知道、理解或认可、领会并接受等 3 个层次，实际上也是文化传播有所为有所不为的表现。只有在某些方面有所不为，才能在更大的方面有所为。当代中国与世界研究院于 2019 年 10 月 18 日发布的《中国国家形象全球调查报告 2018》显示，中餐（55%）、中医药（50%）和武术（46%）是最能代表中国文化的 3 个方面，已经成为中国文化的三大符号。这一调查结果充分说明，中餐、中医药和武术所代表的文化及其文化元素已经被很多国家理解或认可甚至领会并接受，我们在海外孔子学院的汉语言文化传播与教学中应该顺势而为，通过不同的视角、方式方法来全方位展示这 3 张文化名片。

6.3.5 文化传播必须注重方式方法

有效的方式方法会事半功倍，反之则事倍功半。文化教学必须注重针对性和传播实效性，孔子学院语言文化推广的目标之一便在于促进多元文化发展、构建和谐世界，然而当前中国和平崛起的大国形象与"文化入侵""特洛伊木马""赤化"等中国"威胁论"和负面言论的矛盾短时间内似乎还难以清除，这就更需要进一步加强国际汉语教育领域内的文化教学针对性及文化传播策略研究。业内学者认识到，"外国人学汉语，不一定非要认同中国文化"，而文化传播中"开口先秦诸子，闭口唐诗宋词，却不想想现在能提供什么"的"徐娘心态""今天弄个剪纸，明天弄个杂技，后天弄个太极拳，全是手工作坊式的文化交流"式的"小农意识"，"不管说什么，下面都得鼓掌"的"官僚作风"都应该努力回避。文化传播的"徐娘心态"说的是世界文化唯我独尊、远离现实生活的文化古董态度，文化传播的"小农意识"说的是浮于表面不够深入、没有抓到点子上的文化传播内容，文化传播的"官僚作风"说的是只有优秀没有糟粕的盲目行动方式。仔细审视当前中华文化海外传播的方式、内容及心态，或许不难发现上述问题的存在。面向世界公民的文化教学与传播必须注重方式方法，应该加强具有人类文化通感的内容选择，采取隐性文化传播策略，不可一味采取展示和弘扬态度，否则只会收到事倍功半的效果。隐性文化传播宜建立在对海外学习者兴趣爱好需求的广泛调查基础之上，海外孔子学院的汉语言文化教学也必须建立在这个基础上才能找准靶标。例如，爱尔兰都柏林大学孔子学院就在这方面为我们提供了一个借鉴。2006 年爱尔兰两所孔子学院（都柏林大学孔子学院、科克大学孔子学院）诞生之前，爱尔兰教育体系规定的 7 门目标外语（法语、德语、西班牙语、意大利语、俄语、阿拉伯语、日语）中并不包括汉语。为了彻底摸清爱尔兰对汉语言文化教育的需求，都柏林大学孔子学院于 2009 年向全爱尔兰 750 所中学发放汉语需求调查问卷——"爱尔兰中学生汉语教学需求调查报告"，这份报告最终由爱尔兰官方发布并促成了爱尔兰国家课程与评估理事会（NCCA）在全爱中学推广汉语言文化的决定。这一调查和决定成为汉语进入爱尔兰国民教育体系的关键因素，也为中华文化在爱尔兰的传播奠定了坚实的基础，都柏林大学孔子学院每年举行的春节联欢晚会在爱尔兰民众中获得巨大反响就是一个有力的证明。

6.3.6　文化传播必须紧紧依靠汉字，不宜过分纠结于语言教学和文化教学的主次

以往汉语教学中多谈及语言教学和文化教学的关系，认为语言教学第一性文化教学第二性，强调要摆正文化和文化教学在汉语国际推广中的位置，定位好文化及文化教学的角色。语言教学与文化教学之辩是对外汉语教学界的一个老话题，目前已经基本形成"语言教学第一性，文化教学第二性，文化教学为语言教学服务"的基本共识，但也有不同的声音。如有学者坚持认为"文化教学并不仅仅于语言教学过程中的文化因素的教学"，文化教学和语言教学"是并重的"。也有学者认为"应该避免华文教育中的超文化现象"，认为将世界各地华人社会文化活动都纳入所谓"中华文化圈"的实际效果都是反面的，文化融合将成为最后的选择。国学大师季羡林也曾说："为了增强中外文化交流，为了加强中外人民的理解和友谊，我们首先必抓汉语。因此，我们要奉行送去主义，首先送出去的也必须是汉语。"季先生的话充分说明了语言和语言教学的重要性，很值得我们深思，也给我们一个清晰的警示，即我们在语言教学和文化教学这一辩证原则坚持的过程中可能忽视了汉字这一所有语言文化载体的特异功能。汉字自诞生之日起就担负起了记录中华语言文明的责任，是传承和弘扬中华文化的最重要的载体。从文化记载的角度来看，我们甚至可以说"一汉字一故事"，中华文化传播中抓住了汉字并充分挖掘汉字的音形义就等于捡到了理解中华文化的钥匙。在海外孔子学院的语言文化教学中，任何淡化汉字教学甚至因所谓"汉字难学"而彻底放弃汉字书写及教学的做法都是十分荒谬的。其实，已有高水平汉语学习者和业内专家指出，所谓"汉字难学"抑或"汉语难学"是假命题。例如著名汉学家白乐桑先生就曾提出"字本位教学法"，将"汉字"放在汉语教学系统的突出位置;[①] 同时指出，说汉语难学的"都是你们中国人"的看法。李泉也曾指出，"汉语难学"是个伪命题。汉字是影响学习者汉语学习信心、进程、效率和水平的关键因素，汉语学习的成败很大程度上取决于汉字

---

① 法国著名汉学家白乐桑先生在回答记者"你不觉得中文难吗?"的问题时说，"我经常听到中文难这样的说法，很奇怪，说这话的都是你们中国人"。参见张保淑等. 说中文难的都是你们中国人——白乐桑的汉语人生 [N]. 人民日报海外版，2005-07-26 (7).

学习的成败，汉字教学的突破就是汉语教学的突破。实际上，结合汉语学习汉字并不是那么难，应该学习的汉字数量也很有限，教师应该树立乐观务实和充满人文精神的汉字教学观，不断努力化解汉字难学的观念。可以说，在海外孔子学院文化传播中抓住了汉字，就等于抓住了文化传播的一把钥匙。

6.3.7 文化张力呼唤适合汉语教学本土化的文化大纲

中华文化传播应该传播哪些文化，不宜传播哪些文化？对这个问题，至今没有一个统一的意见。国际汉语教育范围内关于文化大纲的研究与制定曾一度甚嚣尘上，但对外汉语教学界关于文化大纲的建设呼吁多年却仍未解决。目前我们已有《汉语水平等级标准与语法等级大纲》《汉语词汇大纲》《汉字大纲》《汉语教学大纲》《汉语水平考试大纲》《国际汉语教学通用课程大纲》等一系列大纲，唯缺文化教学大纲。当前越来越多的国家已经将汉语纳入国民教育体系，将汉语作为必考外语科目，值国家"建设文化强国""推动中华文化走向世界"之际，研究并制定一套国际汉语教育范围内的文化大纲已迫在眉睫。文化大纲可以依据一定的标准对文化类型加以区分，例如根据汉语教学及文化传播的需要，可以区分知识文化和交际文化，将那些已经过时的不再适应当代中国社会的统一归入知识文化以供有兴趣的研究者研究之用，而将那些没有过时的传统文化以及反映当代中国的文化统一归入交际文化以供域外学习者学习汉语言文化之用。有了文化大纲，海外汉语教学及文化传播就有了依据，孔子学院的语言文化活动就越能彰显文化张力。

诚然，孔子学院在发展过程中也曾遭遇成长的烦恼。面对孔子学院限制学术自由、孔子学院受政府资助背景等国外媒体的片面报道，我们一方面要了解国外媒体的报道风格及其夺人眼球的目的，另一方面也不应被这种报道扰乱了心绪，应该平心静气，一心一意做强做大，以语言教学为引擎，不断将文化推广引向深入。

爱尔兰著名剧作家萧伯纳曾经有一段名言："你有一个苹果，我有一个苹果，彼此交换，我们每人仍只有一个苹果。可是如果你有一种思想，我有一种思想，彼此交换，我们就有了两种思想。"我国著名语言文字学家周有光先生曾经指出，我们现在处于双文化时代，任何一个国家都是既有国际现代文化，又有本国传统文化。一个人也一样，可以容纳两种文化，并不矛盾。习近平主席2014年3月27日在联合国教科文组织总部发表演讲时向世界讲述了中国"和而不同"的哲学理念，深刻阐述了"文明因交流而多彩，文明因互鉴而丰富"。如今，孔子学院在语言文化传播中所遵循的使命就是让不同文化背景的人们同时拥有两种思想。在信息化极度发达的今天，世界公民普遍处于双文化甚至多文化时代，孔子学院作为非营利性语言文化传播机构应该顺应时势，以汉语教学为主要工作，以文化传播为根本任务，注重提质增效、内涵发展，为进一步提升中华文化张力搭建一个可持续平台。

2019 年 12 月 9 日，国际中文教育大会在湖南长沙开幕，160 多个国家的 1000 多名与会中外代表就"新时代国际中文教育的创新与发展"进行了交流。作为国际中文教育的龙头，孔子学院已成为世界各国民众学习中文、了解中国的有效途径，并将在"开展国际中文教育、促进中外人文交流、帮助各国朋友了解中国等方面继续发挥示范引领作用"。我们相信，在国际中文教育大背景下，孔子学院将会以更加开放、积极和包容的姿态承担起中国文化名片的角色，以自身特有的文化张力助力中华文化海外传播。

参考文献

［1］爱知大学中日大辞典编纂所，2010. 中日大辭典（第3版）［M］. 东京：大修館書店.

［2］北京大学中文系1955、1957语言班，1982. 现代汉语虚词例释［M］. 北京：商务印书馆.

［3］北京语言学院语言教学研究所，1986. 现代汉语频率词典［M］. 北京：北京语言学院出版社.

［4］蔡永强，2008. 概念隐喻与方位词的隐喻化［M］//中国人民大学对外语言文化学院. 汉语研究与应用（第6辑）. 北京：中国社会科学出版社.

［5］曹逢甫，1989. 再论话题和"连……都/也"结构［M］//戴浩一，薛凤生. 功能主义与汉语语法. 北京：北京语言学院出版社.

［6］程晓堂，2004. 任务型语言教学［M］. 北京：高等教育出版社.

［7］储泽祥，1997. 现代汉语方所系统研究［M］. 武汉：华中师范大学出版社.

［8］崔希亮，2000. 空间方位关系及其泛化形式的认知解释［M］//中国语文杂志社. 语法研究和探索（十）. 北京：商务印书馆.

［9］崔希亮，2007. 汉语教学：海内外的互动与互补［M］. 北京：商务印书馆.

［10］戴桂芙，刘德联，1996. 对外汉语教学法研究［M］. 北京：北京大学出版社.

［11］丁声树，1961. 现代汉语语法讲话［M］. 北京：商务印书馆.

［12］Fodor, J. A. 2002. 心理模块性［M］. 李丽，译. 上海：华东师范大学出版社.

［13］郭锐，2002. 现代汉语词类研究［M］. 北京：商务印书馆.

［14］郭先珍，2015. 汉语 5000 词用法词典［M］. 北京：华语教学出版社.

［15］国家汉语水平考试委员会办公室考试中心，2006. 汉语水平词汇与汉字等级大纲［M］. 北京：经济科学出版社.

［16］汉英小词典编写组，1976. 汉英小词典［M］. 北京：北京语言学院.

［17］胡明扬，等，1982. 词典学概论［M］. 北京：中国人民大学出版社.

［18］黄伯荣，廖序东，1997. 现代汉语［M］. 北京：高等教育出版社.

［19］黄建华，2001. 词典论［M］. 上海：上海辞书出版社.

［20］黄希庭，2000. 认知心理学［M］. 北京：中国轻工业出版社.

［21］黄曾阳，1998. HNC 理论（概念层次网络）［M］. 北京：清华大学出版社.

［22］霍恩比，2009. 牛津高阶英汉双解词典（第 7 版）［M］. 北京：商务印书馆.

［23］黎锦熙，1992. 新著国语文法［M］. 北京：商务印书馆.

［24］李大忠，1996. 外国人学汉语语法偏误分析［M］. 北京：北京语言文化大学出版社.

［25］李泉，2001. 汉语语法考察与分析［M］. 北京：北京语言文化大学出版社.

［26］李泉，2005. 对外汉语教学理论思考［M］. 北京：教育科学出版社.

［27］李晓琪，1997. 汉语常用词用法词典［M］. 北京：北京大学出版社.

［28］李忆民，1995. 现代汉语常用词用法词典［M］. 北京：北京语言大学出版社.

［29］廖秋忠，1992. 廖秋忠文集［M］. 北京：北京语言学院出版社.

［30］刘丹青，2003. 语序类型学与介词理论［M］. 北京：商务印书馆.

［31］刘镰力，2000. 汉语 8000 词词典［M］. 北京：北京语言文化大学出版社.

［32］刘珣，2000. 对外汉语教育学引论［M］. 北京：北京语言文化大学出版社.

［33］鲁健冀，吕文华，2006. 商务馆学汉语词典［M］. 北京：商务印书馆.

［34］陆俭明，2003. 现代汉语语法研究教程［M］. 北京：北京大学出

版社.

［35］罗青松, 2002. 对外汉语写作教学研究［M］. 北京：中国社会科学出版社.

［36］罗思明, 2008. 词典学新论［M］. 合肥：安徽教育出版社.

［37］吕必松, 1990. 对外汉语教学发展概要［M］. 北京：北京语言学院出版社.

［38］吕必松, 1992. 华语教学讲习［M］. 北京：北京语言大学出版社.

［39］吕冀平, 2000. 汉语语法基础［M］. 北京：商务印书馆.

［40］吕叔湘, 王海棻, 1986. 马氏文通读本［M］. 上海：上海教育出版社.

［41］吕叔湘, 2003. 现代汉语八百词［M］. 北京：商务印书馆.

［42］马建忠, 1983. 马氏文通［M］. 北京：商务印书馆.

［43］马庆株, 1992. 汉语动词和动词性结构［M］. 北京：北京语言学院出版社.

［44］孟琮, 等, 2000. 汉语动词用法词典［M］. 北京：商务印书馆.

［45］屈承熹, 2006. 汉语篇章语法［M］. 北京：北京语言大学出版社.

［46］商务印书馆辞书研究中心, 2009.《现代汉语词典》学术研讨会论文集（二）［M］. 北京：商务印书馆.

［47］沈家煊, 1999. 不对称和标记论［M］. 南昌：江西教育出版社.

［48］沈开木, 1996. 现代汉语话语语言学［M］. 北京：商务印书馆.

［49］沈阳, 郑定欧, 1995. 现代汉语配价语法研究（第一辑）［M］. 北京：北京大学出版社.

［50］盛炎, 1990. 语言教学原理［M］. 重庆：重庆出版社.

［51］施光亨, 2011. 汉语教与学词典［M］. 北京：商务印书馆.

［52］石毓智, 2000. 语法的认知语义基础［M］. 南昌：江西教育出版社.

［53］石毓智, 李讷, 2001. 汉语语法化的历程——形态句法发展的动因和机制［M］. 北京：北京大学出版社.

［54］石毓智, 2001. 肯定和否定的对称与不对称［M］. 北京：北京语言文化大学出版社.

［55］苏新春, 2005. 汉语释义元语言研究［M］. 上海：上海教育出版社.

[56] 孙全洲，1995. 现代汉语学习词典 [M]. 上海：上海教育出版社.

[57] 汪子嵩，1982. 亚里士多德关于本体的学说 [M]. 北京：生活·读书·新知三联书店.

[58] 王还，1994. 门外偶得集（增订本）[M]. 北京：北京语言学院出版社.

[59] 王力，2005. 汉语语法史 [M]. 北京：商务印书馆.

[60] 王维贤，1998. 语言逻辑分析（译）[M]. 杭州：杭州大学出版社.

[61] 魏永红，2004. 任务型外语教学研究：认知心理学视角 [M]. 上海：华东师范大学出版社.

[62] 文军，2006. 英语词典学概论 [M]. 北京：北京大学出版社.

[63] 向熹，1993. 简明汉语史（下）[M]. 北京：高等教育出版社.

[64] 邢公畹，1992. 现代汉语教程 [M]. 天津：南开大学出版社.

[65] 熊学亮，1999. 认知语用学概论 [M]. 上海：上海外语教育出版社.

[66] 徐玉敏，2005. 当代汉语学习词典 [M]. 北京：北京语言大学出版社.

[67] 雅洪托夫，1986. 汉语史论集 [M]. 北京：北京大学出版社.

[68] 杨成凯，1996. 汉语语法理论概要 [M]. 沈阳：辽宁教育出版社.

[69] 杨惠元，2007. 课堂教学理论与实践 [M]. 北京：北京语言大学出版社.

[70] 袁金华，1997. 课堂教学论 [M]. 南京：江苏教育出版社.

[71] 袁毓林，1998. 语言的认知研究和计算分析 [M]. 北京：北京大学出版社.

[72] 袁毓林，郭锐，1998. 现代汉语配价语法研究（第二辑）[M]. 北京：北京大学出版社.

[73] 袁毓林，1998. 汉语动词的配价研究 [M]. 南昌：江西教育出版社.

[74] 张伯江，方梅，1996. 汉语功能语法研究 [M]. 南昌：江西教育出版社.

[75] 张柏然，2004. 新时代英汉大词典 [M]. 北京：商务印书馆.

[76] 张亚军，1990. 对外汉语教法学 [M]. 北京：现代出版社.

[77] 张静，1987. 汉语语法问题 [M]. 北京：中国社会科学出版社.

[78] 张谊生，2000. 现代汉语虚词 [M]. 上海：华东师范大学出版社.

[79] 张敏，1998. 认知语语言学与汉语名词短语 [M]. 北京：中国社会科学出版社.

[80] 张旺熹，1999. 汉语特殊句法的语义研究 [M]. 北京：北京语言文化大学出版社.

[81] 张旺熹，2006. 汉语句法的认知结构研究 [M]. 北京：北京大学出版社.

[82] 张志毅，张庆云，2001. 词汇语义学 [M]. 北京：商务印书馆.

[83] 章宜华，雍和明，2007. 当代词典学 [M]. 北京：商务印书馆.

[84] 赵金铭，2004. 汉语口语与书面语教学 [M]. 北京：北京大学出版社.

[85] 赵金铭，2004. 对外汉语教学概论 [M]. 北京：商务印书馆.

[86] 赵元任，1979. 汉语口语语法（吕叔湘译）[M]. 北京：商务印书馆.

[87] 郑定欧，2005. 对外汉语学习词典学国际研讨会论文集（一）[M]. 香港：香港城市大学.

[88] 郑定欧，李禄兴，蔡永强，2006. 对外汉语学习词典学国际研讨会论文集（二）[M]. 北京：中国社会科学出版社.

[89] 中国对外汉语教学学会，2002. 中国对外汉语教学学会第七次学术讨论会论文选 [M]. 北京：人民教育出版社.

[90] 中国社会科学院语言研究所词典编辑室，2005. 现代汉语词典（第5版）[M]. 北京：商务印书馆.

[91] 中国社会科学院语言研究所词典编辑室，2012. 现代汉语词典（第6版）[M]. 北京：商务印书馆.

[92] 周斌武，张国梁，1996. 语言与现代逻辑 [M]. 上海：复旦大学出版社.

[93] 朱德熙，1982. 语法讲义 [M]. 北京：商务印书馆.

[94] 朱德熙，1985. 语法答问 [M]. 北京：商务印书馆.

[95] 兹古斯塔，1983. 词典学概论 [M]. 北京：商务印书馆.

[96] 邹韶华，2004. 求真集：对汉语语法问题的一些思索 [M]. 上海：上海三联书店.

[97] 安德源，2012. 汉语词典用户的词典信息需求调查 [J]. 辞书研究 (2).

[98] 安华林，曲维光，2004.《现代汉语词典》释义性词语的统计与分级 [J]. 语言文字应用 (1).

[99] 安华林，2006. 汉语语文词典编纂理论与实践新探 [J]. 语言文字应用 (2).

[100] 白丽芳，2006. "名词+上/下" 语义结构的对称与不对称性 [J]. 语言教学与研究 (4).

[101] 白梅丽，1981. 汉语普通话的 "连……也/都……" [J]. 国外语言学 (3).

[102] 蔡永强，2005. 句法驱动的汉语口语教学模式探索 [J]. 海外华文教育 (4).

[103] 蔡永强，2006. "连" 字句探源 [J]. 汉语学习 (3).

[104] 蔡永强，2008. 《当代汉语学习词典》配例分析 [J]. 辞书研究 (3).

[105] 蔡永强，2009. 关于汉语过程写作教学的几点思考 [J]. 海外华文教育 (2).

[106] 蔡永强，2011. 当代语言学习词典：编纂理念与思路 [J]. 言語と文化 (2).

[107] 蔡永强，2011. 对外汉语学习词典编纂的用户友好原则 [J]. 辞书研究 (2).

[108] 蔡永强，2017. 辞书强国语境下的对外汉语学习词典学 [J]. 宁夏大学学报 (人文社会科学版)，39 (3).

[109] 蔡永强，侯颖，2017. 汉语分裂句的焦点及其指派规律 [J]. 汉语学习 (1).

[110] 岑玉珍，宋尚镐，2011. 韩国留学生对汉语学习词典的需求调查 [J]. 辞书研究 (1).

[111] 巢峰，1986. 辞书特性探索 [J]. 出版发行研究 (4).

[112] 程棠，1996. 对外汉语语音教学中的几个问题 [J]. 语言教学与研究 (3).

[113] 陈远祥，2001. 建构主义教学理论是否适合外语教学？[J]. 外语界 (3).

[114] 程雨民，1983. 格赖斯的"会话含义"与有关的讨论 [J]. 当代言学 (1).

[115] 储泽祥，1996. 汉语空间方位短语历史演变的几个特点 [J]. 古汉语研究 (1).

[116] 崔希亮，1990. 试论关联形式"连……也/都……"的多重语言信息 [J]. 世界汉语教学 (3).

[117] 崔希亮，1992. 语言交际能力与话语的会话含义 [J]. 语言教学与研究 (2).

[118] 崔希亮，1993. 汉语"连"字句的语用分析 [J]. 中国语文 (2).

[119] 崔希亮，2002. 空间关系的类型学研究 [J]. 汉语学习 (1).

[120] 崔永华，1984. "连……也/都……"句式试析 [J]. 语言教学与研究 (4).

[121] 戴浩一，叶蜚声，1990. 以认知为基础的汉语功能语法刍议（上）[J]. 当代语言学 (4).

[122] 戴浩一，叶蜚声，1991. 以认知为基础的汉语功能语法刍议（下）[J]. 当代语言学 (1).

[123] 邓淑兰，2006. 关于汉语中级写作教学的一些思考 [J]. 海外华文教育 (1).

[124] 杜欣，2006. 留学生写作教学中的控制性训练原则 [J]. 汉语学习 (3).

[125] 方经民，1999. 汉语空间方位参照的认知结构 [J]. 世界汉语教学 (4).

[126] 方经民，1999. 论汉语空间方位参照认知过程中的基本策略 [J]. 中国语文 (1).

[127] 方经民，2004. 现代汉语方位成分的分化和语法化 [J]. 世界汉语教学 (2).

[128] 方文礼，2003. 外语任务型教学法纵横谈 [J]. 外语与外语教学 (9).

[129] 谷炀，安华林，2015. 《商务馆学汉语词典》和 Oxford Advanced Learner's Dictionary 释义部分比较分析 [J]. 通化师范学院学报（人文社会科学）(4).

[130] 郭锐，1999. 语文词典的词性标注问题 [J]. 中国语文（2）.

[131] 郝瑜鑫，王志军，2013. 国外汉语学习词典需求之探讨——以美国为例 [J]. 华文教学与研究（3）.

[132] 何莲珍，2003. 自主学习及其能力的培养 [J]. 外语教学与研究 (4).

[133] 何自然，冉永平，1998. 关联理论——认知语用学基础 [J]. 现代外语（3）.

[134] 洪波，2001. "连" 字句续貂 [J]. 语言教学与研究（2）.

[135] 侯万春，1999. 语言学中的形式主义与功能主义 [J]. 重庆师院学报 (2).

[136] 侯颖，2008. 任务型教学法简评 [J]. 海外华文教育（1）.

[137] 侯颖，2010. 问题与思路：谈对外汉语学习词典的编纂 [J]. 世界华文教育（2）.

[138] 侯颖，2012. 从内涵定位看 "汉语国际推广" 的英译 [J]. 国际汉语教育（1）.

[139] 侯颖，2021. 从反思性教学看汉语阅读教材的练习设计 [J]. 世界华文教育（1）.

[140] 侯颖，2021. 基于讲好中国故事的国际中文教育浅析 [J]. 继续教育研究（6）.

[141] 胡明扬，1993. 语言和语言学习 [J]. 世界汉语教学（1）.

[142] 胡明扬，1997. 对外汉语教学中词汇教学的若干问题 [J]. 语言文字应用（1）.

[143] 胡明扬，1999. 对外汉语教学基础教材的编写问题 [J]. 语言教学与研究（1）.

[144] 胡明扬，2000. 汉语词类兼类研究 [J]. 语言文字应用（1）.

[145] 华维芬，2001. 自主学习中心——一种新型的语言学习环境 [J]. 外语界（3）.

[146] 黄诚一，1956. 谈"连"字 [J]. 中国语文（10）.

[147] 黄群英，章宜华，2008. 词典释义与词典用户之间的互动关系初探 [J]. 广东外语外贸大学学报（5）.

[148] 黄月圆，顾曰国，1996. 以学生为中心，多维一体的大学英语教学法 [J]. 外语教学与研究（2）.

[149] 贾益民，1998. 华文教育学学科建设刍议 [J]. 暨南学报（哲学社会科学版）（4）.

[150] 李尔钢，2007. 建立高质量的释义元语言 [J]. 辞书研究（1）.

[151] 李红，2002. 可理解输出假设的认知基础 [J]. 外语与外语教学（2）.

[152] 李泉，1996. 对外汉语课堂教学的理论思考 [J]. 中国人民大学学报（5）.

[153] 李泉，2009. 关于建立国际汉语教育学科的构想 [J]. 世界汉语教学（3）.

[154] 李泉，2010. 关于"汉语难学"问题的思考 [J]. 语言教学与研究（2）.

[155] 李泉，丁秋怀，2011. 中国文化教学与传播：当代视角与内涵 [J]. 语言文字应用（1）.

[156] 李泉，2011. 文化内容呈现方式与呈现心态 [J]. 世界汉语教学（3）.

[157] 李忆民，1993. 课堂教学的内向和外向——试论中级汉语精读课课堂教学交际化 [J]. 语言教学与研究（3）.

[158] 李兆麟，2014. 谈常用字词的选取及其等级划分 [J]. 辞书研究（2）.

[159] 李智初，2012. 对外汉语学习型词典释义的优化 [J]. 辞书研究（6）.

[160] 李静远，1957. 谈"连"字 [J]. 语文知识（12）.

[161] 李绍林，2001. 谈泛化、分化及有关的练习样式 [J]. 汉语学习（6）.

[162] 李绍林，2003. 对外汉语教材练习编写的思考 [J]. 云南师范大学学

报（对外汉语教学与研究版）（3）.

[163] 廖斯吉，1984. 谈谈关联词语"连……也／都……"的功用 [J]. 西北师范学院学报（1）.

[164] 廖斯吉，1987. 再谈关联词语"连……也／都……"的功用 [J]. 西北师范学院学报（2）.

[165] 廖秋忠，1989. 空间方位词和方位参考点 [J]. 中国语文（1）.

[166] 林国立，1997. 构建对外汉语教学的文化因素体系 [J]. 语言教学与研究（1）.

[167] 刘丹青，徐烈炯，1998. 焦点与背景、话题及汉语"连"字句 [J]. 中国语文（4）.

[168] 刘宁生，1994. 汉语怎样表达物体的空间关系 [J]. 中国语文（3）.

[169] 刘颂浩，1999. 阅读课上的词汇训练 [J]. 世界汉语教学（4）.

[170] 刘颂浩，2009. 对外汉语教学中练习的目的、方法和编写原则 [J]. 世界汉语教学（1）.

[171] 刘晓梅，2005. 释义元语言·语义框架·语义场·对比解析——谈高级外向型汉语学习词典的几个问题 [J]. 学术研究（8）.

[172] 刘小雨，2000. 对外汉语口语教学研究综述 [J]. 语言教学与研究（2）.

[173] 鲁健骥，2006. 吕文华. 编写对外汉语单语学习词典的尝试与思考——《商务馆学汉语词典》编后 [J]. 世界汉语教学（1）.

[174] 陆俭明，2000. "对外汉语教学"中的语法教学 [J]. 语言教学与研究（3）.

[175] 吕必松，1998. 语言教育问题座谈会纪要 [J]. 世界汉语教学（1）.

[176] 吕叔湘，1965. 方位词使用情况的初步考察 [J]. 中国语文（3）.

[177] 吕文华，1991. 关于对外汉语教学的语法体系 [J]. 中国语文（5）.

[178] 马箭飞，2000. 以交际任务为基础的汉语短期教学新模式 [J]. 世界汉语教学（4）.

[179] 马箭飞，2002. 任务式大纲与汉语交际任务 [J]. 语言教学与研究（4）.

[180] 马箭飞，2004. 汉语教学的模式化研究初论 [J]. 语言教学与研究

（4）.

[181] 马真，1982. 说"也"[J]. 中国语文（4）.

[182] 南勇，1994. 留学生的汉语写作教学刍议[J]. 汉语学习（6）.

[183] 倪宝元，林士明，1979. 说"连"[J]. 杭州大学学报（3）.

[184] 倪建文，1999. 方位词"上""下"在使用中的对称性和非对称性[J]. 修辞学习（5）.

[185] 潘钧，2008. 日本辞书研究[J]. 上海：上海人民出版社.

[186] 庞维国，2001. 论学生的自主学习[J]. 华东师范大学学报（教育科学版）（2）.

[187] 丘进，1998. 海外华文教育四议[J]. 汉字文化（2）.

[188] 曲卫国，1993. 也评"关联理论"[J]. 外语教学与研究（2）.

[189] 沈家煊，1994. "语法化"研究综观[J]. 外语教学与研究（4）.

[190] 申修言，1996. 应该重视作为口语体的口语教学[J]. 汉语学习（3）.

[191] 沈家煊，1994. R. W. Langacker 的"认知语法"[J]. 国外语言学（1）.

[192] 沈家煊，1999. 语法研究的分析和综合[J]. 外语教学与研究（2）.

[193] 沈阳，1994. 动词的句位和句位变体结构中的空语类[J]. 中国语文（2）.

[194] 施光亨，1981. 关于基础汉语教学中的课堂操练[J]. 语言教学与研究（4）.

[195] 苏新春，2003. 元语言研究的三种理解及释义型元语言研究评述[J]. 江西师范大学学报（哲学社会科学版）（6）.

[196] 唐启运，1992. 论古代汉语的处所方位名词[J]. 华南师范大学学报（社会科学版）（1）.

[197] 王弘宇，2009. 外国人需要什么样的汉语词典[J]. 世界汉语教学（4）.

[198] 王还，1994. 对外汉语教学：汉语内部规律的试金石[J]. 世界汉语教学（1）.

[199] 王健，王安民，2010. 东瀛之石，可以攻玉——日本学者编纂的英

语学习词典对我们的启示 [J]. 辞书研究 (3).

[200] 王立, 2001. 汉语方位词身份的确认与 N+L 结构的收词策略 [J]. 北京大学学报 (国内访问学者、进修教师论文专刊).

[201] 王若江, 1999. 对汉语口语课的反思 [J]. 汉语学习 (2).

[202] 文炼, 胡附, 2000. 词类划分中的几个问题 [J]. 中国语文 (4).

[203] 翁晓玲, 2014. 汉语学习词典元语言的修辞准则——兼论《商务馆学汉语词典》的释义元语言问题 [J]. 当代修辞学 (5).

[204] 吴平, 1999. 从学习策略到对外汉语写作教学 [J]. 汉语学习 (3).

[205] 夏立新, 2013.《商务馆学汉语词典》释义存在的问题及改进意见 [J]. 云南师范大学学报 (对外汉语教学与研究版) (1).

[206] 谢信一, 叶蜚声, 1991. 汉语中的时间和意象 (上) [J]. 国外语言学 (4).

[207] 谢信一, 叶蜚声, 1992. 汉语中的时间和意象 (中) [J]. 国外语言学 (1).

[208] 谢信一, 叶蜚声, 1992. 汉语中的时间和意象 (下) [J]. 国外语言学 (3).

[209] 解海江, 李莉, 2012. 外向型汉语学习词典需求状况调查研究 [J]. 鲁东大学学报 (哲学社会科学版) (1).

[210] 阎德早, 1995. 汉外词典的编写与对外汉语教学 [J]. 辞书研究 (1).

[211] 杨俐, 2004. 过程写作的实践与理论 [J]. 世界汉语教学 (1).

[212] 杨俐, 2007.《外国人汉语过程写作》的编写理念 [J]. 语言教学与研究 (6).

[213] 杨惠元, 2003. 强化词法教学, 淡化句法教学——也谈对外汉语教学中的语法教学 [J]. 语言教学与研究 (1).

[214] 杨金华, 2009. 突出"对外"特性的释义和用法说明——析《商务馆学汉语词典》的释词 [J]. 辞书研究 (6).

[215] 杨子菁, 2001. 评三部对外汉语学习词典及对提高释义水平的思考 [J]. 辞书研究 (4).

[216] 袁毓林, 1993. 语言学范畴的心理现实性 [J]. 汉语学习 (4).

[217] 詹蓓, 2007. 大学生英语自主学习与综合应用能力的培养 [J]. 教育研究 (2).

[218] 张伯江, 1999. 现代汉语的双及物结构式 [J]. 中国语文 (3).

[219] 张建伟, 陈琦, 1996. 从认知主义到建构主义 [J]. 北京师范大学学报 (社会科学版) (4).

[220] 张庆旭, 1996. 汉语述语动词框架分类及其语义限制 [J]. 汉语学习 (2).

[221] 张亚非, 1992. 关联理论述评 [J]. 外语与外语教学 (3).

[222] 张英, 2009. "对外汉语文化大纲" 基础研究 [J]. 汉语学习 (5).

[223] 张友建, 1957. "连" 字是助词 [J]. 中国语文 (6).

[224] 章宜华, 1999. 语文学习词典的创新与释义问题探讨——评《现代汉语学习词典》[J]. 辞书研究 (3).

[225] 赵金铭, 1997. 对外汉语教材创新略论 [J]. 世界汉语教学 (2).

[226] 赵金铭, 1998. 论对外汉语教材评估 [J]. 语言教学与研究 (3).

[227] 赵金铭, 2001. 论汉语的 "比较" 范畴 [J]. 中国语言学报 (10).

[228] 赵金铭, 2001. 对外汉语研究的基本框架 [J]. 世界汉语教学 (3).

[229] 赵薇, 2001. 略论现代汉语方位词范围及特点 [J]. 江苏教育学院学报 (社会科学版) (5).

[230] 赵新, 刘若云, 2009. 关于外向型汉语词典释义问题的思考 [J]. 语言教学与研究 (1).

[231] 郑定欧, 2004. 对外汉语学习词典学刍议 [J]. 世界汉语教学 (4).

[232] 郑定欧, 2005. 对外汉语学习词典学亟待构建 [J]. 辞书研究 (4).

[233] 郑定欧, 2008. 敢于借鉴 敢于创新 [J]. 辞书研究 (3).

[234] 郑定欧, 2010. 谈双语学习词典编纂的基本问题 [J]. 辞书研究 (4).

[235] 周健, 唐玲, 2004. 对外汉语教材练习设计的考察与思考 [J]. 语言教学与研究 (4).

[236] 周健, 2007. 语块在对外汉语教学中的价值与作用 [J]. 暨南学报 (哲学社会科学版) (1).

[237] 周南京, 1994. 文化融合是历史的选择 [J]. 东南学术 (4).

［238］周小兵，1990. 汉语"连"字句［J］. 中国语文（4）.

［239］朱世芳，2011. 对外汉语词典释义原则及基本方法初探［J］. 现代语文（语言研究版）（9）.

［240］邹韶华，1984. 现代汉语方位词的语法功能［J］. 中国语文（3）.

［241］季羡林，2000. 我们要奉行"送去主义"［A］//张德鑫. 对外汉语教学：回眸与思考. 北京：外语教学与研究出版社.

［242］江蓝生，2007.《商务馆学习词典》序［A］//商务馆学习词典（双色版）. 鲁健冀，吕文华. 北京：商务印书馆.

［243］李杨，1994. 练习编排的基本原则［A］//李玉敬，王晓澎. 对外汉语教学中高级课程习题集. 北京：北京大学出版社.

［244］陆俭明，2007.《商务馆学习词典》序［A］//商务馆学习词典（双色版）. 鲁健冀，吕文华. 北京：商务印书馆.

［245］宋玉柱，1996. 论"连……也/都……"结构［A］//现代汉语语法论集. 北京：北京语言学院出版社.

［246］佟秉正，1986. 汉语口语教学：从句构练习到交际练习［A］//第一届国际汉语教学讨论会论文选. 北京：北京语言学院出版社.

［247］魏向清，2006. 从英、汉语词类划分及其语法特征的差异看外向型汉英学习词典中词性标注的问题［A］//对外汉语学习词典学国际研讨会论文集（二）. 郑定欧，李禄兴，蔡永强. 北京：中国社会科学出版社.

［248］吴中伟，2002. 浅谈基于交际任务的教学法——兼论口语教学的新思路［A］//第七届国际汉语教学讨论会论文选. 北京：北京大学出版社.

［249］吴中伟，2005. "任务"的性质和特点——任务教学法研究之一［A］//中国人民大学对外语言文化学院. 汉语研究与应用（第三辑）. 北京：中国社会科学出版社.

［250］杨金华，2006. 外国学生未能广泛使用对外汉语词典原因探究［A］//王德春. 对外汉语论丛（第五集）. 上海：学林出版社.

［251］赵延风，2006. "S+一+V"成句条件初探［A］//周小兵，朱其智. 对外汉语教学习得研究. 北京：北京大学出版社.

［252］郑定欧，2003. 外向积极型学习词典的"示例"设计［A］//第七届世界华语文教学研讨会论文集（第3册）. 台北：世界华语文教育学会.

[253] 郑蕊, 2001. 对外汉语教材练习编写的偏差与应遵循的原则 [A] // 国家对外汉语教学领导小组办公室. 对外汉语教学与教材研究论文集. 北京: 华语教学出版社.

[254] 周小兵, 1996. "连"字句的生成与发展 [A] // 句法语义篇章——汉语语法综合研究. 广州: 广东高等教育出版社.

[255] 易中天, 2012-01-26. "文化入世"与"文化航母" [N]. 南方周末 (10).

[256] 中华人民共和国教育部, 2003. 普通高中英语课程标准 (实验稿) [R]. 北京: 人民教育出版社.

[257] 中华人民共和国教育部, 2004. 全日制义务教育英语课程标准 (修订稿) [R]. 北京: 北京师范大学出版社.

[258] 周淑清, 2004. 初中英语教学模式研究 [R]. 北京: 北京语言大学出版社.

[259] Anderson, J. M. 1971. *The Grammar of Case towards a Localistic Theory* [M]. Cambridge: Cambridge University Press.

[260] Anderson, J. M. 1994. *Semantics and Experience: Universal Metaphors of Time in English, Mandarin, Hindi, and Sesotho* [M]. Baltimore: The Johns Hopkins University Press .

[261] Arnold J. 1999. *Affect in Language Learning* [M]. Cambridge: Cambridge University Press.

[262] Benson, P. & P. Voller (eds). 1997. *Autonomy and Independence in Language Learning* [M]. London: Longman.

[263] Ellis R. 2003. *Task - based language Learning and Teaching* [M]. Oxford: Oxford University Press.

[264] Fauconnier, Gilles. 1985. *Mental spaces* [M]. Cambridge, Mass: MIT Press.

[265] Gillian Brown , George Yule. 1983. *Discourse Analysis* [M]. Cambridge : Cambridge University Press.

[266] Givón, T. 1995. *Functionalism and Grammar* [M]. John Benjamins Publishing Company.

[267] Grabe, W. , Kaplan, R. B. 1996. *Theory and Practice of Writing* [M]. New York: Longman.

[268] Hartmann R R K , Gregory James. 1998. *Dictionary of Lexicography* [M]. Rutledge.

[269] Heine, Bernd. 1997. *Cognitive Foundations of Grammar* [M]. Oxford: Oxford University Press.

[270] Holec, H. 1981. *Autonomy and Foreign Language Learning* [M]. Oxford: Pergamon Press.

[271] Hornby A S , Wehmeier S. 2009. *Oxford Advanced Learners English-Chinese Dictionary* [M]. Oxford: Oxford University Press.

[272] Howatt, A. P. R. 1984. *A History of English Teaching* [M]. Oxford: Oxford University Press.

[273] Hymes, D. 1972. *On Communicative Competence* [M]. In Pride and Homes.

[274] Krashen S. 1985. *The Input Hypothesis: Issues and Implication* [M]. London: Longman,

[275] Langacker, Ronald W. 1987. *Foundations of Cognitive Grammar*, *Volume I: Theoretical Prerequisites* [M]. California: Stanford University Press.

[276] Langacker, Ronald W. 1991. *Foundations of Cognitive Grammar*, *Volume II: Descriptive Application. Stanford* [M]. California: Stanford University Press.

[277] Lakoff G , Mark J. 1980. *Metaphors We Live By* [M]. Chicago: The University of Chicago Press.

[278] Lakoff, George. 1987. *Women, Fire and Dangerous Things: What Categories Reveal about the Mind* [M]. Chicago: The University of Chicago Press.

[279] Levinson, S. C. 2003. *Space in Language and Cognition* [M]. Cambridge: Cambridge University Press.

[280] Michael R, Gwyneth Fox. 2007. *Macmillan English Dictionary for Advanced Learners* (*2nd edition*) [M]. Oxford: Macmillan Publishers Ltd.

[281] Miller. 1983. *Semantics and Syntax : Parallels and Connections* [M]. Cambridge: Cambridge University Press.

[282] Nation P. 2001. *Learning Vocabulary in Another Language* [M]. Cambridge: Cambridge University Press.

[283] Nunan D. 1988. *Syllabus Design* [M]. Oxford: Oxford University Press.

[284] Nunan D. 1989. *Designing Tasks for the Communicative Classroom* [M]. Cambridge: Cambridge University Press.

[285] Ogden C K. 1940. *The General Basic Dictionary* [M]. London: Evans Brothers Limited.

[286] Paul J. Hopper, Elizabeth C T. 1993. *Grammaticalization* [M]. London: Cambridge University Press.

[287] Prabhu N. S. 1982. *The Communicational Project, South India* [M]. Madras: The British Council (mimeo).

[288] Prabhu N. S. 1987. *Second Language Pedagogy* [M]. Oxford: Oxford University Press,.

[289] Quine W V O. 1992. *Meaning* [M] // Quine W V O. (ed.) *Pursuit of Truth (Revised Edition)* . Cambradge, MA: Harvard University Press.

[290] Raimes S. 1987. *Exploring Through Writing: A Process Approach to ESH Composition* [M]. New York: St. Martiris Press.

[291] Richards J. C. , Rodgers T. S. 2001. *Approaches and Methods in Language Teaching* [M]. Cambridge: Cambridge University Press.

[292] Rosser, Rosemary. 1994. *Cognitive Development: Psychological and Biological Perspective* [M]. Boston: Allyn and Bacon.

[293] Stephen Bullon. 2014. *Longman Dictionary of Contemporary English for Advanced Learners* [M]. London: Pearson Education Limited.

[294] Skehan P. A. 1998. *Cognitive Approach to Language Learning* [M]. Oxford: Oxford University Press.

[295] Talmy, Leonard. 2000. *Toward a Cognitive Semantics, Volume I: Concept Structuring System* [M]. Cambridge: MIT Press.

[296] Talmy, Leonard. 2000. *Toward a Cognitive Semantics, Volume II: Typology and Process in Concept Structuring* [M]. Cambridge: MIT Press.

[297] Stephen B. 2009. *Longman Dictionary of Contemporary English* (5th edi-

tion) [M]. London: Pearson Education Limited.

[298] Tono Y. 2008. *Sanseido's ACE CROWN English – Japanese Dictionary* [M]. Tokyo: Sanseido.

[299] Ungerer, F. , Schmid, H. J. 1996. *An Introduction to Cognitive Linguistics* [M]. London: Longman. .

[300] West M, Endicott J. 1935. *The New Method English Dictionary* [M]. London: Longman.

[301] West M. 1953. *A General Service List of English Words* [M]. London: Longman.

[302] Wierzbicka A. 1998. *Semantic Analysis: A Practical Introduction* [M]. Oxford: Oxford University Press.

[303] Willis J. 1996. *A Framework of Task – based Learning* [M]. London: Longman.

[304] Wright T. 1997. *The Role of Teachers and Learners* [M]. Oxford: Oxford University Press.

[305] Yule. 1983. *Discourse Analysis* [M]. Cambridge: Cambridge University Press.

[306] Zgusta L. 1971. *Manual of Lexicography* [M]. The Hague: Mouton.

[307] Allen R. 1996. The Big Four–the year of the dictionaries [J]. *English Today* (2).

[308] Clark, Eve, V. 1984. Normal State and Evaluative Viewpoints [J]. *Language* 50.

[309] Collins, A. M., Loftus, E. F. 1975. A spreading activation theory of semantic processing [J]. *Psychological Review* (82).

[310] Dean, P. 1991. Limits to attention : a cognitive theory of island phenomena [J]. *Cognitive Linguistics* (2).

[311] Ellis R. 2000. Task–based Research and Language Pedagogy [J]. *Language teaching research*, 4 (3).

[312] Littlewood, W. 1999. Defining and Developing Autonomy in East Asian Contexts [J]. *Applied Linguistics* (1).

[313] Long M. , Crookes G. 1991. Three Approaches to Task-based Syllabus Design [J]. *TESOL Quarterly 26*.

[314] Skehan P. 2003. Task-based Instruction [J]. *Language Teaching* , 36 (1).

[315] Svorou, S. 1993. The Grammar of Space [J]. *John Benjamins*.

[316] Van Voorst, Jan. 1993. A Localist Model for Event Semantics [J]. *Journal of Semantics* (10): 65-111.

[317] Clark, Eve, V. 1973. How Children Describe Tine and Order [A] // *Studies of Child Language Development*. Charles A. Ferguson and Dan I. Slobin. New York: Holt, Rinehart and Winston.

[318] Little, D. 1991. Learner Autonomy: Definition [A] //Issues and Problems. Dublin: Authentic.

[319] Long M. 1985. A Role for Instruction in Second Language Acquisition [A] //In: Hyltenstam K, Pienemann M. Ed. *Modeling and Assessing Second Language Acquisition*. Clevedon: Multilingual Matters.

[320] Skehan P. 1996. Second Language Acquisition Research and Task-based Instruction [A] //In J. Willis, D. Willis (eds.). *Challenge and Change in Language Teaching*. Oxford: Heinemann.

[321] Wierzbicka A. 1992. Semantic Primitives and Semantic Fields [A] // *Frames, Fields, and Contrasts: New Essays in Semantic and Lexical Organization*. Adrienne Lehrer & Eva Feder Kittay (Eds.). Routledge: Taylor & Francis Group, New York and London.

[322] Grice, H. P. 1975. Logic and Conversation [C] //In P. Cole & J. L. Morgan (eds.). *Syntax and Semantics* 3: *Speech Acts*. New York: Academic Press.